高校

诚信教育研究

陈承财 著

陈承财，男，经济学硕士，现就职于福建水利电力职业技术学院。

厦门大学出版社
XIAMEN UNIVERSITY PRESS

国家一级出版社
全国百佳图书出版单位

U0750807

高校

统计学教程

主编

引　言

　　诚信是社会主义核心价值观的重要内容之一,当今社会呼唤诚信正能量,例如,诚信中国、诚信政府、诚信市场……树品牌、讲信用,摆脱转型期社会信任危机,诚信建设已经成为中国现时代的重要话题。用人单位要求员工具备诚信品质,高校作为人才的摇篮,承担诚信教育的任务义不容辞。然而,当前高校学生的诚信危机现象却普遍存在,有些学生考试作弊、论文抄袭,有些学生说谎骗取父母和学校的信任,把交学费的钱用于吃喝、上网,有些毕业生在求职材料中掺假、面试不守时。诚信教育已成为高校德育的重要组成部分,许多高校做了一些诚信教育活动,如宣誓、签字仪式、黑板报宣传标语等,但由于没有系统的诚信教育体系,这些活动流于形式,诚信观念很难内化到学生心中,也很难与社会环境接轨。本书的目标是在总结规律和经验的基础上设计一套行之有效而且容易操作的诚信教育方案,使教育者能像药剂师看药方拿药一样看了就明白、就会操作,使受教育者看了能深受启发。

　　全书共七章。第一章介绍中国现实诚信观的内涵、特点及其对当今社会和高校学生健康成长的意义。第二章研究高校诚信教育规律,总结了十条学生诚信失缺的主要成因,探讨高校诚信教育的基本途径和机制。第三章对高校学生诚信教育的重要问题进行专题研究,如考试的诚信教育、助学贷款的诚信教育、"大思政"视野下的诚信教育、网络行为的诚信教育、诚信人格培养、教师的诚信师德等。第四章介绍国内外经典诚信制度和诚信教育案例,包括欧洲、美国、日本诚信教育和信用制度体系、中外诚信教育的经典故事、发生在身边的有启发意义的诚信案例等。通过案例分析,体验诚信、感悟诚信、践行诚信,目的是从"他山之石"中寻找借鉴,为高校诚信教育提供启迪。第五、第六章包括诚信的道德内化养成教育、监督教育、诚信量化评价系统三个部分。高校学生诚信道德内化三部曲包括入学教育中的诚信教育、日常诚信教育(知、情、意、行四大系列)、就业指导中的诚信教育;学生诚信的监督教育包括建立校园诚信道德评价标准、校园诚信道德阶段测评、特殊生诚信跟踪、校园公示曝光公告监督、毕业生就业推荐材料审查等。学生诚信档案是许多高校都倡议的,但很难实施操作,本书包含了 VFOXPRO 编写的"学生个人诚信量化评价系统",提供了一个学生诚信信息采集、评价和发布的量化处理方案以供参考。第七章是对接社会篇,进一步研究高校诚信教育体系对接社会诚信建设。针对当前社会环境与高校诚信教育要求陷于"二律背反"的现状,提出以社会主义核心价值体系引领诚信价值观,由公民诚信道德建设、家庭诚信教育、中小学诚信教育构成社会诚信道德教育"三位一体"的平台,并对高校诚信教育对接这一平台、对接社会信用制度体系建设的机制和途径作进一步探讨。只有全社会形成合力,才能培养出一代代以"诚信赢天下"的社会主义建设者。

目 录

第一章 高校诚信教育

——时代的呼唤

诚信是中华民族传统的主流价值观念,基本含义是表里一致、真实不欺、信守诺言。"诚"指诚心、实在、真实、不欺,朱熹认为"诚者,真实无妄之谓","诚"的本意就是诚实不欺、真实不妄,承认并忠实于事物的真实存在,不自欺也不欺人,代表着为人诚实,待人诚恳。"信"指信义、信守、信赖、信任、信用、信誉,从"信"的字形构造上也可看出,左边一个人字,右边一个言字,象征人说话。古语云"一言既出,驷马难追""言必信,行必果"等,表现了中国传统诚信观的重诺意蕴。在中华民族的传统中,诚信是一种人格操守,是做人的道德底线,人立于世,最根本的做人品质就是诚信。"与朋友交,言而有信",有诚信,人之愿交,并交之甚好,因为这种交往是诚实可信的,是安全可靠的。无诚信,人之恶交,避而远之,因为这种交往是虚假的,不负责任的,不安全的。在中国传统文化中,"诚"和"信"不是孤立存在的,而是彼此相连的,要求人们从内心上诚于己,又要外信于人。

在中国传统文化中,诚信的主体包括两个层面。第一层面是个人,即诚信是做人的底线道德,在我国传统美德中,诚信被视为"立人之本""育人之本",儒家有名言:"物格而后知至,知至而后意诚,意诚而后心正,心正而后身修,身修而后家齐,家齐而后国治,国治而后天下平。"指出了诚信在个人道德修养中的重要位置。第二层面是集体,诚信是衡量一个组织的诚信程度和道德水准的重要标尺,甚至关乎一个国家、民族的诚信形象。不论小集体大集体,诚信都是一种重要的竞争力,孔子主张"民无信不立",把诚信提高到关系国家兴亡的重要地位。

西方的诚信是在罗马帝国繁荣的海外贸易和商品经济充分发展的基础上建立起来的。① 诚信在拉丁文中称为 bona fides,fides 的解释为"其所言谓之

---

① 邹建平:《诚信论》,天津人民出版社 2005 年版,第 17 页。

信"，此语相当于"言必信，行必果"①，在英语中，诚信被称为 credit，或 trust，reliance，good faith，主要有信任、信托、善意、可信之意。如牛津词典将诚信解释为"对某人或某物品质或特征的信任，或对某项声明真实性的信任"。西方社会中，诚信观念与契约观念始终联系在一起，诚信观念地位的确立，依赖于契约理论的发展。近代社会契约论代表人物格劳修斯主张，诚信应当作为自然法的一个基本准则，他认为诚信是人类必须履行的诺言和契约，有约必践，有害必偿，有罪必罚。到了 19 世纪末，西方立法者又将诚实信用等道德规范写入了法典，成了近代民法的重要内容。西方诚信思想是建立在人们的"契约观念"之上的，带有一定的功利性。西方国家把"最好的策略就是诚实""信用就是财富、效率"作为基本的价值理念，"契约观念"的诚信思想得到不断巩固和发展，为西方经济社会建立信用法制机制奠定了坚实的理论基础。

结合中西方关于诚信的主要观点与现代人类的实践考察，诚信的基本内涵可归为真实、诚恳、信用、信义等道德品质。中国传统道德中诚信追求的是自我修养、自我完善的一种道德品质，强调人由内至外实现自我克制与约束，是一种源于内心的自律标准。违背道德诚信，或者失信于人，会受到社会谴责和自身良心拷问，但不会受到任何法律惩罚。而西方诚信是建立在契约和法制基础上的具有一定经济性和功利性的道德观念，强调外在的约束。在我国市场经济快速发展的条件下，国内经济活动和国际贸易实践也随之扩大和深化，我国现代诚信思想应是传统与现代的有机结合，是对中国传统伦理诚信与西方契约诚信的一种扬弃，随着时代的发展，现代诚信的内涵也随之发生变化并不断丰富发展。

1. 现代社会赋予诚信以时代的内涵

首先，诚信是一种最基本的道德规范，是一切伦理道德的基础。整个社会倡导真实无妄，具有不自欺也不欺人的双重含义。随着我国社会主义制度的不断完善和市场经济的迅猛发展，诚信的基本内涵不断向外扩延，得到了丰富和发展。从内部环境看，主要通过个人的道德品质和自我约束实现，属于自愿自觉的行为。从外部环境上则通过大众舆论和社会监督来实现，属于外在的他律约束。毛泽东把说老实话、办老实事、做老实人作为"实事求是"思想路线的重要内容，社会主义核心价值体系将"以诚实守信为荣，以见利忘义为耻"作为主流荣辱观之一，是对我国优秀传统道德理念的继承和发扬，同时表现出诚信道德在社会主义市场经济条件下在协调社会关系中所处的重要地位。对个

---

① 徐国栋：《诚实信用原则研究》，中国人民大学出版社 2001 年版，第 7 页。

人来说,诚信乃为人之本;对家庭而言,诚信是固家之方;对于企业,诚信就是立业之魂。

其次,诚信是一种制度。诚信包括"诚"和"信"两个方面,在市场经济条件下,诚实属于道德范畴,信用的第一属性则是制度,其伦理道德属性是第二位的。制度和伦理道德观念的根本区别:制度是有强迫性的他律规范,伦理道德是人自觉遵守的自律规范;制度所规范的是群体的社会行为,伦理所规范的是个体人的人格追求;制度作为一个系统,其存在直接依赖于某种社会条件,不以人的意志为转移,而个人伦理观念的建立和转变则直接取决于人的主观选择。现代诚信强调的是从法律、法规、契约的角度约束道德主体,督促其诚信。"诚"指的是自觉遵守法律法规的规定,对契约忠诚。"信"就是信守法律,兑现契约,对待法律法规真实无妄,不欺骗,不逃避。现代诚信在一定范围内体现出法律诚信、规则诚信及契约诚信的重要内容。

2. 诚信是真善美的统一

真是诚信的基础。"所谓诚其意者,毋自欺也。"即忠于自己的真实状态,不自欺也不欺人。"知之为知之,不知为不知",诚信的出发点就是实事求是,就是从客观实际情况和客观规律出发,违背了求真的原则,就违背了诚信的原则。

善是诚信的价值内容。中国传统文化中诚信是判断一个人是君子或小人的重要道德标准,孔子说:"信以成之,君子哉。"荀子也认为诚信既是人修身养性的根本原则,又是区别君子和小人的道德标准。君子社会的价值取向是"善",小人的价值取向是"恶"。西方文化也认为诚信属于善,古希腊哲学家柏拉图(Plato)在其著作《理想国》中写道"一个天性稳定的人——人们可能宁可信任这种人"[1],在他对于"正义"、"善"和"恶"的分析中,信用是归于"正义"和"善"的行列里的。[2] 黑格尔说过:"善是福利与法的统一,守约是在合法的基础上实现双方的利益,是利与法的统一,因而上善;不守契约是个人特殊意志对普通意志的破坏,是不法。"[3]著名哲学家休谟认为:"履行许诺是永久的社会正义的体现。"[4]

美是诚信的外在体现。大教育家夸美纽斯在《大教学论》中指出:"知识不

---

①　柏拉图:《理想国》,商务印书馆 2002 年版,第 257 页。
②　章延杰:《政府信用论》,上海人民出版社 2007 年版,第 7 页。
③　黑格尔:《法哲学原理》,商务印书馆 1961 年版,第 71 页。
④　休谟:《人性论》(下卷),商务印书馆 1980 年版,第 563～566 页。

该和不道德结合,而只应该和德行结合,这样,两者便可以彼此增加美观。"那种讲究诚信的人虽然在一定时期一定范围之内可能会失去一些眼前利益,甚至会被有些人当作"有毛病""傻帽"之类,但是经过时间考验和刷洗之后,这些讲诚信的人终将会受到人们的尊重。他们体现的是一种心灵之美,体现了主体诚信的人格魅力。

一、中国现实诚信观

许多学者从道德、法学、经济学、心理学和社会学等视角对诚信进行解读,认为"作为道德范畴,诚信是一种道德规范或品质;作为法学范畴,诚信是一项法律原则或准则;作为经济学范畴,诚信是一项基本经济规律或规则;从心理学角度看,诚信是一种心态或态度;从社会学的角度看,诚信是一种社会资本"[①]。基于马克思主义立场,中国现实诚信观是在批判继承中国传统诚信文化的基础上,依据中国社会主义市场经济和时代特征建立起来的普遍、平等、理性、义利统一的社会诚信观,是道德诚信与制度诚信的统一。树立中国现实诚信观应坚持法律约束与道德教化相结合、契约关系与人的永恒真情相结合。

作为中华民族传统的主流价值观念,诚信主要是道德诚信,即实话实说的人格品性和"言必信,行必果"的行为规范。中国现实社会在此基础上赋予诚信以经济、法律层面的内容,经济层面的诚信指经济活动中讲究信誉、求实无诈、履行契约义务、承担经济责任的市场规范和道德约束。法律层面的诚信指立法、司法中重证据、讲实情、依法办案的法律精神和司法行为。因此,中国现实诚信是经济诚信、道德诚信、法律诚信的统一。

诚信是中华民族的传统美德,儒家文化把诚信作为人的立身处世之本,这种重然诺的传统应发扬光大,但是传统的诚信观建立在自然经济和以血缘地缘关系为纽带的封建家族伦理文化之上的,是以品德为核心、以个人修养为依托的诚信观。这种诚信观与社会主义市场经济的开放自由、平等竞争的需要是不相适应的,只有符合经济规律和社会需要的诚信观才是现实的。因此,基于马克思主义立场的诚信观是实事求是、解放思想和与时俱进的诚信观,是符合中国社会主义初级阶段国情、中国社会主义市场经济的发展需要和时代特征的诚信观,是现实的诚信观。也就是说,中国现实诚信观应该是基于马克思主义立场的中国传统诚信文化和西方文化的批判继承。

---

① 赵爱玲:《当代中国政府诚信建设》,山东人民出版社 2007 年版,第 25~30 页。

（一）对中国传统诚信文化的批判继承

传统诚信观代代承传并保持相对独立性，不一定与经济社会发展同步，其精髓体现了中华民族深厚的文化底蕴，但有些成分与社会现实需要是不相适应的，应批判地认识，中国现实诚信观就是在批判、继承的过程中逐步形成的。

1. 对传统重义轻利诚信观的批判继承

传统社会的诚信是建立在"重义轻利"价值理念的基础之上的，"君子寓于义，小人寓于利"，这种诚信价值观相对于充满趋利性和竞争性的市场经济来说是过于理想化了。马克思曾经指出："只要商业资本是对不发达的共同体的产品交换起中介作用，商业利润就不仅表现为侵占和欺诈，而且大部分是从侵占和欺诈中产生的。"①趋利性、竞争性是市场经济内生的，在西方资本主义市场经济发展初期，市场主体在无序竞争环境中追求利润最大化，坑蒙拐骗、尔虞我诈、掺杂使假等失信问题十分严重。在我国市场经济建立之初，有很多人认为市场经济是以"一切向钱看"为价值取向的经济，商场是战场，为了战胜对方就可以不择手段。只有人们认识到制度规范需要讲信用才能获取最大利益时，现实诚信才会真正确立。总之，市场经济条件下的诚信与"利"相关联，利益是诚信的最大驱动力，中国现实诚信观要把"义"和"利"有机统一起来。

2. 对我国传统"差序格局"的诚信伦理的批判继承

中国传统社会结构"差序格局"的人伦关系，即以自己为中心，通过血缘和姻缘关系为纽带逐步外推所形成的一种关系网络。与自己关系最亲密的人，诚信程度最高，依次次之，直到对陌生人则基本上无诚信可言。这种个别主义诚信观将诚信囿于个别人或小团体中，进而造成对其他人的失信，无法适应开放市场的需要。

在市场经济社会中，市场主体交易行为不可能局限在熟人社会范围内，人与人的交往超出家庭、地域、民族甚至国家的界限，要求建立起以市场主体平等竞争为基础、以利益关系和契约关系为纽带的普遍信任。诚信伦理价值取舍和道德判断的标准不可能再是感情上的亲疏和地位上的尊卑。在市场经济条件下，即使是熟人，如果没有诚信的品格，没有偿付的能力，也不应该和他发生信用关系，如果是从未谋面的陌生人，但他有良好的信誉和偿还能力，也应该在信用上给予支持。总之，中国现实诚信观不再以家庭伦理、亲疏差序为核心，而是普遍、平等的诚信观。

---

① 《马克思恩格斯全集》第 25 卷，人民出版社 1995 年版，第 369 页。

3. 对传统等级伦理诚信的批判继承

中国传统社会以家国统治为本位,百姓的命运掌握在统治者的手中,把君王放在至高无上的地位,诚信主要是位卑者对位尊者的诚信,反之则未必。君王"独制于四海之内",其本身就带有一定的欺骗性和虚伪性。所谓"民可使由之,不可使知之",就有统治者可以对百姓进行欺哄之意。"君臣父子"式壁垒森严的等级秩序使普通百姓只有义务而无权利,其人格的主体性遭到无形的消解,思想受到严重的压抑,愿望不能真实表达。因而,"当面一套,背后一套"是百姓惯用的伎俩,百姓的诚信观严重扭曲。此外,传统诚信是完全伦理化的人格诚信,主要凭借内心信念、社会舆论和人情关系维护,缺乏相应的制度保障。在社会互动过程中,一方面,能否做到诚信往往凭自己的道德感,另一方面,是否信任他人往往取决于主体对他人道德人格的判断。

在 21 世纪的今天,等级伦理道德标准已不符合民主法治社会的发展需要。在社会主义市场经济条件下,市场主体在法律面前是平等的,仅靠完全伦理化的人格诚信已无法适应竞争、开放的市场的需要。资源流动和公平交易是市场经济的基本特征,在优胜劣汰的残酷竞争过程中,市场秩序必须借助于以法律为保障的契约信用来维持。因此,现实诚信是建立在制度伦理基础上的诚信,"诚"是对法律、规则、契约的忠诚,即自觉自愿地遵守法律、规则和契约。"信"是信守法律、契约,不用欺骗的手段逃避规则,并在不能履约时自觉承担责任。中国现实诚信观是道德诚信和制度诚信的统一,传统的完全伦理化的诚信观能启发人的良知,有利于整个社会的吸收和接纳,但它只有通过法律化才能产生出真正健全的诚信法律制度,才能指导和规范人们的行为,为社会主义市场经济发展提供必要的道德和法律双重保障。

4. 对完全人情化的传统诚信观的批判继承

人情主义是中国传统伦理精神的人文形态,君臣、父子、兄弟、夫妇、朋友(合称"五伦")是传统伦理关系的基本原则,一切伦理关系都是血缘关系的扩充,血缘本位观引导了人们对情感的重视。人情主义还是一种交换方式,在传统伦理关系中,交换的对象不是商品,而是人心的交互,是情感的互动,具有人情交换的性质。人情交换必须有载体,于是产生各种礼尚往来。在人际交往中,人们以人情为调节机制,通过"以心换心""将心比心""投之木瓜,报之桃李"的人际互动交往来维护彼此之间的诚信。这种完全人情化的诚信观维护着封建宗法等级制度,使许多人陷入愚忠愚信的深渊,成为少数人的玩弄对象。

在现实社会中,市场经济在本质上是一种理性经济,理性是"经济人"的行为基础。人情主义交换方式在熟人社会都未必能维系诚信,人与人之间的信任不仅指对人品和人情关系的信任,更主要的是对负责任的能力的信任。也就是说,中国现实诚信观应该是理性的诚信观,诚信不仅靠人情关系,而应以在权利与责任的对称关系上值得信任为首要基础,以制度契约为根本保障。

(二)对西方社会诚信文化的批判继承

西方文明的三大源泉和支柱是基督教、古希腊文明和罗马法,它们与近现代社会契约思想一起成为西方经济社会建立信用法制机制的文化基础。

《圣经》中有很多教导人们虔诚信仰上帝和教导信徒诚实守信的经文,单词诚信或信任(trust 或 confidence)出现次数有几十次之多[①]。《圣经》的《旧约》和《新约》都是人与上帝的契约,根据该契约,人如果违反约定,就要受到来自上帝的惩罚,而上帝是无处不在、无所不察的,它是最权威的外在强制力量的代表。

再看古希腊文明,古希腊的赫西阿德从功利主义的角度论证了道德的功用,认为谁具有了良好的道德,谁就会得到社会的认可,谁信守誓言,他的后代也必然受到尊敬。[②] 德谟克利特的伦理学可分为至善说和美德说,他认为人只有保持美德,包括诚信,才能保持灵魂的安宁,灵魂的安宁"是人生活的基本目的和动因"[③]。苏格拉底(Socrates)提出"美德即知识"和"认识你自己",在此基础上"照顾自己的灵魂",把先天存在于心灵中关于"善"的理念发掘出来。亚里士多德(Aristotle)在《政治学》中表达了他重视城邦公民的信用和政治家的信用的思想。一句话,他们都认为诚信(信用)作为个人的美德,是"生来就是政治动物"的人必须具有的道德。

古代罗马法是"商品生产者社会的第一世界性法律",民法是古代罗马法中最主要、最辉煌的成就,它调节的对象是民事关系,而民事关系自然是与契约分不开的,契约关系只要存在就会产生信用问题。罗马法把信用作为法律主体的资格,也是人格的一部分,可见,古罗马法中信用与契约之间是密切关

---

① 郑也夫:《信任论》,中国广播电视出版社 2006 年版,第 12 页。

② 古谢伊诺夫、伊尔利特茨著,刘献洲等译:《西方伦理学简史》,中国人民大学出版社 1992 年版,第 22 页。

③ 古谢伊诺夫、伊尔利特茨著,刘献洲等译:《西方伦理学简史》,中国人民大学出版社 1992 年版,第 64 页。

联着的。

到了近代,社会契约思想不断发展,诚信观念也日渐确立。霍布斯认为遵守契约是正义之源,无契约即无正义,有约而背约即为不义。卢梭认为社会和国家是基于一定的社会契约而建立起来的,因此,社会秩序和对应的社会利益应该是建立在"契约关系"基础之上的。洛克说:"公道(justice)和信义(faith)确乎是维系社会的公共纽带",就连那些为世人所不齿的盗贼,"他们自身亦必须遵守信义和公平的准则,否则他们便不能相互维系"①。德国社会学家卢曼在《信任与权力》中提出,信任是简化复杂性的机制之一。

西方文明的契约诚信思想对现阶段中国具有借鉴意义,法制诚信相对于以人情为基础的诚信更符合社会主义市场经济发展的需要,中国走向开放和现代化,从熟人社会向生人社会转型,必须建立起对普遍诚信规则的法制保障体系。同时,还要警惕西方文化中功利主义、个人主义、唯契约(规则)主义诚信观的负面影响。

(三)对现实流行诚信观的批判认识

诚信观具有时代性,同时,不同环境中的不同群体都会有不同的诚信观。那么,到底哪一种诚信观是中国现实诚信观?对诚信观的把握,就是要把"诚信"放在马克思主义理论体系中进行比对,看看是否符合辩证唯物主义和历史唯物主义基本原理,是否符合中国特色社会主义经济政治文化建设的需要,中国现实诚信观实际上是在对现存的种种诚信观加以批判的过程中逐步形成的。

1. 功利主义诚信观

功利主义诚信观将诚信视为达成目的的一种工具或手段。市场经济将这一价值观发挥到极致,极端功利主义诚信观认为,市场主体是一个纯粹的"经济人",从事经济活动的唯一目的就是寻求自身利益的最大化,因此,诚信被纳入了"成本—收益"的计算之中,有利则积极践行,无利则放弃。另一种相对温和的功利主义诚信观认为存在经济与道德双重价值,经济价值是首要的,恪守诚信只是一种发展战略或竞争策略。

功利主义诚信观模糊了人类的良知,使市场交易陷入投机博弈,使人与人的交往变得无法相互信任,这必然导致市场运行成本提高和社会秩序混乱。一旦有更大的利益诱惑,有些人就可以把良知和感情抛于脑后,而这必然为具

---

① 周辅成:《西方伦理学名著选辑》(上),商务印书馆 1964 年版,第 706 页。

有诚信人格的人所不耻。应加强诚信品质的道德教育,培养诚信道德观念。

2. 道德理想主义诚信观

道德理想主义诚信观认为诚信是"获得实践的内在利益的一种获得性品质"①,即诚信是价值追求的目的,而不是作为达到其他目的的手段,是人们应无条件履行的一种义务。它要求纯化诚信的内在动机,端正诚信的道德意向,不能带任何功利色彩,否则其道德价值就值得怀疑。按照这种诚信观,即使交易对方或周围的人都不讲诚信,主体也要"以德报怨"。道德理想主义诚信观把诚信危机主要归属为个体道德品质及其相应道德的失范,寄希望于通过道德教化、人格养成、公民道德建设等道德手段来提升人们的诚信水准。倡导道德理想主义的诚信观常常会成为一种浪漫的、缺乏社会土壤的空想。

当然,我们绝不是说要完全排斥超功利的道德理想主义诚信观,而是就我国现有的国情来说,这种诚信观尚未真正具备形成和发展的经济基础和社会条件。现代社会生活的契约化使人们将诚信目光投注到契约的订立上,道德的作用逐渐局限于辅助性的地位。很多学者对此达成共识:经济诚信、法律诚信必须优先于道德诚信。诚信危机的出路关键在于完善市场经济体制建设,加强制度监督和保障,强化契约观念。

3. 个人主义诚信观

个人主义诚信观只站在个人角度理解诚信,把诚信视作个人品德修养问题。在这种诚信观中,主体一味追求"出淤泥而不染"的清高品行,而不管诚信客体的善恶死活,脱离实际情况。

在现实社会中,诚信远不只是个人问题,更是一种社会现象,诚信主体是个人、团体和社会的统一。在社会与个体的双向互动过程中,"诚信是维护社会共同体的利益进而保障个体利益的最佳选择"的观念,如果成为社会共同价值观,个体会因诚信得到信任,因信任而自尊,从而进一步强化了诚信价值观。著名经济伦理学家科斯洛夫斯基说:"如果一个社会中,不道德的做法已经成为所有或绝大多数竞争者的习惯,对于个体来说,在竞争市场中遵守道德准则是非常困难的。"②现实社会发展需要的是社会诚信观,要求形成能够敦促团体和个人诚信的社会诚信文化,而不是让少数有德者顶着整个社会的不诚信风气修行。

---

①　麦金太尔:《德性之后》,中国社会科学出版社 1995 年版,第 277 页。

②　彼得·科斯洛夫斯基著,孙瑜译:《伦理经济学原理》,中国社会科学出版社 1997 年版,第 180 页。

4. 唯契约(规则)诚信观

唯契约诚信观认为诚信的唯一保证是契约和实施契约的法律制度,而不是关系双方。它是西方资本主义市场经济发展初期普遍的诚信观,认为维护诚信只能靠建立信用体系,以征信立信为前提,以惩戒失信为手段,规定行为规则,符合规则即视为诚信。

唯契约(规则)诚信观实际上是一种道德虚无主义,它导致了人类的道德困惑:人们遵守信用的行为究竟是出于对信用制度约束的虔诚还是无奈?在没有信用制度约束的领域,人们能否一如既往地保持诚信?它还抹杀了人与人之间许多最宝贵的感情,比如对友谊的忠诚、对爱情的忠贞。

近年来,西方国家的诚信观发生了变化,他们认识到契约诚信的局限性、短暂性和偶然性,开始转向注重熟人、朋友、人格、美德、共同的目标价值观等持久的人格诚信。如金黛如(Daryl Koehn)主编的《信任与生意:障碍与桥梁》将信任区别出"基于计算的、基于了解的和基于认同的"三种类型。

总之,马克思主义反对功利主义诚信观,也反对道德理想主义诚信观,主张既要重视诚信道德教化,又要强化契约诚信观念;反对个人主义诚信观,主张社会诚信观;反对唯契约(规则)诚信观,呼唤契约(规则)与人的永恒真情有机结合。马克思主义指导下的中国现实诚信观是普遍、平等、理性、义利统一的社会诚信观,是道德诚信与制度诚信的统一。树立中国现实诚信观应坚持契约(规则)约束与道德教化相结合、与人的永恒真情相结合。

二、当代社会呼唤诚信

2001年9月,中共中央又颁布了《公民道德建设实施纲要》,将"诚信"列入二十字"公民基本道德规范"中。2007年国务院颁发的《关于社会信用体系建设的若干意见》,阐明了我国社会信用体系建设的指导思想、目标和基本原则。它标志着诚信已经成为中国现时代的迫切要求,并且从道德层次上升到道德与制度并举的层次。诚信中国、诚信政府、诚信市场……诚信建设已经成为中国现时代的呼唤。

1. 诚信道德是市场经济发展的内在要求

诚信是市场经济的基本伦理,市场经济是一种规则经济,规则的执行靠的是诚信。首先,诚信是市场经济的道德灵魂和核心,市场主体之间长期博弈的结果必然是诚信者最有利,不诚信者不仅不经济,反而要付出沉重的代价。有人比喻"诚信是瑰宝,诚信是效益,诚信是生产力"。也有人认为,"产品的价值可以从信誉中表现出来,信誉维系着产品的命运。人的评价可以从诚信中映照出来，诚信关系到做人的尊严"。在经济日趋全球化的今天，政府无诚信，则缺少凝聚力，国家就没有希望；企业无诚信，则缺少发展力；做人无诚信，则没有生存力。美国学者弗朗西斯·福山在《信任——社会道德与繁荣的创造》中认为："当今社会的经济发展与社会发展之原动力来自社会诚信。"其次，诚信是市场经济内生的必然要求。在市场经济活动中，生产商为了减少产品卖不出去的风险，往往是先有"订单"而后再组织生产，或先有"购单"而后发售产品，因此有了合同，合同是市场经济活动中各主体间相互制约的一种"契约"，是生产商和购买者之间的一种诚信约定。于是信守合同就成为市场经济的内在要求，市场主体之间在商品交换的过程中，需要法律、规范、条例等制度来维系"契约"。这种以"契约"为特征的市场经济，从一定意义上说，就是各利益主体间遵守"契约"的信用经济，必然要求与之相适应的诚信道德规范。

我国目前正处于社会转型期，各种失信行为渗透于社会生活各个领域，大量的"三角债"问题，商业欺诈行为无孔不入，假酒、假药、假证件、毒米等假冒伪劣现象，严重地扰乱了社会主义市场经济秩序。以食品安全为例，连续曝光的三鹿奶粉、双汇瘦肉精、地沟油等食品制假售假案件，在社会上造成了巨大的负面影响。有人戏称，中国人在食品中完成了化学扫盲！诚信作为处理人与人、人与社会之间关系的基础性道德规范，是做人的一种品质，也是现代文明的基石，我国社会经济发展迫切需要市场主体恪守诚信。

2. 诚信有利于降低社会运营成本

诚信是提高信任度的社会资本，是一笔通过降低社会交易成本而增加的巨额财富。首先，降低政府的管理成本。在一个讲求诚信的社会，不需要建立庞大的执法队伍督促企业履行自己的义务，也不需要政府付出太多的人力物力来排解市民之间的纠纷。其次，能够降低交易成本。交易成本包括信息费用、谈判费用和监督费用，可以看成是寻找和确保诚信的费用。在现代社会，人与人之间无时无刻不在发生着密切的联系。一个社会的诚信程度高，诚信文明越普及，整个社会的交易成本也就自然大幅度下降。如果因诚信问题在每一个环节上增加一点点的成本，那么，整个社会将会为此付出沉重的代价。譬如，搭乘城市的公共汽车，如果将无人售票改为有人卖票，不但会增加公交系统的支出，还会给市民增添麻烦。如果能够实行公共交通的自动售票服务，不但可以节约市民的时间，还可以降低企业的运营成本。

3. 诚信保证各行业健康有序发展

作为社会无形资产，诚信能从根本上维护和保证各社会主体的利益。首先，政府讲诚信。诚信办事对内可以取信于民——体现"执政为民"，外交可以赢得"以诚信为本"的声誉。例如,1997 年亚洲发生经济危机,我国政府就承诺人民币不贬值,事实证明我国政府说到做到,我国政府的诚信赢得了全世界各国人民的普遍赞誉。其次,企业讲诚信。严格生产标准,确保产品质量,取得消费者信任才能得到长足发展。例如海尔集团对家用电器质量和售后服务的承诺,对所有客户以诚相见、以信相待,良好的信誉迅速扩展到海内外,产业也随良好的信誉迅速发展到海内外。在我国有数不清的优秀企业家,他们成功的背后都有一种共性——诚信当先。再次,中介组织讲诚信。律师事务所、会计师事务所、证券交易所、职业中介、租赁中介、出国中介、婚姻中介等各类中介组织是否诚信,是其能否生存的最直接原因,只有提高知信度,才能保证中介行业健康有序发展。最后,个人讲诚信。个人诚信作为一种无形资产有巨大的价值,在信用制度比较发达健全的西方社会,尽管人员的自由流动十分频繁复杂,但始终有一个号码(即社会保障号)无法伪造并且终身使用。信用被奉为一个人社会生活的"第二身份证",一旦出现不良记录,便给自己的求职、纳税、购物、租房以及还债、贷款等带来极大困难。不仅如此,法律对不讲信用之人将给予严厉的惩罚。如美国和新加坡的法律都分别规定,不讲信用的公司或个人将被罚得倾家荡产、无法生存,甚至承担刑罚等。所以在信用国家,大多数人都十分重视培养自己的信用,视信用为生命。

4. 诚信是网络时代的要求

网络在促进社会生活和道德进步的同时,网络迷狂与虚拟世界的迷幻性也带来了一些消极影响和道德问题。在网络空间,个人能凭借大规模信息交流系统建立多向的相互联系,个人既可以是新闻和信息的接受者,也可以成为新闻和信息的传递者。网络传播的特性使任何人只要进入网络,都可借助隐匿的网民身份和虚拟的名字畅所欲言。其自由和交互性使各种议题纷呈,消解了舆论的整合性,造成了网上舆论的分散性和多元化。网络的全球化使网络文化呈现开放性、非主流性。在网络世界,通俗文化与高雅文化、大众文化与精英文化的分野和界限模糊,多元文化共存,既有优秀文化,也有落后腐朽甚至反动的文化。网络上有用信息和虚假信息同时并存,社会理想和颓废情绪同时传播,时尚生活与淫秽、色情、赌博、欺诈等行为一起显现,网络文化良莠不齐。高校学生作为使用网络最多的群体,在信息时代接受新信息的能力强,思维空间和行为空间有更大的拓展性,道德行为的自由度大且灵活性强,高校学生能否正确使用网络和有效实现网上各种业务,从一定意义上讲,直接关系到互联网时代的社会风气能否健康、有序。因此,构建高校学生诚信教育体系已成为互联网时代社会发展的迫切要求。

2004 年,中共中央、国务院发出《关于进一步加强和改进大学生思想政治教育工作的意见》,明确指出:"在信息时代,网络日益成为青年大学生生活中不可缺少的部分,而且青年人的行为更容易受到网络的影响。"2009 年 1 月,王晨(时任国务院新闻办公室主任)撰文将网络失信行为表现概括为"发布虚假信息,扩散小道消息,发表不负责任言论,干扰网上信息传播秩序,热衷于打擦边球,靠哗众取宠吸引点击,损害网上舆论环境,影响社会稳定"等十种①。2014 年召开的中国互联网大会向国人发出倡议:自觉抵制网络谣言,坚守"七条底线"。②

5. 现阶段要摆脱社会信任危机,呼唤诚信

2013 年 1 月,中国社科院发布《中国社会心态研究报告》蓝皮书,指出当前中国社会的信任危机已经达到警戒线。中国社会正经历着"三内"向"三外"转变,即从户口所在地内流动到户口所在地外,从计划体制内转移到市场体制,从熟人圈内延伸到熟人圈外。传统的信任体制被打破,而新的信任体制还未完全建立起来,造成了信任度下降。近年来,各个领域的诚信缺失现象频出,消极影响不断。以 60 分作为信任底线,2011 年对北京、上海、郑州、武汉、广州、重庆和西安 7 个城市居民的调查中,社会总体信任程度的得分平均为59.7 分,已经进入了"不信任"水平,可以说是到了社会信任的警戒线。蓝皮书指出,中国当下的社会总体信任度一再下降,人与人之间的不信任倾向在不断扩大。超过半数的人都认为社会上大多数人是不值得相信的,二到三成的人表示不相信陌生人。群体之间的不信任也在不断加深,主要表现为医患关系、官民关系、警民关系、商民关系等社会关系之间的不信任等。

我国现阶段社会信任危机主要表现在以下几个方面:

首先,民众对政府的不信任。不仅是对政府官员的不信任,也包括对政府机关的一些解释、声明和相关法律法规的怀疑。2008 年金融危机发生之后,中国的就业问题变得严峻起来。人力资源和社会保障部发布大学生就业数据后,就被大学生网民嘲讽为"被就业"了。统计局宣布收入增长数据后,也被网民讽刺为自己的收入"被增长"了。这种不信任产生的主要原因是某些地方政府政策朝令夕改,而且存在着忽悠民众、暗箱操作等不诚信行为。

---

① 王晨:《网媒发展迫切需要加强网络行为诚信建设》,《信息网络安全》2009 年第 1 期。

② "七条底线"指:法律法规底线、社会主义制度底线、国家利益底线、公民合法权益底线、社会公共秩序底线、道德风尚底线和信息真实性底线。

其次,市场各利益主体之间的不信任。一是商品和服务提供者上下游以及横向合作方之间的不信任,商业欺诈、信用欺诈、价格陷阱等时有发生。二是消费者对商品和服务提供者的不信任,例如,毒奶粉事件后出现了怪现象:一方面是国内奶粉需求不足,另一方面是国人千方百计买洋奶粉,中国成为奶粉最大进口国。

再次,社会成员之间的不信任。人口普查门难进,单位设门岗增保安,居民小区筑围墙装防盗门窗,幼儿园从小教育孩子不和陌生人说话等,到处都在教你如何"安全防范"。公共场合偶然遇到陌生人搭讪,先选择回避;陌生人求助,怀疑是陷阱;获知中奖信息,第一反应是诈骗。怀疑和警惕成为生活方式,不信任成为常态,对方没安好心、对方可能是坏人、对方就是为钱而来,成了人们的思维定式。人们对一些传统的高信任度职业的看法也开始发生变化,教师、医生、法律工作者等的社会声望急剧下降。2013年接连发生的伤医案,还有幼师虐待孩童、校长带女童开房等事件,将脆弱的信任关系推至危险的临界点。"南京彭宇案"引发的对老人跌倒要不要扶的热议,人们见义勇为、扶弱救残却遭遇巨大的道德风险和成本,极度挑战诚信这一社会道德底线。

摆脱危机,重塑社会信任,理论界强调社会信任的机制建设,包括完善法律制度、建立社会信用体系和强化失信惩戒机制等。当然,不论是加强政府公信力建设,还是普通公民的信用行为规范,都需要发挥诚信道德教育的作用。仅仅通过法律等制度来约束人们的欺骗行为,至多只能使人们出于对利益的考虑而遵守诚实待人的原则,而不能让他们把诚实待人当作自己内心尊重的法则,并且出于对它的敬重来展开自己的人生实践。要真正使得一个社会变成彼此信任的社会,光有法律的约束还不够,人们还必须建立诚信道德价值观,"使自己的心灵具有一个合理的伦理秩序:始终把道义放在利益之上,用价值理性来约束自己欲望的放纵,约束自己强烈而执着的求利之心"[①]。

三、诚信教育是高校学生成人成才的保障

高校学生是一个特殊的群体,其特殊性表现在:一是处于特殊的人生阶段,二是处于特殊的社会空间。从人生阶段来看,高校学生多数是18~22岁的青年人,是个体生理发育趋于完善和成熟的一个时期,更是心理走向成熟的一个重要阶段。在这个阶段,人的人生观、价值观、世界观还未定型,教育引导

---

① 舒远招:《当代中国社会信任危机的征候及其主体根源》,《湖湘论坛》2012年第2期。

对其思想走向具有重要意义。特别是他们处于社会的入口,高校毕业意味着要结束学生身份步入社会,如果说中学教育存在的缺陷在高校教育中还可以弥补的话,高校教育的缺陷则很难在社会中得到完善。因此,高校诚信教育关系到输入社会的"产品"是否合格,从这个意义上说,高校对学生诚信素质的培养责任重大。

1. 诚信教育是高校学生素质全面发展和健康成长的需要

诚信教育是高校全面推进素质教育的需要,教育部在《面向 21 世纪教育振兴行动计划》中明确提出实施"跨世纪素质教育工程"。高校作为培养社会主义事业建设者和接班人的重要阵地,全面推进素质教育是其必然的工作目标。素质教育包括德、智、体、美"四育",以德育为首,而"诚信"是德育的一块基石,显现越来越重要的地位。

首先,诚信教育是培养大学生完善人格的重要途径。"人格"在伦理学中指的是道德人格,它对于我们自己想成为什么样的人做了规定。中国传统关于人格的价值取向具有非功利性的特点,主张用天理人道限制和消灭私欲。西方的理想人格很突出个人的自由,并且崇尚个性解放,他们追求自我的解放。现代的理想人格应该是对中国传统人格和西方理想人格的批判继承。诚信作为最基本的行为准则,是每一个人走向道德完美的途径,诚信是人格尊严的内容之一,是人格完善的尺度。诚实是对善德的坚定信念,是做人立德的源头,所以是追求道德人格的出发点,诚信教育也就成为追求理想人格的重要途径。诚信教育有利于引导大学生树立正确的义利观、价值观、金钱观和幸福观。以诚信为基础培养优秀道德品质,在奉献社会的同时实现个人的价值,在平衡各种矛盾中追求幸福生活,这样的人格才是理想的人格。所以说,诚信教育应是培养大学生完善人格的重要途径,诚信是一种品质,更是一种素质。

其次,诚信教育使大学生弃恶向善。诚信要求人要善良,不仅对人要善良,而且做事要善良,不能昧着良心做事,这样才有可能走上诚信的道路。善的反面是恶,是背信弃义、见利忘义、尔虞我诈、贪污腐化等。人若失去诚信,就会失去评判道德的标准,就可能失去抵御邪恶的能力。大学生应自觉地讲诚信,守诚信,做诚信的事,为走上社会做准备。诚信教育就是教育大学生向善的人性道德教育,它教育大学生首先要"自爱",在"自爱"的基础上发展为"爱人",教育大学生首先不"自欺",然后做到"不欺人"。以诚信为基础,从而产生并培养起善良、坚毅、公正、同情等优秀的品质。诚信教育能让大学生学会肯定价值,认识自然的发展规律,认识自我的发展规律,能够在尊重自然规律、解决自我内心矛盾的过程中,做到言行一致、表里如一、内外统一。只有这样,大学生才能更好地成长和完善自己,在未来社会的大环境中才能站稳脚跟。

再次,诚信教育是大学生沐浴智慧的必由之路。人追求幸福的生活是需要智慧的,诚信便是人生的大智慧。诚实守信就是尊重和认可客观实在,遵守事物之间的联系规律。诚实守信是科学精神的人文内涵之一,探求科学真理容不得半点虚假。诚实守信能保持本我,一个独立的、自然的、和谐的本我,也是一个善良的、真实的本我。诚信不但是道德素质的重要内容,也是科学文化素质的重要内容。诚信理应成为大学生科学文化素质培养的重要内容,诚信教育引导大学生不自欺、不欺人,消除大学生的侥幸心理,树立坚定的理想和信念,锻炼自己的意志,着眼长远。诚信教育在培养大学生道德素质的同时,提高了他们的思维能力和实践能力,使他们的头脑在锻炼中更加聪慧。诚信教育培养了大学生尊重自然、尊重规律、尊重事实、脚踏实地、探求真理、勤学苦练等优秀的品质,引导大学生在满足自身需要的同时,以诚信为基础,建立健康的人际关系。

总之,诚信道德是素质的根本,无信则无德,信之于德,如根之于树,纵然才高八斗、学富五车,缺乏诚信素质的大学生也是不合格的。

2. 诚信教育有利于高校学生更好地适应全球化和网络时代

诚信是全球化时代和网络社会的道德要求和交往准则。全球化首先表现为全球经济的一体化,它是以诚实信用为基础的。市场经济依托法制而实现,在法的意义上,市场经济是以契约形式出现的信用经济。企业或个人首先要处理和协调好信用关系,在经济生活中恪守诚信。在一定意义上,经济伦理的诚实信用是市场经济良性运转的主要条件,诚实信用的伦理原则还可以提高社会经济贸易运行的质量。德国社会学家马克斯·韦伯说过,诚信是资本主义伦理中"最重要的思想原则"。全球化和世界经济一体化的运行规则,使我国的经济运行、社会生活方式出现了诚信伦理的利益性、工具性特征,这是市场经济条件下的必然结果和经济运行趋利性的必然体现。当代大学生必须认清诚信在市场经济条件下的普遍性意义,认清诚信这种无形资产的巨大价值。

网络已经成为高校学生学习生活的重要载体,广泛而深刻地影响着高校学生的认知、情感、思想和生活。"网络社会"生活中的道德具有不同于现实社会中道德的新特点,一是自主性和自律性,二是表面性和多元化。这些特点对高校学生的诚信素质具有一定的消极影响。由于网络信息的传播出现超地域的特征,各种各样的价值观、道德规范、生活方式更加频繁、更加清晰地呈现在人们面前。面对网络虚拟世界的迷幻性,高校学生作为网络主体,出现不同程度的诚信缺失。只有不断培养诚信品质,高校学生这个特殊的网络群体,在面对良莠不齐、纷繁复杂的网络世界时,才能自觉抵制不良信息的消极影响。

3. 诚信教育有助于高校学生用助学贷款顺利完成学业

助学贷款是一种无其他担保的信用贷款制度,信用则是解决我国高校助学贷款问题的关键。1999年,中国人民银行等部门联合发布了《关于助学贷款管理的若干意见》,助学贷款制度开始在各大城市推行,但其运行状况一直不尽如人意,究其原因,在于银行对高校学生的信用持有怀疑,高校学生拖欠贷款的事例也证明了这种怀疑。因此,高校学生树立诚信品质,对于促进助学贷款制度在我国的推行和发展有着重要的意义。国家鼓励金融机构在高校实行对特困学生的助学贷款,国家将贷款的信用押在高校学生的个体人及品格人的诚信基础之上,国家对特困学生助学贷款的风险是高校学生的整体诚信度。如何使特困大学生助学贷款的风险减少到最小,就要看高校学生的诚信度,要看对高校学生诚信教育的效果。不能让个别人的失信案例破坏了整个高校学生群体的诚信品格。俗话说,前人栽树,后人纳凉。先期助学贷款的诚信和实施结果直接影响到以后10年、20年以及更长时间的国家助学贷款的政策,影响到贷款工作的延续性、可行性。现在加强在校高校学生的诚信教育不仅具有眼下还贷的功利性意义,而且具有更长远的意义。

4. 诚信缺失对高校学生造成的危害是巨大的

首先,诚信缺失不利于高校学生的社会化发展。社会化指个体从生物人转变为社会人的过程,包括个体不断将要求内化为自己的心理内容,又不断将这种心理内容外化为社会行为。高校学生处于人生观、价值观、世界观的形成和成熟时期,社会化将对其产生极其重要的影响。诚信缺失不仅会导致个人扭曲的社会化,而且将给社会留下极大的隐患。其次,诚信缺失不利于高校学生参与社会交往。在全球化的时代,信息技术与交通技术已经为人类跨地域、民族、文化的普遍交往创造了技术条件,只有诚信道德得到普遍发展,才能消除人的普遍交往的心理障碍,扩大人的交往空间与交往层次,同时促进高校学生的身心向健康的方向发展。

综上所述,当代中国社会要求人才具备诚信品质,诚信是高校学生走上社会的通行证,因此,高校诚信教育是现时代中国社会发展的迫切需要。高校作为培养人才的摇篮,应勇于承担诚信教育的任务,而不应推给社会。

第二章　高校诚信教育的规律探讨

　　诚信教育的内涵包括三个层面:其一,诚信的基本含义是有关"真诚、诚实、守信"等道德品质,因此,诚信教育的基本含义是有关诚信道德品质的教育和培养活动,属于道德教育范畴。其二,诚信思想应用到社会公共生活中时,含有"信任、信用、信托"等含义,是人们所应遵守的最基本的社会伦理规范,它在社会政治、经济、文化等领域普遍发挥作用,因此,诚信教育是社会伦理教育或公德教育,它属于公民道德教育的范畴。其三,从法律意义上看,诚信教育具有法制教育的内涵。概括地说,高校诚信教育是指高校教育工作者通过一定的教育方式,根据诚信的内涵和要求,对高校学生进行有目的、有计划、有组织的教育与培养,使大学生树立起诚信意识,养成诚信行为习惯的活动过程。

第一节　高校学生诚信教育的一般规律

　　高校学生的诚信教育并不是单纯进行诚信知识教育,它还包括情感、意志和行为方面的教育,各种教育之间能够相互统一。既能始终如一地按照已经掌握的诚信道德规范去行动,还能同破坏、违反规范的人和行为做斗争。诚信道德行为是大学生的诚信道德认识、道德情感和意志的外在表现。没有正确的诚信道德认识,行为就不会有正确的方向;没有诚信道德情感的体验,就不会有积极主动的诚信态度;缺少诚信道德意志,就难于调节、控制行为;没有诚信道德行为,诚信道德认识、情感和意志就无法表现;没有诚信道德动机和需要,诚信道德行为就没有了动力,也就无法确定诚信道德行为的意义和性质。总之,诚信教育是知、情、意、行的内化过程,是动机与行为、内化与外化的统一。

一、高校学生诚信教育的特点

　　高校学生诚信教育是社会诚信教育的一个重要组成部分,应与社会诚信教育有共同的规律,但与一般的诚信教育相比,又有其自身的特点。

　　一是实践性。诚信教育与智育有所不同。智育是向学生传授科学文化知识和技能,教会学生解决问题的能力,使学生由不会到会的过程。而诚信教育是向学生传授诚信思想和诚信理念,引导学生形成正确的诚信观并养成良好的诚信行为习惯,坚定诚信意志,培养诚信人格,将诚信实践到日常行为生活中的一种教育方式。

二是重视认同性。在高校里高校学生作为诚信教育的主体,他们有着强烈的自我意识能力和自我控制能力,是有思想、有主见、有激情、有个性的高智商群体,他们对待事物具有主观的自我辨别能力,是选择接受还是排斥,其主体性的表现并不会因为他们处于客体地位而削减。因此,高校学生诚信教育实施的效果如何,不仅取决于高校学生对诚信的主观能动性,更取决于他们对诚信教育的价值是否认同,高校学生所具有的主体意识使他们在看待事物时有自己认可的价值尺度。

二、诚信教育的一般规律

诚信教育作为德育的一个重要组成部分,具备了德育的功能,必须遵循德育的一般规律。诚信教育过程是一个由多种因素、多个环节组成的复杂的矛盾运动过程,其基本矛盾是教育者要掌握社会所需要的诚信道德要求与受教育者诚信道德品质发展状况之间的矛盾。具体体现在受教育者的知、情、意、行等诸多因素发展的非平衡性,并贯穿于诚信教育过程的始终,而受教育者诚信道德品质的形成与深化也是这一基本矛盾运动的结果。诚信教育过程的具体矛盾指教育目的、任务、途径和方法与诚信教育效果之间的矛盾。诚信教育过程的具体矛盾决定了诚信教育的具体规律,即诚信教育过程中诸要素之间的本质联系与具体矛盾运动的必然趋势。

1. 协调控制规律

人的诚信道德品质是在主客观因素相互作用中形成和发展的,诚信教育受制于一定的主客观条件。一方面,诚信教育依赖于社会的经济、政治和文化制度,必须为之服务,受制于其发展的总方向和总目标。另一方面,诚信教育必须受制于社会现实。因此,必须及时、有预见性地规定诚信教育的任务、教育要求并实施教育活动,防止诚信教育与社会实际需要脱节。在诚信教育活动中,必须坚持家庭教育、学校教育和社会教育的一致性与协调性,注重契合并回应大学生对现实社会问题的关切,使大学生的价值认知背景与诚信道德要求不谋而合,从而很自然地赞同或接受诚信道德。

2. 双向互动规律

在诚信教育过程中,教育者与受教育者的思想、信息和情感要双向交流,互相促进。诚信教育活动是双边活动,教育者与受教育者应该建立民主、平等、教学相长的关系,才能够取得好效果。因此,在教育过程中,既要发挥教育者的主导作用,又要调动受教育者的自觉性和积极性。首先,认知契合。诚信教育要与大学生在审美追求和价值取向方面的认知相契合,契合大学生追求个性独立、崇尚自由、讲究实用的认知心理。其次,需求共鸣。人是理性的动物,总要为自己的各种行动做出合理性证明,大学生会为自己的各种行为进行正当性辩护。因此,诚信教育要与大学生的道德需求共鸣。再次,利益共振。诚信教育要让大学生将自己与诚信道德置于利益共同体的境地,能让守信学生的利益追求得到满足,当然主要是满足其精神性的利益需要,在一定条件下精神性利益能够转化成物质利益。

3. 内化外化规律

诚信教育应坚持内化与外化相统一。内化指教育者帮助引导受教育者将一定社会的诚信道德要求转化为自己的诚信道德认识、情感、信念等内在意识的过程。外化就是教育者帮助和引导受教育者将自己已经形成的诚信道德意识转化为诚信道德行为,并养成良好的诚信习惯的过程。遵循内化外化规律,一方面教育者要积极推进内化过程,坚持必要的正面教育灌输,帮助受教育者形成正确的诚信道德认识,以便为外化过程奠定坚实的基础。另一方面,教育者又要善于引导外化,要通过各种形式引导受教育者陶冶情感、坚定信念、磨炼意志,创造机会和条件引导受教育者投身实践,促使他们诚信的道德认识、情感、信念、意志和行为要素保持方向上的一致并获得均衡发展,激发他们产生崇高的行为动机,从而实现从诚信道德认识向道德行为的转化。

第二节 高校学生诚信缺失的主要成因

高校学生培养诚信品质不仅是时代的呼唤,而且是他们成人成才的保障。然而,近些年来伴随市场经济大潮的涤荡,诚信意识在学子们的心中就像夕阳的热量一样,渐渐淡化。考试作弊、毕业设计抄袭、拖欠学费(把父母给的钱用于高消费)、求职材料掺水造假……是什么原因导致高校学生诚信缺失呢?

1. 传统诚信道德文化价值观承传中断

在很长的一段时间里,"传统"几乎被当成了腐朽、落后、过时、无用等意义的代名词,当代大学生在批判传统的过程中存在无原则舍弃历史文化价值的历史虚无主义行为和思想观念。传统从来就是在历史和现实的夹缝中传承下来的,我们应该正确地对待传统。诚信价值观倡导的讲信用、说话算数、守约、表里一致、不忘本、不辱使命的内涵,是中华民族传统的主流价值观念,"一言既出,驷马难追""言必信,行必果"等千古名言至今仍广泛使用。当然,长期封建统治形成了为了利益可以不择手段的社会意识、长期的人治社会形成的家长意识、长期的农业经济形成的自由散漫的习性和不按规则办事的自由个体主义的价值观也在影响着人们的观念。"老实人吃亏","知人知面不知心","逢人只说三分话,未可全抛一片心"等俗语反映了人们无可奈何的态度,导致人们潜意识中诚信的缺乏。高校学生缺乏诚信的问题说明我们正在毁坏某些优良的传统,同时也可能向后人传递着某些不良的社会习俗。传递社会文明是发展,而传递社会糟粕就是一种历史的中断、倒退甚至毁灭。

　　2. 高校办学思路存在误区,诚信教育不力

　　高校本来是追求真理、教书育人的地方,但是,目前多数高校把求生存、求发展放在第一位,教师把福利待遇放在第一位,功利主义思想严重误导许多高校的办学思路。有的学校为评文明单位制造大量虚假材料,有的学校为迎接检查组织学生集体作假,有的学校"学术腐败",有的学校在招生和评奖评优过程中暗箱操作。这些现象体现出教育工作者在教育理念上的误区,也给学生造成了很大的困惑。

　　第一,重智轻德的教育观。培养高素质的人才必须将工具理性与价值理性相结合,科学精神和人文精神相融合,智商与情商相平衡,这是社会对人的全面发展的基本要求。但是,人们由于对教育本质和人才标准认识上的错位,长期以来忽视道德的教化作用,人们往往热衷于外语、计算机、专业课等方面,而对诚实守信的道德教育不加重视。许多学生尤其是理工科的学生,把思想政治课仅仅当作学分来修,认为背背便可过关,认为"把自己的精力浪费在学习这些课上简直太冤枉"。此外,应试教育造成学生处于学习的高压下,对诚信品德的养成缺乏自觉。

　　第二,教育工作者本身对诚信教育认识存在误区。认为在社会诚信失范的大背景下,学校的诚信教育不可能有所作为,忘掉了学校的基本功能和育人宗旨。许多教育工作者诚信育人的观念不够强,教师课堂上讲的是一套,课后做的是另一套,致使部分学生认为诚信道德是"理论说得通,实践行不通"。当有些学生由于不诚信将要受到处罚时,一些老师竟然对他们表示同情,甚至为他们说情、辩护,在一定程度上对学生的诚信意识产生了负面影响。更有甚者,个别教师对本职工作敷衍了事、上课迟到早退,有的教师还接受学生贿赂提高考试评分等等。这些行为既违背了诚信的基本准则,在学生中造成了不良影响,又严重破坏了教师队伍的整体形象。教师是学生最直接、最依赖的榜

样,但一些教师的行为也正遭遇着诚信危机,具有代表性的是一些教育工作者利用职权之便为一些托关系找路子的学生大开方便之门,助长了高校学生的失信行为,也损坏了教师在学生心目中的形象。部分高校的一些不当做法也给诚信教育带来负面影响,有些学校为了扩大招生数量,吸引生源,在招生宣传中自我吹嘘,言过其实。有些学校在教学评估和评优活动过程中,申报假材料,做表面文章,骗取荣誉。身处其中的学生也耳濡目染,从而产生蔑视诚信的态度。

第三,高校诚信教育流于理论灌输,教育形式过于简单化。理论是死的,实践是活的,只有把理论付诸实践,才不会陷入纸上谈兵的境地。当前我国的诚信教育多数还停留在理论上,只是把道德教育教科书的内容简单地照抄照搬,是一种简单的重复,或是就事论事地论诚信。没有针对诚信教育的特点和规律提出一套较为完整现实的诚信教育内容,使诚信教育显得空洞,没有多大说服力,学生不能真实地感受到诚信在自己的人生中和社会发展中的重大价值,从而弱化了学校诚信教育的效果。例如,校方出台了众多学生守则、学生纪律规章制度,设立了诚信道德窗口等,颁布了相应的完整的流程体系和操作步骤,但是很多时候只是用来"吓唬"学生的,并不会按条款规定落实处罚,只是受一次批评、写一份检讨。再完善的理论,若只流于理论而不付诸实践,都是一纸空文,没有任何约束力和威慑力,在学生眼中缺乏应有的"威信"。

课堂上讲的"道理"不能和实践很好地结合起来,变成了抽象的所谓"知识",并没有内化为学生的内在需求,真正指导学生的道德实践,造成了现实生活中学生对道德问题奉行"双重标准":一方面对各种不守诚信的行为深恶痛绝,对考试作弊、抄袭作业、撒谎骗人的行为大加指责;一方面自己又在作弊说谎。学校道德教育特别是诚信教育过于简单化是造成这种明知故犯、言行不一、缺乏诚信现象的重要原因。有的高校人为地将道德理想与道德实践割裂开来,道德实践贫乏,道德教育的内容过于政治化、抽象化、空洞化,将道德作为纯观念性的东西灌输给学生,脱离了高校学生的道德基础和生活实际。其结果就是使道德建设仅停留在政策或原则层面,可操作性的内容少,说教成分多,诚信道德体验少,使高校学生无法找到道德理想和现实的结合点,教师无法对学生的实际生活给予指导。因此,学生也就无法认同、接受,不可能产生道德情感以及引起思想上的共鸣,最终导致道德教育的目标无法实现。诚信教育活动大多流于形式,为活动而活动,缺乏实效,从而导致高校学生诚信观念脆弱、知行脱节。

第四,高校诚信教育存在着自相矛盾的成分。有的学生对教育者所强调的诚信口头上表示完全赞同,观念上却并不认同,行动上则全然不同。对诚信教育内容、法则及其行动要求仅保留课堂、校内的认同和坚持,一旦离开了课堂、学校等特定的教育情境,诚信教育的效果也就归近于零。另外,教育者在日常生活中表露出不诚信,在受教育者心目中的形象产生较大的落差,进而使得诚信教育过程中所产生的晕轮效应大失其效。就学生而言,诚信教育并没有深入其灵魂,而在一定程度上仅停留于表象的、强制性的思想灌输,因而一旦脱离了具体的教育环境,缺少了教育者及其同辈群体的监督和约束,难免会在诚信坚持与放弃之间产生摇摆,一旦监督与约束长时间空缺,则此前的诚信教育活动也就前功尽弃了。

第五,缺乏有效的监督评价机制。在校园中,诚信主要是一种道德理念,没有校规校纪的约束机制,如助学贷款没有建立有效的信用监督体系,对学生平时的学习、生活、工作中的诚信表现缺乏必要的跟踪记录。评价机制也不够健全,存在许多漏洞,在学生年度品德评语中,往往是"坚持四项基本原则,积极参加集体活动,团结同学,乐于助人,望今后加倍努力"等几乎适用于每一位学生的套话,从这些套话中根本无法看出一个人品质的优劣,更看不出其诚信程度,从而造成学生在思想上对诚实守信不够重视。

3. 市场经济的负面影响

市场经济以诚实信用作为运行的伦理法则,但市场经济本身具有趋利性,市场主体总企图实现以最小投入获取最大利润。市场经营的理念特征表现在:一方面要求经营的双方能互惠互利、诚实守信,以使经济活动正常运行;另一方面共同的趋利性又使经营双方千方百计地想减少投入以获取更大的利润。道德之义和功利之利自古就是一对矛盾,在中国当代社会的经济运行中,功利主义成为经济运行的最大动力,为了实现巨额利润,现实经济生活中出现了大量规避经济运行伦理、运行规则的经营方式,以追求超经济的利润。更为突出的是,在现实的社会经济运行方式和社会生活中出现以假乱真、以劣充好等假冒伪劣现象,导致整个社会出现了信任危机。某些人为了牟取暴利,不惜造假、贩假、卖假等,大搞商业欺诈行为,在经济生活中出现了诸如假烟、假酒、假农药,毒米、毒面、毒瓜子等假冒伪劣产品。

我国处于经济社会转型期和市场经济信用制度建设期,市场经济运行的制度还不完善,一些企业和个人利用非诚信手段获利乃至暴富,客观上助长了不讲诚信的社会风气。一方面由于市场机制还不完备、市场规范的权威没有确立,尚不能真正让市场机制褒奖诚实守信者、淘汰背弃诚信者,另一方面由于政府缺乏监管经验以及法律和规章制度上存在的漏洞,不守信行为被发现的概率不高且惩罚过轻,难以形成有效的震慑力,在遏制失信上出现了市场和政府的双重失灵。正是这种双重失灵,使得一部分人钻制度不健全的空子牟取暴利,而诚信劳动者却得不到应有的报酬,导致许多人放弃诚信理念。当不守诚信在某种程度上成为一种生存的手段,当谎言和虚伪在一些时候比真诚守信更适合某种环境并具有更大的生存优势时,更大范围的不守诚信现象就会蔓延。

高校学生是在不成熟的市场经济中成长起来的,诚信作为社会无形资产的巨大价值未被充分认识、开发和利用,他们不可避免地受到种种不良社会现象的影响。

4. 不完善的诚信制度和法律导致失信成本过低

制度和法律是秩序形成的重要保障,改善和提升人们诚信的道德,既要培养道德主体的道德自觉自愿精神,又要建立、健全和完善行之有效的法律法规与制度。实践证明,凡为私利所驱使的恶行,大多不能仅靠道德的自我完善来改变,而需要某种他律机制来调节,诚信制度建设强调的就是诚信的他律机制。在立法方面,我们虽然有《民法通则》、《合同法》和《反不正当竞争法》等法律文本规定了诚信的法律原则,但缺少与信用制度直接相关的专门法律,因此,很难对社会经济、政治和文化活动中各种失信行为形成强有力的法律规范及制度约束,使失信成本低廉,守信成本加大,失信者有利可图。

高校学生平常与法律接触甚少,多数人习惯于把对诚信的认识囿于个人修养的范畴,认为失信行为只需受到道德的谴责,特别是日常生活中的失信行为,现有制度更是无法触及。一部分学生对于考试作弊的态度是"有机会会试一试",之所以会做出这样的回答,是因为在他们看来,考试作弊虽然有风险,但收益更高。看到许多学生通过考试作弊而非努力学习取得优异的成绩,还在奖学金评定、社团选举等活动中争得先机,那些内心深处对作弊行为持反对态度的同学也开始变得跃跃欲试。正是因为对考试作弊等非诚信行为查处不力,部分学生产生了侥幸的心理。在此类案例中,非诚信带来的现实收益远大于其诚信收益,通过考试作弊的方式取得的好处远大于坚持诚信考试所带来的好处,坚持诚信考试未必能够取得预期的成绩和效果。于是,高校学生行为诚信也就难免遭遇不诚信成本偏低、诚信成本极高所带来的负面影响。

高校学生诚信缺失和目前我国信用体系不健全、失信惩罚乏力密切相关。我国的信用制度和信用管理体系的基础设施还比较落后,个人信用征信、资信调查、资信评估以及信用管理等信息服务产业刚刚起步,信用市场的发育存在各种行政和非行政的壁垒,不适应市场经济对信用建设的迫切需要。对守信、失信的企业和个人,一方面失信者的信息记录不完善,另一方面奖惩机制不完善。在信用制度健全的国家,一个人一旦在信用档案中留下污点,一生都将为此付出沉重的代价。但在我国,无论是从立法还是执法上,都不足以将失信成本提高到"无利可图"的程度。因为对失信惩罚不到位或惩罚力度太小,使失信者获得的收益大于失信成本,让不诚信者有利可图,为高校学生树立了负面榜样。2010 年,上海市政协社会和法制委员会组成的课题组对上海社会诚信问题的调查结果显示,"有 44.2% 的受访者认为,人与人之间的诚信状况下降了,诚实守信在一部分人心目中成为'无用的别名',甚至有 90.2% 的受访者认为诚实守信在不同程度上会吃亏"①。显然,如果非诚信成本很低,那些坚守诚信的人便会产生上当、吃亏的感觉。

5. 网络媒体的影响

媒体的舆论导向是人们形成正确的人生观和价值观的有效途径之一,但个别媒体只追求自身利益,忽视社会责任,带来诸多方面的不利影响。随着网络时代的到来,网络作为"第四媒体",逐渐成为高校学生了解世界的主要窗口,虚拟的网络在一定程度上使许多学生网民好像生活在一个虚幻的世界里,高校德育主体的传统主导地位受到挑战,德育教师的权威正在被打破,使诚信规范在网上相对减弱。网络社会是个虚拟的真实世界,在这个世界里,人们以虚假的姓名、地址进行交谈。正由于虚拟,人们不必在其中遵守诚信的道德规范,可以为所欲为地宣泄自己的情感。网络已成为部分高校学生的主要社交场域,不加限制和规束的网络沟通不仅导致部分高校学生失语化,而且导致其诚信意识下降。

6. 家庭诚信教育失范

家长对子女的世界观、价值观、人生观的影响是不容忽视的,家庭环境直接影响着孩子一生的信念,包括对待诚信的态度。现阶段我国家庭教育受功利主义主导,家长不诚信的价值观和行为的"言传身教"导致家庭诚信教育严重失范。

7. 社会心理因素

在社会生活中,社会心理起着相互的、持久的、潜在的、弥散的作用,是人们的诚信失缺的重要原因。导致高校学生诚信缺失的主要社会心理因素有以下几个方面:

第一,趋利心理。社会经济的发展强化了人们的获利意识和逐利动机,冲

---

① 李英峰:《如何让"诚信吃香,失信吃亏"》,《人民日报》2010 年 7 月 16 日第 4 版。

击了传统的道德观念，扰乱了人们对价值取向的判断，道德规范失去它应有的作用，促使不诚信现象产生。高校学生在无法或暂时无法尽快获取利益之时，一系列投机的、嫉妒的、作伪的、不满的、逆反的、报复的灰色短视行为心理和消极的情绪心理就自然和必然地生成，学习社会上一些人利用权力、金钱、美色或其他手段获取利益就不足为怪了。当诚信思想与现实生活发生矛盾时，当代大学生往往责任意识淡薄，容易产生自私自利的思想，他们在面临利益的选择时往往舍义取利。在某高校对"你如何看待高校学生求职简历'掺水'及就业违约"等问题的调查中，有23.2％的同学选择了"只要能找到满意的单位，即使违约也可以理解"，有43.1％的同学选择了"是对学校、用人单位不负责的行为"，有33.7％的同学选择了"视具体情况而论"。表明有相当一部分同学在功利面前，法律意识淡薄，在有利可图的情况下可以舍弃诚信。心理学的研究揭示，人的行为是由其动机支配的，而动机又是由人的需要决定的。大学生考试作弊是为了有个好成绩，履历造假是为了找份好工作。可以说，不管采取哪种不诚信行为，其实都是基于对自身利益的考虑，都体现了趋利心理。

第二，失衡心理。失衡心理几乎是自改革开放以来最典型的大众心理。改革带给人们莫大的实惠和福祉，使得人们拥护改革、支持改革。在获得巨大的物质利益的同时，人们感觉到为物质利益奋斗的兴奋与冲动，以往文明的内心信念受到了前所未有的冲击，"安贫乐道、苦中求乐、重义轻利"的传统价值取向受到了严重挑战。人们希望富裕，传统患不均不患寡、无为淡泊、稳妥保守的惰性心理遭到摈弃，代之以竞争、进取、挑战、自立的精神立于社会，期望自己最快最好地赢得利益。因此，人们一方面渴望公平、公正、高效、廉洁的社会环境，另一方面法律法规的不完善使某些人钻政策的空子而致富或升官，形成了危害极大的社会示范，加速了部分群体心理从失衡到变态的进程。急功近利的思想打破竞争应有的秩序，加上社会各个领域、各个阶层存在的腐败现象，原有的平易、诚实、合作的心态失去了平静，正常、合理的市场经济秩序自然遭到破坏，心理失衡既扰乱了人们的内心信念，又使社会发展失去应有的秩序。当看到不讲诚信的人获得丰厚的利益而诚实守信的人却两手空空时，高校学生内心的道德天平上，常常无法摆正诚信的位置，一旦失去诚信的观念，就很容易导致失信的恶劣行为。例如，毕业生不能按时归还助学贷款是典型的失信现象，申请贷款的时候学生都保证能够按时还款，到了还款的时候却因为种种理由无法偿还贷款，而且没有受到应有的惩罚。这一结果就等于是纵容失信，直接影响到其他学生。有些学生虽有偿还的能力，因为看到别人不还贷也很安心自得，觉得如果自己按时还款倒成了老实人吃亏。考试作弊也是典型例子,很多学生的态度是"大家都作弊,我不作弊就吃亏了"。

第三,投机心理。在现实社会中,各利益主体"八仙过海,各显神通",其中不乏违法、违规之举。如有些金融商业部门的违规操作,股市的一些失真的包装、炒作使股民血本无归,少数教育部门乱收费及有些医疗部门高收费,受法律保护的合同有些成了一纸空文,市场常见假冒伪劣、坑蒙拐骗等等,失信现象频发使高校学生对社会诚信打上了多个问号。在高校,考试作弊现象时有发生,是因为有些作弊者未被发现,或者是发现了也没有受到应得的惩罚,反而获得了与他的情况不符合的成绩和利益。也就是说,有时候不讲诚信的人,不但没有为他的不诚信行为付出应有的代价,反而得到了好处,说明高校内部管理上存在漏洞,为不诚信的学生提供了弄虚作假的可乘之机。很多不诚信现象比如找工作弄虚作假,贷款不归还之所以屡禁不止、愈演愈烈,也是同样道理。诚信成本是诚信建设中较为隐蔽的内容,人们正是受到诚信成本的隐秘性和非诚信成本的偶然性的负面影响而产生投机冲动。

第四,怀疑心理。曾经遭遇失信之害的人在内心都会设下重重的防线。如启动已久的国家教育助学贷款至今难以全面展开,最大障碍就是受、贷双方彼此的怀疑和不信任。怀疑心理在高校很普遍,在一次高校学生问卷调查中,统计结果让人深感吃惊,100%的学生说自己曾经被欺骗过,认为"虚伪现象越来越多"的学生占到 84.12%,有位学生说:"别人对我诚信,我才对人诚信,因为人与人之间的诚信是相互的。"因此,开展诚信教育要指导学生认识到诚信从我做起,以真诚换真诚,共同建设一个人人讲诚信的氛围。

第五,从众心理。从众心理指人们改变自己的观念或行为,使之与群体的标准相一致的倾向性。人们常常互相比较、模仿,把彼此的感觉、情绪、态度、行为的方式互相传递,又无奈地发现彼此在互相牵制,于是形成了一个古怪的圈子。越模仿他人,就越丧失自我,越离不开他人,最后得费尽心思地隐藏自己、抹杀自己。伪装由此开始,失信由此产生。很难说清现今的诚信缺失有多少是盲目从众、被动从众、消极从众所致。从众心理现象在大学生中表现得较为普遍,大学生的社会生活经历基本上是从学校到学校,尽管他们思维敏捷,善于接纳新知识、新事物,但他们无论是性格还是思想都还不成熟、不稳定,尚缺乏理性思辨和分析选择能力,易将一些社会消极现象当成社会本质。社会生活中种种坑蒙拐骗、唯利是图等背弃诚信现象,极大地迷惑、麻痹大学生的思想,使他们错误地认为诚信吃亏,不诚信者得利,因而也就"随大流",在道德行为取向上表现出不诚信。

第六,盲目攀比和逃避现实心理。不诚信的大学生大多有两种共同心理,一是盲目攀比心理。有些大学生生活在幻想中,通过海吹粉饰自己,满足虚荣心。二是逃避现实心理。有些大学生犯了错误,企图通过欺骗隐瞒事实,逃避处罚;有些大学生陷于失败与挫折中无法自拔,沉迷于网络、小说或电视剧,一直不肯面对现实,说谎成了家常便饭。

8. 高校学生自身的素养欠缺

高校诚信教育存在着剃头桃子一头热的现象,教育者对高校学生诚信教育很热心,热衷于灌输,高校学生作为被教育者却表现得很冷淡,甚至呈现出逆反心理,并在情绪上有所抵触。"90后"大学生思维活跃,易接受新思想,但又有任性好强、辨别能力差的一面。少数高校学生不注意加强自身的道德修养,对家长、学校的教育持逆反心理,认为老实人吃亏,讲诚信过时。以工具化态度对待诚信,需要时就拿来为我所用,不需要时就抛之脑后,为达到目的,不惜毁诚弃信。因此,要想探究高校学生诚信缺失的原因,还要对其自身的素质欠缺进行分析。

第一,思想不够成熟。导致高校学生诚信缺失的一个主观原因就是心智还不够成熟。从人生阶段来看,高校学生多数是20岁左右的青年人,是心理走向成熟的一个重要阶段。大学阶段是形成世界观、人生观、价值观时期,他们的思想处于一种不确定状态,体现出矛盾性。因为道德心理并不成熟,无法对事物进行理性思辨并做出分析选择,所以,他们容易将社会上一些表面的消极现象当作社会本质,产生对诚信的悲观看法、对诚信道德的背离,在思想定位上产生偏差。

第二,自律能力弱。一些高校学生责任观念弱,主要是与当代大学生的家庭环境有关。高校学生中独生子占比很大,他们在优裕的生活环境中,被父母百般呵护长大,不能吃苦,缺乏奋斗精神。父母的溺爱和过度纵容使他们责任意识淡薄、心理抗压能力差。在行为上往往以自我为中心,自私自利,不懂得照顾他人的感受和利益,自私自利的思想使他们在面临义和利的选择时,往往会为了获利而舍弃诚信。

第三,思想定位偏差。高校学生思维敏捷,思想开阔,对外界的新事物接受能力很强,但由于涉世不深、阅历浅,自身的道德评判能力和责任意识不够,他们对所学的知识和现实生活的差距产生困惑,不能理性思辨,容易发生以偏概全的错误。如面对社会上的腐败、以权谋私、假冒伪劣、偷税漏税、学术剽窃等失信行为时,不能把握社会的本质,认为整个社会风气就是如此,出现对诚信认知的偏差。网络信息技术的迅速发展,促进了全世界经济文化的交融,网络因获取知识、信息的渠道更加广泛而深受高校学生的喜爱。与此同时,西方一些国家的腐朽思想趁机入侵,大力宣传个人主义、功利主义,正迎合了高校学生倡导自我价值的思想,同时导致了高校学生对我国传统的道德观、诚信观产生怀疑和动摇,使道德心理不成熟的高校学生在面对诚信问题时带有浓烈的功利倾向。

第四,诚信评判标准扭曲。对于诚信道德的基本范畴,许多高校学生思想上有足够的认识,但在实际行动中却是另外一种状况,认知和行为严重脱节。由于对诚信道德认知的偏差,部分高校学生在面对实际问题衡量权益时,既想践行诚信,又不想放弃眼前利益,内心充满矛盾和纠结,经常是一边埋怨诚信风气差,一边又充当着不良诚信风气的助长者。此外,他们在对待诚信道德评判标准上具有一定的"双重性",表现出"对自己宽容,对别人严格"的现象,评价别人时往往根据对方与自己关系的亲疏远近决定自己的态度,高校学生诚信评价标准扭曲的双重性,一定程度上说明了他们在诚信道德建设上缺乏有效的自律与自省。

9. 高校自身存在不诚信行为

多数高校关注专业教育,把学生的道德教育的重任被推诿于思想政治教育理论课及有限的党团活动,要么以学工处、团委、党支部等团队活动为纽带,试图弥补道德教育与智力教育之间的鸿沟。作为成年人的高校学生,主观上有独立思考和判断的愿望,但道德教育却理所当然地将其置于被教育、被管理的地位,也正是这一原因,诚信教育作为道德教育的重要方面却不受欢迎。

高校(特别是公办高校)的管理体制计划经济色彩浓厚,政府对学校统得过死,管得太多。随着高等学校的扩招、重组、升级,竞争愈加白热化,功利主义的浮躁风气在高等学校蔓延已是不争的事实,为了达到上级部门的指标要求,学校和高校老师有时不得不依靠造假来蒙混过关,在学校招生、毕业生就业等各类评估中都容易产生虚假行为。2014年江西某高校为了完成就业率指标,规定毕业生如果没有签订就业协议就不能领学位证书,逼得许多学生找单位盖章(假就业)。校方甚至把学生未盖章的就业协议表收回,然后找几个企业成批盖章,于是出现了怪现象:就业协议都签完整了,但是毕业生却不知道去哪里就业。

有的高校学术腐败时有发生,学术造假和科研浮躁导致了整个社会对专家产生不信任意识,最尖端的学术成果都有可能是不真实的!同时,高校自身管理的漏洞给学生不守诚信以可乘之机,一些高校的诸多管理领域和部门,特别是一些与学生关系甚为密切的职能部门,人情风盛行,违规操作,管理监督不力……对学生的诚信人格产生了极大的负面影响。

10. 社会转型期的负面影响

第一，计划经济向市场经济转型，市场经济的趋利性孕育潜在的社会诚信危机。计划经济时期，伦理道德是自上而下由国家建构和推行的，单纯强调大公无私、公而忘私，人们由于强势政治会采取诚信策略。但它不能让个体自主自愿地认同，因而诚信理念难以真正内化，诚信行为由此缺乏内在支撑。一旦强制性的制度结构松弛，个体在行为中就会表现出机会主义倾向，在利益的诱惑下采取背信行为。随着我国市场经济的确立，人们的利益多样化、对立化和最大化追求孕育潜在的社会诚信危机。

第二，封闭向开放的转型，价值观日趋多元化导致诚信价值失缺。改革开放后，随着国门的打开，西方的个人自由主义价值观通过我国对外开放的大门源源不断地传入国内，使得当前中国社会出现了各种价值观相互交错、相互冲突的局面。个人自由主义强调个体利益的存在，抹杀个人与社会的统一性，割断个人与历史传统的联系，只讲个人权利至上、个人自由选择，轻视社会制约和道德规范。这在某种意义上更使我国的诚信道德传统价值观的继承受到冲击。在这种道德评价失范，原有道德退却、主流道德尚在构建的情况下，道德意志相对薄弱的大学生更容易对诚信价值产生怀疑，也很难在关键时刻守住诚信。

第三，传统社会向现代社会转型，法律制度建设相对滞后客观上纵容了失信行为。当前我国处于转型期，法制不健全，对失信行为不能做到"失信必惩"，即使惩罚了也是失信成本太低，使失信者一时得利而且"逍遥法外"，对失信行为不能进行有效的抑制，同时对诚信者不能给予足够的法制保障。诚信的法律意义无法彰显，使部分人敢于失信，这是当前转型期给诚信教育带来的负面影响。

第三节　高校诚信道德教育的方法

当今社会呼唤诚信，诚信建设已经成为时代的热门话题，企业树品牌，政府讲信用，各行各业都要求员工具备诚信品质。高校作为人才的摇篮，不能把诚信教育的任务推向社会。然而，很多高校却普遍存在着下列现象，许多高校学生对诚实、守信、履约等诚信道德的基本范畴讲起来头头是道，对社会上的种种诚信缺失现象更是口诛笔伐，但在自己的行动中却不守诚信：考试作弊、毕业论文抄袭、毕业生求职材料掺水、助学贷款赖账不还、为申请留学擅自改动成绩……某高校学工部门的一项调查发现，大学校园存在一个奇怪的现象：

100％的学生强烈反对校园里的不文明行为,但也是这100％的学生承认,校园里的种种不文明行为就发生在自己或同学身上。两个100％看似不可思议,实际上正触及了当前高校学生诚信道德教育的关键,即缺乏一种对人和对己统一的诚信道德标准。这一系列失信现象是高校学生诚信道德困惑的表现,它冲击了素质教育的实效,对高校学生将来步入信用经济时代的职业生活是非常不利的。学生诚信道德困惑是很多高校存在的现象,那么,如何开展诚信教育呢?

1. 遵循道德内化规律,坚持"三个结合",培养诚信人格

诚信价值观是诚信道德的核心,诚信作为中华民族的主流传统价值观念,现代社会生活巨大而深刻的变化又赋予其新的内容,在现代社会,诚信是一种人格操守,更是一种责任,是一种道义,更是一种严肃的制度性行为准则,是一种声誉,更是一种资源。正确认识诚信道德的内涵和时代价值是开展诚信价值观内化教育的前提(道德知识),在现代社会,做人要讲诚信,诚信是获得他人认可、尊重、信任的前提;办企业要讲诚信,诚信是企业参与经济竞争的起码条件;立国要讲诚信,诚信是争取国际承认、尊重、信任的根本要求。借助实例、榜样培养诚信情感(道德情感),高校学生在历史和现实的例子中去切身体会拥有诚信给自己、给他人、给社会带来的益处及缺乏诚信给个人、给企业、给国家带来的危害,以历史和现实生活中讲诚信的典型的人和事,为高校学生树立讲诚信的生动榜样,从中汲取经验,获得启迪,从而学有榜样、行有范式。坚持诚信(道德意志)必须在学习、生活、交友和经济活动中反复锻炼,抵制不守诚信带来的多种多样的短期满足,经受坚守诚信带来的种种短期损失的考验,这就是诚信道德养成的过程。只有经过长期的修养才能形成坚定的诚信道德信念,才能自觉遵守诚信道德准则(道德行为),从而达到晓之以理、动之以情和导之以行的目标。

著名教育家蔡元培提出"完全人格"是知、情、意三个方面的统一,诚信教育目的在于培养具有诚信品质的健全人格的人,因此,诚信教育的内容和方式应该有助于学生的人格发展和完善。许多高校提倡"知识本位教育"和"能力本位教育",但是,时代发展对人才提出了一些新的要求,已不是纯粹的知识教育和能力教育所能解决的了。只注重知识和能力的教育,将导致学生发展的非智力因素的缺失。因此,在实施诚信教育时,应强调以人为本,强调学生个人内在诚信观念的"自我"建构,发现蕴藏在学生身上的诚信品质,培养诚信精神,塑造优秀的诚信人格。突出"以人为本"思想在诚信教育中的重要地位,尊重学生的主体性和能动性,为他们进行诚信思想自我教育、诚信素质自我塑

造、诚信品质自我发展创造条件。

开展诚信价值观的内化教育要坚持"三个结合",即传统观念与时代精神相结合、教育理论与现实相结合、教育方式与学生素质培养相结合。诚信教育理论比较抽象,诚信教育活动不能因此变成空洞说教,要符合时代精神和学生的需要。只有涉及学生做人、就业、交友等成长过程中的现实问题,诚信教育才能争取到学生们的共鸣,使他们觉得好听、爱听、值得听。总之,开展诚信教育要坚持以人为本,从高校学生的素质全面发展出发,培养诚信的人格。

2. 在对立标准的比较中做正确引导,超越诚信道德的困惑

道德标准的矛盾是高校学生诚信道德困惑的重要原因,当前诚信道德标准的对立集中表现在以下几个方面:

第一,传统道德的双重标准。一方面,作为中华民族的传统价值观念,诚信的基本含义是诚实、讲信用、说话算数、不忘本、表里一致。"知之为知之,不知为不知"、"一言既出,驷马难追"以及"言必信,行必果"等,都鲜明表现了古代诚信观所要求的求实和重然诺意蕴。几千年来,"一诺千金"的佳话不绝于史,广为流传。另一方面,中国还有一些俗语在诉说另一个标准,如"老实人吃亏"、"见人说人话,见鬼说鬼话"、"逢人只说三分话,未可全抛一片心"等。"以善伤真"的习俗也大量存在,一些人不是以事物本来的是非善恶为判断事物的标准,而是以人际关系的亲疏和官职大小作为出发点,自欺欺人。

第二,在市场经济为主导背景的条件下产生的双重标准。一方面,市场呼唤诚实信用、互惠互利的经济伦理法则,要求经营双方建立诚实信用、互惠互利的经济关系;另一方面,由于经济生活内生的趋利性和竞争加剧产生另一种标准:诚信吃亏,为达目的不择手段才能得到暴利。一些人为了牟取暴利不惜做一些伤天害理的事情,"金钱至上""人为财死,鸟为食亡"的观念重新抬头。现实社会生活中伪劣商品充斥市场、坑蒙拐骗横行、企业间相互拖欠严重、逃避银行债务和偷税漏税的现象惊人,证券市场违规事件迭起,诸如"黑洞""黑幕""黑哨"等非诚信现象,践踏经济运行的诚信伦理法则。

第三,传统重义轻利的诚信观念与现实社会诚信观念的矛盾。传统诚信观念把诚信作为区分君子与小人的标准,认为君子应安贫乐道、重义轻利,否则就是小人。荀子说:"言无常信,行无常贞,唯利所在,无所不倾,若是,则可谓小人矣。"这一传统与现实社会中的诚信观念是矛盾的,在市场经济中,不论君子还是小人都希望富裕,期望自己最快最好地赢得利益。利益是不诚信的驱动力,也是诚信的驱动力,现实社会由于社会制度不完善,利益与诚信之间暂时的矛盾令人困惑,并且在群众中长期弥散。

　　第四，当前教育理论与实践脱节，理论标准与现实经验标准对立。德育流于形式，过于简单化，课堂上讲的"道理"也往往不能和实践很好地结合起来，变成了抽象的所谓"知识"，并没有真正指导学生的道德实践，造成了诚信认识与诚信行为脱节，部分学生认为诚信道德"理论说得通，实践行不通"。学生在课堂上学的是一套诚信规则，课后体会到的是一套不诚信的潜规则，导致行为矛盾：一方面，追求自主人格，追求诚信平等，另一方面，行为不负责，说的是一套，做的又是另一套。

　　第五，现实社会诚信规则的严肃性要求与传统诚信道德监督方式实施不力的矛盾。我国是传统义理社会，诚信只作为一种道德，用社会舆论、内心信念、传统习惯等手段加以监督，由于我国是传统的农业国，人们长期居住地比较稳定，形成了具有共同道德信念和传统习惯的互相熟悉的人际环境，在这种环境中诚信道德监督方式是有效的。现代社会由于人口流动性大，人际环境相对陌生而且经常变化，在这种环境中单靠诚信道德监督就显得苍白无力，诚信建设需要强有力的制度保证。所以，诚信在现代契约社会不仅是一种道德，也是一种制度——需要用强制力保证实施的严肃的规则。我国《民法》、《担保法》《产品质量法》《合同法》《反不正当竞争法》等法律法规体现了诚信原则，但没有完整的信用专项法律，社会信用征信体系也有待完善，社会诚信规则的严肃性无法引起人们的足够重视。

　　高校学生诚信道德困惑的产生有深刻的人文历史根源，要针对其产生的根源作正确引导。首先，我国社会转型制度不健全，许多理论上正确的标准在社会现实面前常显得苍白无力，加上国门大开之际来自西方的形形色色的价值标准鱼龙混杂，导致许多高校学生陷进困惑的泥潭不能自拔。他们需要在对立标准的比较中不断提高认识水平，超越诚信道德的困惑。其次，传统道德价值观中求实和重然诺的诚信标准与"老实人吃亏、逢人只说三分话"等非诚信标准存在矛盾。两种标准比较，中华民族传统文化中讲诚信是主流价值观，诚信是重要的道德品质，不诚信的人被认为是小人或骗子。非诚信标准反映了社会的另一面，大多是遭遇挫折后把阴暗面绝对化，不反映我国历史文化主流和发展的方向。因挫折而保守封闭对人的发展是不利的，现实社会中提倡开放、竞争、进取的时代精神。再次，市场经济主导背景下的互惠互利的诚信标准与为牟取暴利不择手段的非诚信标准存在矛盾，其实质是处理社会与个人关系问题的态度，前者是集体主义观点，后者是极端个人主义观点。开展诚信教育，一要引导学生从整个社会的角度思考诚信问题，提高社会责任感。二要引导学生把眼光放长远，历史经验证明，只有讲诚信才能获得长期稳定的利益。做人目光短浅,骗取他人信任也许可以得到暂时的好处,但骗得了一时骗不了一世,假的终究是假的。讲诚信虽然在一定时期一定范围内可能失去一些眼前利益,甚至被认为是"傻帽",但经过考验后反而会受到人们的尊重和信任,这正是诚信人格的魅力!

3. 针对失信高校学生的心理特点开展诚信教育

高校学生是一个特殊的群体,其特殊性表现在:一是处于特殊的人生阶段,高校学生多数是 18~22 岁的青年人,处于青年的中期,是个体生理发育趋于完善和成熟的时期,更是心理走向成熟的重要阶段。保持诚信豁达的状态有利于心理健康,以诚信之德与人相处,做事光明磊落,能够保持心境良好,即所谓"心底无私天地宽",而良好的心理状态能促进人体内分泌更多有益的激素、酶类和乙酰胆碱等。相比之下,不讲诚信的人会处心积虑地编造种种借口去掩饰自己的不诚信行为,于是就产生压抑、紧张、恐怖、内疚等心态,甚至寝食不安而惶惶不可终日,所谓"君子坦荡荡,小人长戚戚",这种精神负担和不良情绪是不利于身心健康的。诚实守信是青春期学生保持身心健康的需要,针对失信学生的盲目攀比和逃避现实等心理,开展诚信教育要引导他们实事求是,让他们明白高校学生成才要立足于现实环境和自身实际,靠包装或逃避是解决不了问题的。

4. 营造诚信校风,发挥其隐性教育作用

高校学生可塑性较强,受外界环境影响很大,高校开展诚信教育必须营造弘扬诚信的校园氛围。首先,要建立起严谨、求实的校风,大力倡导诚实守信的学术风范,形成大学的诚信风气,并被学生、社会所认知。管理服务部门要坚持实事求是的工作作风,教学部门要创建严谨、求实的学风考风;大会小会反复强调诚信,统一认识。在某些高校,在一些关系学生切身利益的事情上,如选拔学生干部、评优生优干、评奖学金、入党、违纪学生处分等搞等价交换、暗箱操作,对这些违背诚信的风气要大力进行整顿。其次,建设注重诚信内涵的校园文化,弘扬诚信正义,努力营造倡导诚实守信的舆论氛围。领导干部要带头讲诚信,教师要在诚信方面做出表率,他们的人格魅力是巨大的,在潜移默化中影响着学生。利用各种宣传阵地宣传诚信价值观,鼓励学生努力塑造诚信人格,并在学习、生活和交友过程中身体力行,共同构建"诚信为荣、失信可耻"的氛围。再次,把诚信教育纳入日常教育管理体系,渗透到各教育环节。从入学教育到毕业教育,从德育课到专业课,都要强调诚信教育。同时,通过多种方式,用一些失信、败德现象及其造成的危害教育学生,学生会认识到,诚信是一种宝贵的资本,"信任透支"总是要偿还的。此外,要加强社会、家庭、学校互动,形成注重诚信道德的大环境。社会风气对广大人民群众包括青年大学生有较大影响,因此要在全社会范围打造诚信环境,党员干部在诚信问题上要为广大群众做表率。家庭诚信道德环境建设也十分必要,任何人都离不开家庭道德环境的熏陶。

5. 建立诚信管理体系,树立对诚信规则的敬畏意识

有人认为建立诚信制度是社会的事,是学生毕业以后的事,学校只要进行诚信道德教育就可以了。按照这一观点,学生在高校再不守诚信毕业后也可以换个环境重新开始,抱着投机心理,有些学生会对现在的行为不负责任。高校诚信建设单纯依靠道德教育是不够的,要有诚信管理体系。西方国家的诚信建设经验告诉我们,制止失信的最有效的办法是严厉的惩罚和强有力的监管,他们用发达的网络系统建立个人信用档案,在任何地方任何时间都能方便地查询到个人信用信息,从而使监管很容易操作。在许多信用国家,一旦有不诚信记录就很难生存。我国有一个留德高才生,毕业时,满以为可以轻而易举地在德国找一份满意的工作,可大公司看了他的档案后都拒绝了,小公司看了他的档案也拒绝了,原因就在他的档案中有三次坐公共汽车逃票被抓的记录。实践证明,"只有把诚信链接到现今社会信用制度上,人间才会真正出现一片广阔的诚信的蓝天"①。

一个完善的诚信管理体系应当包括诚信法规体系、诚信评价、信息查询监管系统和奖惩机制。建立高校学生诚信管理体系要做好以下几个方面:

首先,制定《高校学生诚信守则》,从制度上明确高校学生行为的诚信标准和奖罚规定。《高校学生诚信守则》既体现诚信教育的内容,又明确高校学生诚信道德标准。对高校学生诚信缺失的行为制定明确的规章制度,做到对失信者的约束和惩处有据可依。

其次,建立学生诚信档案。在发达国家社会信用体制比较完善,每个公民都有信用档案。公民在生活、学习及工作中有悖诚信的行为都将记录在案,并对自身的发展产生很大的影响。高校可以借鉴,建立高校学生诚信档案,从学习、生活、经济、求职创业四个方面记录学生的经济信誉、守法信誉和道德信誉。诚信档案是一种诚信监督机制,可以提供学生诚信记录,加强监管。诚信档案有利于规范学生的行为,使学生重视自己的信誉。诚信档案不仅如实记载学生的行为表现,通过一系列有效的数据、事实和行为来证明高校学生的诚信度,还作为一种约束,有助于学生时刻注意自己的行为,不断提高自身的诚

---

① 榕汀:《诚信——未来社会的通行证》,海峡文艺出版社 2003 年版,第 2 页。

信道德修养。

再次，建立诚信评价和奖惩机制。根据学生在校期间的诚信记录，按行为的权重量化成指标加扣分，然后按总分将学生的信用等级分为四等：A 等（良好）、B 等（一般）、C 等（警告）、D 等（差）。根据学生诚信等级测评的结果，建立高校学生诚信的奖惩机制，一是对诚信表现优秀的学生进行奖励。把诚信等级 A 等（良好）作为评定奖学金、培养入党积极分子、评选各类优秀生和积极分子的参考条件。二是建立惩处机制，对于违反诚信规范的高校学生，可以视其情况进行程度不同的处罚，使他们为自己的失信行为付出代价。在大学校园里，让守信者得到精神和物质的褒奖，失信者受到物质和精神双方面的惩罚，这样才能促使高校学生诚信行为良性循环，逐渐形成守信光荣、失信可耻的浓厚氛围。当然，学生个人诚信量化评价系统产生的结果对学生的前途负面影响很大，应按照教育为主的培养原则和高校学生的身心发展规律慎重处理。实际上，作为一种他律教育，诚信教育最重要的目标是树立学生对诚信的敬畏意识。

诚信管理体系与道德教育体系是相辅相成的，在诚信管理的过程中通过评价和奖罚来教育学生，在道德教育过程中通过制度学习来约束管理学生，二者互相渗透，共同目标是树立学生对诚信的敬畏意识，敦促他们恪守诚信这一社会道德底线。诚信道德教育以学生自律为主，注重内化，制度管理应以管理部门为主导，注重他律约束。

第四节　高校诚信教育的机制建构

建构诚信教育的机制对高校诚信教育十分重要，机制是制度和方法的统一，一旦建立就会自发地起作用。教师教学和学生实践是诚信教育的主渠道，高校的组织领导、制度和管理服务都以隐蔽课程的方式间接地对学生实行诚信教育。各个方面相互影响、相互作用，要协调配合才能形成动力机制，发挥高校的组织考核育人、教学育人、实践育人和管理育人的作用。

一、建构领导机制，发挥组织系统的育人作用

高校诚信领导机制指学院各级领导、学生管理部门、团委学生会在对高校学生进行诚信教育的过程中所形成的既分工明确又相互协调的工作系统。建构高校诚信领导机制要建立校、系、班等多级管理网络，明确德育管理的职责，形成从校长到班级的垂直联系和沟通校、系、班之间的横向联系，使学校的诚

信教育工作从组织系统方面做到了上下左右联系密切,指挥灵活,步调一致,信息畅通,充分发挥各部门的效能,从组织上保证学校诚信教育工作的实施,发挥组织领导、考核的育人作用。

1. 建立健全诚信教育的领导机制

领导机制对学院的发展和搞好高校学生诚信教育工作具有根本性、全局性、稳定性和长期性的作用。建立诚信教育的领导机制,一要建立诚信教育领导机构,学院对各级领导的选拔、任用要进行严格把关,教务处、学生处、人事处、宣传部等部门要各负其责,分工明确,责任到位,管理工作要以"诚信"为核心,体现院系和所有师生的意愿,决不允许以权谋私,做出失信于师生的事情。二要有长期的、全面的、切实可行的规划。诚信教育要纳入人才培养体系,纳入教学大纲和教学内容之中,要和人的全面发展结合起来,体现真实性和实效性。三要发挥组织考核的育人的作用。实现组织考核经常化、规范化,进一步加强思想作风和工作作风建设,组织考核过程中突出对教育者和被教育者诚信观的引领。

2. 发挥组织干部在诚信教育过程中的作用

教职工在诚信教育过程中,扮演着特殊的角色。教职工拥有诚信道德宣讲者和诚信道德实践者的双重身份,他们的一言一行直接影响着学生的思想和行为。所有教职工都应该围绕"以诚育人"的思想,率先垂范,做到诚信为人、诚信做事,并自觉接受学生的监督。教职工的培训与教育必不可少,他们要以身作则,以自身的诚信来影响学生、教育学生,给学生做出榜样。

辅导员是高校从事德育工作的骨干力量之一,是高校学生健康成长的指导者和引路人。加强辅导员队伍建设,是加强和改进高校学生诚信教育的重要组织保证,学校应为学生挑选优秀辅导员和班主任。辅导员、班主任与学生接触交流多,对学生影响广泛,必须选择素质水平高、善于做思想政治工作并具有较强教育管理能力的人员担任。

注重发挥学生会、学生社团干部在诚信教育中的作用。学生干部是教育者与学生之间的桥梁纽带,也是普通学生的榜样。让优秀学生干部带动学生讲诚信,融诚信教育于丰富多彩的第二课堂活动之中,有助于推动校园诚信建设。

二、建构教学机制,发挥其育人主渠道作用

教学是教育活动的基本组织形式,是教师和学生建立本质联系的中介,诚信观培养的主要途径之一就是有效的教学活动。教学永远是学校教育生活的

主体内容,也是学生获得成长资源的主要途径。教学活动既拥有诚信教育的知识资源,也蕴含着丰富的诚信教育的价值资源,因此,教学可以在诚信观培养中发挥重要的作用。作为诚信观培养的主要实践形态之一,教学的主要功能体现在两个方面:一方面,教师进行诚信价值的传递,学生学习和掌握诚信知识;另一方面,通过推动学生道德判断能力的发展,学生个体诚信观的结构化和原则化水平不断提高。当然,教学对学生诚信价值观的建立和发展的影响是有限的,有待于学生个人经验和社会环境的有效支持。与非教学实践相比,教学的优势在于:作为诚信观培养的直接方式,具有更为明显的可控制性。

1. 以课堂教学为重点,大力培育高校学生的诚信品质

课堂教学对高校学生诚信教育具有重要作用,高校应针对高校学生的特点,科学设计教学内容,把诚信教育更多地引入教材、引入课堂,课堂教育使诚信教育逐步渗透到高校学生的思想和行为中。

一是要发挥思想政治课的主导作用。思政课教学要联系市场经济对诚信的要求,联系学生的思想实际,把传授知识与诚信教育结合起来,把系统教学与专题诚信教育结合起来,把理论武装与实践育人结合起来,不断提高学生诚信教育的针对性和实效性,使诚信教育产生明显效果。要结合学生的实际,编写诚信教育宣讲提纲,发挥其对学生诚信教育方面的作用。

二是要发挥哲学社会科学的优势和高等学校各门课程的育人功能。突出诚信教育在整个教学体系中的位置,把诚信教育融入高校学生专业学习的各个环节,渗透到教学、科研和社会服务的各个方面,使学生在学习科学文化知识的过程中,自觉加强诚信道德修养,提高诚信品质。为此,要完善教材体系,对课程设置进行必要的调整和充实,组织编写有针对性的教材,教育主管部门要切实鼓励和扶持有条件的高校设置信用管理专业或开设信用管理课程。

三是要发挥高校人才和科研优势。围绕当前高校学生在诚信道德方面存在的问题以及高校学生诚信教育工作中的薄弱环节,组织力量开展专题研究,提出解决问题的办法和措施,为加强诚信教育提供理论支持。

2. 以诚信主题教育活动为载体,努力营造良好的诚信校园环境

良好的校园育人环境是诚信教育的重要保证。高校要坚持环境育人的原则,善于与传统节假日、重大事件、开学典礼、毕业典礼等相结合,开展特色鲜明、富有吸引力的诚信主题教育活动,营造良好的校园诚信氛围。

首先,要把诚信教育活动与校风校纪结合起来。开展诚信考试承诺活动,建立承诺制,使学生自觉做到自我约束、自我教育、自我管理、诚实守信。班级要定期召开关于诚信的主题班会、讨论会,学生自己解析诚信、关注诚信,加深

对诚信的认识。要充分运用广播、板报、校报、电视、网络的正面舆论引导学生,注重发挥典型的示范作用,挖掘、培养、树立一批诚信方面成绩突出、影响良好的先进典型,以点带面,形成诚信至上,争当先进的良好风气。

其次,要把诚信教育活动与校园文化建设结合起来。通过开展丰富多彩、积极向上的学术、科技、文体活动,把德育与智育、体育、美育有机结合起来,寓诚信教育于文化活动之中,大力加强高校学生的文化素质教育。要开展校园环境建设,设置诚信教育专栏,在教室、寝室和公共场所适当设置诚信格言警句牌,在校园网上设置诚信教育的网站或在各种思想政治教育网站中充实诚信教育的内容,营造诚信文化氛围,让学生耳濡目染,在潜移默化中受到教益。

再次,要把诚信教育活动与社会实践结合起来。引导学生围绕诚信加强与社会各个行业的接触,让学生成为诚信的自觉接受者、宣传者,成为诚信的捍卫者和监督者。高校团组织或各种社团组织要给大学生提供培养诚信的锻炼舞台,要充分利用和挖掘各种教育资源,通过讨论会、辩论赛、报告会、知识竞赛、文化艺术节等活动,培育和提高学生的诚信意识,使诚实守信成为学生自觉的需要。

三、建构实践机制,指导高校学生进行自我教育

教育的最好方法是实践,在实践中发挥高校学生诚信教育的主体性,从自身的内在需求和现实特点出发,积极参与实践,不断提高认知,领悟诚信道德内涵,辨别真假,识别善恶,学会在现实生活中以诚待人,以信立身,在各种道德冲突面前坚持正确的道德选择,培养社会责任感。从基本诚信行为起步,讲究循序渐进,养成诚信习惯,使诚信意识上升为自觉行为,真正提升诚信实践能力。

霍姆林斯基曾说过"没有自我教育就没有真正的教育",教育能否真正奏效,归根结底取决于教育对象的自我教育作用。学生是教育的主体,教育只有符合学生的内在需要,学生认同接受才能有效。因此,在诚信道德教育中,应以人为本,尊重学生的主体地位和主体人格,理解学生的思想和行为,提高学生的主体意识和活动能力,充分发挥学生学习的主观能动性,指导学生进行自我教育。

指导高校学生在诚信实践中实施自我教育,要做到以下几点:

首先,确立"以学生为中心"的教育理念。人不仅是既定道德的被动接受者,更是道德的创造者。人是诚信道德的主体,人的诚信行为必须是自主的活动。诚信教育在任何时候、任何地方都应把人作为绝对价值和终极目的加以

尊重,以尊重人的自由和自律为基点,引导人们去实现自己的意志,在生活中自主地判断诚信道德的价值,体验实践诚信的意志力量,勇敢地担负起诚信道德责任,并在这一过程中提升自己品质,养成诚信道德。

其次,注重创建个性化的诚信教育环境和条件。尊重学生的兴趣、爱好和个性特点,培养和保护学生的独立人格,发展他们的个性特点。高校学生来源广泛,他们的基础、程度和个性特点都存在着很大的差异性,每个学生都有自身的爱好、特长和潜能。诚信教育要以学生为中心,从学生的现实个性出发,尊重学生的需要、兴趣、创造性和自由,充分考虑到每一个学生的个性特点,为他们营造广阔、宽松的自我认识和自我发展的个性空间,培养他们的独立创新意识,挖掘他们的个性特长和潜能,引导学生对复杂的社会诚信问题进行反思,鼓励学生通过考察体验,自主判断、自我选择,增强诚信意识、社会公德意识和诚信法制意识,养成诚信习惯,形成诚信道德。

再次,建立高校学生个人自我教育机制。个人自我教育机制的建设必须要建立一套良性的人与制度之间的互动机制,将外在的教育,透过主动的内化转变为个人的行为准则和处世原则。高校学生要通过自省和自警意识的培育,提升诚信品质,提高自身的诚信道德水平和素质。

四、建构诚信管理机制,发挥管理的育人作用

学校管理的效能具有鲜明的教育性,学校管理不仅是教育教学活动有序进行的保证,其所涉及的学校目标设定、教育过程的控制与评价、学校文化建设等,都会直接成为教育的要素。学校管理对开展诚信教育具有重要作用。

首先,学校管理直接控制实施诚信教育。例如,通过制度和规则的制定与运行,倡导和鼓励诚信,通过日常管理中的奖惩促进实施具体的诚信教育。这种以学校权威为基础的教育控制式的诚信教育在学校管理实践中被普遍采用,是学校管理的主要途径。

其次,学校管理以隐蔽课程的方式间接和自然地对学生诚信观的发展发挥作用。学校管理的道德教育效能主要体现在对校园道德环境的营造和影响上,校园道德气氛对个体道德判断的形成也有着积极的意义。民主公平的学校管理制度将促进学校成员对诚信价值的广泛体验和积极思考,并增加积极的诚信道德学习的机会,有助于学生诚信品质的养成。

作为隐蔽课程的学校管理对诚信教育的影响体现在以下三个方面:其一,良好的道德环境为学生的道德成长提供了完整的道德资源。这些道德资源对高校学生的影响具有一致性,即学生的不同方面都可以得到积极的影响。学

生关于诚信的认识与价值理解至少会得到团体价值规范中公正原则的推动。其二,在良好的道德环境中,学校成员之间的交往是普遍的、平等的和信任的,诚信原则成为成员间交往的基础规则之一。从而给予教职员工和学生充分的感受、辨别、体验和评价诚信行为及其价值的机会,使得他们在掌握诚信知识和形成诚信价值观方面都会得到长足发展。其三,在学校管理中全体教职员工的榜样作用将对学生诚信观的形成与发展产生重要的影响。学校管理应该是诚信的管理,全体教职员工应该是恪守诚信的榜样。

综上所述,高校学生诚信教育要充分发挥管理机制的作用,把诚信作为学校对各部门的管理和对学生的操行评定的重要内容。探索学校管理中实施诚信教育的长效机制,并使之经常化、长期化。

第三章　高校诚信教育专题研究

第一节　高校学生考试的诚信教育

考试作弊是高校学生诚信失缺的最典型体现,严重影响高校的校风学风建设,整治考试作弊是关系教育成败的重要环节。高校要培养出合格人才,必须严抓学风诚信。

一、高校学生考试作弊的原因

学生考试作弊的原因是多方面的,社会生活中存在的不良风气影响、教育者的放任、学生思想认识的误区、高校学风考风管理的漏洞等等,其根源是各方面对学术诚信的藐视。

第一,社会不正之风侵蚀高校学生的诚信观。有人认为学生考试作弊是一时糊涂,与社会上的营私舞弊现象比较起来,是"小巫见大巫",没有什么了不起。因而,当校方对作弊学生进行处理时,来自多方面的"说情风"是社会、家庭对此现象的最直接反应。出于亲情、友情,说情者一般是学生家长或者家长的亲戚、朋友,甚至是学校的教师。表面上看来的关爱,实则是变相纵容,极不利于作弊者对自身行为性质加以深刻认识,不能很好地从中吸取教训。作弊实质上是一种偷窃行为,是不劳而获思想的反映。然而,人们对小偷深恶痛绝,却对考试作弊持完全不同的态度——是"恨铁不成钢"的痛心,而非厌恶的情感。这样很容易给作弊者以一种错觉:考试作弊没什么大不了的。

第二,教育者的误导和放任。教师在学生心理成长过程中,起着潜移默化的作用,教师的一举一动、一言一行都有可能影响到学生的良好道德品质的养成。教育工作者理应对作弊行为有一个清晰的认识。然而,事实并非如此。来自教育者本身的不良反应有两种情况:一种来自高中教师,另一种来自大学教师。在一位学生的检讨书中写道:"现在想来,我确实受到了个别高中老师的错误引导。高考前,就有老师对我们说,如果你们不抄,而别人抄了,那么你们就亏了。只要不是太过分,不被抓住就行了。……现在作弊好像已成为习惯,不知不觉就会做一些准备。"正是个别教师狭隘的急功近利和"以分数评价一切"的人才观,使得某些教育者本身产生不该有的想法,错误引导学生,使得一些学生在高中阶段就养成考试作弊的不良习性,并逐渐丧失了应有的耻辱心。在高校,有些教师对于考试作弊者的态度也一定程度上助长了学生的侥幸心理。有的教师对考场的权威性缺乏足够的认识,认为考试只是一种形式,反正早晚得让学生"过关",何必"抓"他们,省得麻烦。有的因为学校对作弊学生处分严厉,教师出于同情心,不忍心"看到学生背上沉重的包袱",对作弊学生只是规劝,甚至放任自由。

第三,作弊者对作弊行为的本质没有正确的认识,仅惧受罚。作弊者的不良反应通常是抵赖、回避或者逆反,认为自己运气不好。产生这些反应的根本原因在于没有真正认识到作弊的性质。从作弊者事后的检讨中可以看出,作弊者无论被发现前持何种心态,都害怕其所带来的后果——学校的处分。他们被发现的一瞬间,首先想到的就是对处罚的恐惧,随后是给父母带来的痛苦,是"早知今日何必当初"的后悔,而很少有对作弊本身有什么深刻认识。缺乏对作弊性质的正确认识是高校学生作弊行为产生的根源之一。有这样一名学生,他首先承认作弊是不道德的,接着又说:"我们学的某些课程,我怎么也想不通它的作用在哪里,唯一的作用就是拿学分,这样的学习太没意义,浪费时间和生命。"依此看来,作弊的学生比不作弊的学生更讲实实在在的道德!这种荒唐的观点,在学生中却有相当的市场。

第四,学生麻木不仁,甚至"传经送宝"。在很多高校中流传着这样的课桌文学:"学不在精,作弊则灵,功不在深,会看就行。"有些学生作弊成功后,还在大庭广众之下"传经送宝",个别网站甚至还列举了所谓"作弊 68 种方法"。他们对作弊行为的麻木不仁可见一斑。学生若丧失学习目标,或对某些课程缺乏学习兴趣,平时学习不努力,就很有可能在考试时不择手段,采取作弊手段,蒙混过关。

第五,部分学生热衷社会活动,对学习却抱蒙混过关的心态。高校允许学生的学习有自主性和自由空间,一些学习自觉性差的学生就不会主动学习,一些学生干部热衷于社会活动,不能处理好学习和学生工作的关系,有时也不去听课。然而高校对考试成绩又有着严格的要求,考试不及格要补考或重修,甚至要交高额的重修费用,对成绩不及格的科目达到一定数量的学生来说还要面对勒令退学等处理。因此,考试作弊就成了个别学生蒙混过关的唯一办法。

第六,高校对学习优秀生奖励较多,许多学生为得到更高的分数而作弊。

在高校,成绩优秀、思想进步的学生可以被发展入党,学校颁发奖学金而且数额可观,成绩突出者还会有机会获得保送研究生甚至推荐出国的机会。诱人奖励会使那些成绩原本很好还希望更好的学生以作弊的方式得到更高的分数,从而获得学校的奖励,他们在表面分数提高的同时却忽略了自身诚信度的降低。

高校学生作弊屡屡发生,不仅仅是作弊学生本人的耻辱,也是高校在诚信教育方面的败笔。作弊是当前中国社会长期缺乏诚信给教育带来的严重后果,而且,作弊者一旦内疚心和羞耻心全部消失,就会由学习上的弄虚作假发展到其他事情上的欺骗和投机取巧,必须引起充分正视。高等教育应肩负起教育学生"学会做事,学会学习,学会生存,学会做人"的重任,向社会输送一些具有诚信品质的优秀人才,为中国社会的道德诚信建设发挥应有的作用。

二、高校学生考试诚信的教育和治理

实践证明,没有考风诚信就不会有好的学风,没有好的学风就很难有高的教学质量,也就难以培养出高素质的人才。针对考试过程中出现的问题,高校应从以下几方面做工作:

1. 加强诚信教育,营造诚信考试的氛围

考风不好同部分学生诚信观念淡薄、考试意识淡化有着一定关系,因而必须大造舆论声势,强化诚信教育,使淡化了的考试意识重新强化,使学生感到有纪律在时刻约束自己,从而达到强化某种意识和起到正确导向的作用。因此,每次考试前学校必须召开专门会议强调考试工作的有关问题,教务部门要重申有关制度和规定,并将其发至各教研室和班级,进一步明确和重申考试规则。各系也召开辅导员会议传达有关精神,布置有关工作。辅导员要召集各班学生开会,进一步强调考试纪律,形成以勤奋学习、诚实守信为荣,以作弊违纪为耻的学习风气。同时,在考试前要将考场规则、考试纪律和考试违纪处理办法等有关规定张贴在各教学楼等学生出入比较多的场合,以营造严肃、诚信的考试氛围。

2. 坚持教考分离和统考制度,把好试卷关

为避免个别任课教师复习时划定考试范围或泄露考题、阅卷时降低评分标准等迎合学生的错误做法,同时给学生建立一个公平竞争的机会,使大家都在同一起跑线上,凭自己的勤奋和实力获取优良成绩,高校应对部分公共课、基础课和技术基础课实行统考制度,对部分专业课实行教考分离制度,对于非教考分离或统考的课程,实行 A、B 卷制,两套试卷难度系数相当,经教研室主

任审查签字,各教学系部审查同意后统一交教务部门,由教务部门认定考试试卷和补考试卷,以消除那种补考容易考试难的误区,这样能有效地促进考风好转。

3. 强化考场监督,抑制作弊动机

抓考风诚信必须狠抓考场监督。实行考场巡视制度,由教务部门牵头,各系(部)及有关职能部门选派工作能力和责任心强、敢于大胆管理和坚持原则的同志组成院一级巡视组,各系(部)成立二级巡视组。学院巡视组职责是检查各考场纪律执行情况,协助二级巡视员和监考教师处理考试中出现的问题,有考场的教学楼都要有一名巡视员,负责巡视本楼的考场,在整个考试时间内、在定点范围内来回巡视,并记录各考场监考人员的到位情况、学生座位编排、考场秩序和纪律情况,考试完毕交教务部门汇总。这样安排对存有侥幸心理、伺机作弊的学生具有一定的震慑效果,能有效地抑制部分作弊行为,使其自生自灭于萌芽状态。同时,对监考教师也有一定的督促检查作用,增强各监考教师的责任心。考试时,对教学大楼实行封闭管理,学生只能在规定的时间内凭准考证进入大楼,非考试的学生一律不准进入大楼,准考证与身份证不一致的考生不能参加考试,既保障了考场的外围环境,又防止代考"枪手"混入。

4. 加强阅卷评分的管理,确保成绩真实可信

任课教师阅卷评分时,少数平时不努力学习的学生,自知难以及格,考试后找教师软缠硬磨,或托人说情,或请客送礼,或蛮横无理,以各种方式来达到加分的目的,使任课教师不能正常工作,左右为难。为有效地防止此类现象,考试完毕后由专人(非任课教师)将学生答卷封存后直接送交教务部门,由教务部门安排集中评卷,任课教师在规定时间内到指定地点当场阅卷、评分,批改后的试卷留存教务部门备查,以保证成绩的真实性和可靠性,为提高教学质量和课程建设提供有实用价值的理论数据。

5. 严肃考试违纪处理,震慑作弊考生

为保证考风诚信,除制定一系列有关制度外,对考试违纪行为决不能姑息迁就,对考场作弊者更不能宽容放纵,否则对考纪考风的建设只能是事倍功半,甚至功亏一篑。管理是教育,处罚也是教育,这是考场管理工作的一个特点,因为思想教育并不是万能的,有极个别考试作弊的学生并不是思想糊涂,也不是对违纪后果认识不清,而是明知故犯。对于此类学生,就必须用严格的制度和铁的纪律来约束和管理,促使他们树立对考试诚信规则的敬畏意识,认识并改正错误。使大家感到不讲诚信、投机取巧是要付出代价的,以维护考试的严肃性,使正气上升,使考风学风不断得以净化。

总之,规章制度的建立并不难,但要真正严格地执行规章制度,则不是件容易的事。影响考风、考纪的因素很多,与学生的学习态度、道德品行、思想素质、诚信意识以及学校的管理制度和执行制度的力度有关,是一项艰苦细致、需要长期坚持的系统工程。只要教育管理者能坚持不懈地努力,扎扎实实地工作,大张旗鼓地弘扬正气,就一定能使高校的考风回归诚信。

第二节 助学贷款的诚信教育

1999 年 5 月,中国人民银行、教育部、财政部颁发《关于国家助学贷款的管理规定(试行)》,在北京、上海、西安、重庆等 8 个城市进行助学贷款的试点工作。2000 年 8 月,《国务院办公厅转发中国人民银行等部门关于助学贷款管理补充意见的通知》和《中国人民银行助学贷款管理办法》,把国家助学贷款的申请范围从全日制本、专科生扩大到全部学生,申办银行从工商银行扩大到工商、农业、建设、中国银行四家,同时规定助学贷款的呆坏账按实际发生额在所得税前按规定核销,并要求教育、财政、银行等有关部门要"本着对国家和学生高度负责的精神,加强合作,积极主动地做好助学贷款工作"(《关于助学贷款管理的补充意见》第一条),自此,国家助学贷款在全国范围内全面推开。2004 年国家制定了新的助学贷款政策,规定在校生申请助学贷款全额免息,还贷期限延至六年,由财政和学校共同承担风险。2007 年秋季,财政部、教育部、国家开发银行联合在江苏、湖北、重庆、陕西、甘肃 5 省市试点开办生源地信用助学贷款业务。目前,生源地信用助学贷款已普及全国大部分地区。助学贷款是政府贴息的优惠个人消费信用贷款,其特殊性在于:第一,政府贴息。在校期间完全由政府贴息,毕业后六年内贷款利息的 50% 由省财政贴息,其余 50% 由借款人负担。第二,低息。国家明确要求,各商业银行承办国家助学贷款,利率要在中国人民银行规定的同期限的贷款利率范围内适当给予优惠,不得上浮。第三,无抵押担保。在校生申请国家助学贷款的条件:提供入学通知书、学生证或永久居住身份证,学习认真、品德优良。具备上述条件的普通高等学校中经济确实困难的全日制本、专科生(含高职生)、研究生和第二学位学生,都可向银行申请助学贷款。

国家助学贷款发展到现在,工作进展并不理想。目前,全国高校学生欠贷数额巨大,高校学生毕业后流动性大,银行无法掌握其走向,催还贷款工作十分棘手,还不还贷款很大程度上又取决于学生个人。由于公民的信用意识淡漠,很多家庭经济困难的学生信用度表现不高,经办银行认为此项工作成本太高、风险太大,加之贷款跟踪、管理等后继工作难度大,该项工作在一部分高校一直"叫好不叫座",国有独资商业银行现在普遍存在"不敢不贷,不敢多贷"的想法,许多金融机构只是把国家助学贷款当作一项不得不做的政治任务,没有主动扩大业务量的愿望和动力,国家助学贷款工作没有达到预定目标。造成上述状况的原因是多方面的,高校学生的诚信问题是不可推卸的主要原因。

一、高校学生助学贷款中的诚信问题

目前,已出现较大比例享受助学贷款的毕业学生不按期还本付息甚至恶意逃避债务的现象,银行对贷款学生的信用大打折扣,引发信用危机,加剧了银行不愿贷款的状况,很可能造成恶性循环。从现有的一些数据来看,目前高校学生拖欠贷款的情况比较普遍。据《南方日报》2010 年 1 月 12 日报道,广东部分高校的助学贷款违约率 6 年升高了 13 倍,个别高校学生的违约率达到了 70%~80%①。

高校学生助学贷款中的诚信问题主要表现在以下几个方面:

第一,伪造证明骗取助贷资格。在贷款工作中,经常会遇到有的家长和学生为了贷款,隐瞒家庭人口和收入的真实情况,通过拉关系、请客送礼等手段笼络家庭所在地有关人员出具虚假家庭经济困难证明,骗取贷款资格,以获取优惠政策的照顾。

第二,贷款挪作他用。国家助学贷款是用来帮助高校经济困难学生支付在校期间的学费、住宿费和生活费的贷款,申请学生必须遵循贷款合同的规定,承诺正确使用贷款,但是,部分高校学生抱着"钱在我手里,我想怎样用就怎样用"的思想,不按规定用途使用贷款。有少数贷款学生获得贷款后未正确使用贷款,挪作他用,做一些与贷款初衷相违背的开支:有的学生利用贷款从事商业活动,有的学生用贷款购置高级手机、电脑等高档消费品,甚至用于炒股。

第三,毕业时伪造信息。《助学贷款管理办法》要求申请信用贷款的高校学生必须做到两个承诺:承诺离开学校后主动向贷款人提供工作单位和通信方式;承诺按时归还国家助学贷款。按照国家规定,贷款学生在离校时需与学校签订"贷款补充合同",如实告知学校和银行本人的工作单位、家庭联系方式及联系人,但有部分贷款学生没有如实填写本人信息,致使学校在其离校后无

---

① 谢苗枫:《助学贷款违约率 6 年飙升 13 倍,大学生怎么了?》,《南方日报》2010 年 1 月 12 日第 5 版。

法联系到本人。

第四,信息变更不告知银行。按照规定,贷款学生在毕业后遇到工作单位或通信方式的改变,应及时告知银行贷款管理部门。有的学生虽然变更了工作单位或通信方式,却不及时与贷款银行联系,造成银行在他们毕业后难以找到学生本人。

第五,贷款逾期不还。2008年国家学生贷款管理中心和中国工商银行总行对最早办理国家助学贷款的8个城市的234所高校的调查显示,按照金融部门现行的不良贷款考核标准,国家助学贷款不良贷款率约为12.88%,是各类贷款中违约率最高的一种。高校学生在毕业以后,有的虽然找到工作,但由于种种原因,不能及时按照贷款合同的约定按期偿还贷款本金和利息,就造成了逾期不归还贷款的事实。据某银行统计,在贷款学生毕业后,找不到贷款学生去向的高达45%,逾期未归还贷款率达40%以上,该现象引起工作人员的关注和高度重视。据了解,助学贷款坏账率超过6%,银行就面临亏损。虽然国家已明文规定,银行有关国家助学贷款的呆坏账可以核销,但不是马上可以冲销,而是要去追,追不到的要写出报告,得到批准才能核销,这样折腾要好多年,不是容易的事。

二、高校学生助学贷款中诚信缺失的原因

1. 高校学生对助贷诚信的认识存在误区

我国正处于社会转型时期,社会各领域都在发生广泛而深刻的变化,法制建设并不够健全,存在一些空子可钻。例如,假冒伪劣产品充斥市场,企业经营者偷税漏税频频发生,走私骗汇、拖欠、赖账等现象频繁,缺乏信用评估体系和失信惩罚机制,许多政府机关党政要员大搞"政绩工程"和"升迁工程","买官卖官"和"欺上瞒下"现象时有发生等。高校学生不可避免地受到社会上各种思潮和现象的影响。部分学生形成了"说老实话办老实事吃亏""谁讲信用谁傻瓜"的错误观念。有的学生在国家助学贷款问题上抱着"先贷了再说"的态度,很少考虑自己今后怎么还。

在助学贷款的过程中,诚信道德并没有普遍内化到学生的具体行动中,而是表现出一种以个体利益为中心的随机性特征:诚信只是对他人和社会的诉求,但对于自己能否保证做到,较多学生存在"视情况而定"的状态。对于某些高校学生而言,助学贷款无抵押、无担保,简直就是天上掉馅饼。他们就图眼前的小利,抱着"不贷白不贷"的投机心理,贷款时又有"先贷再说、先花再说"的心态,至于以后的还款,则是能拖则拖、能少还则少还、能不还则不还。此类

错误认识容易造成学生对助学贷款诚信的迷惘。许多学生认为,向个人借钱才是真正的"借款",而向银行贷款、还款的指向性是模糊的——欠国家的不算欠! 他们误将银行这个以盈利为主要经营目标的金融企业看成为国家金融机构,认为国家在贴息以及拖欠款项中自然会承担一定责任,从而把助学贷款当成无偿资助的救济金或扶贫款,这是造成一些学生申请助贷不诚信的主要动机。

高校学生助学贷款中诚信缺失并不意味着他们对诚信还贷完全漠视,他们普遍对诚信有较强的认同感,并将诚信作为道德修养的一个重要方面。但是,面对社会转型期的多元价值的涤荡,受社会不良风气的影响,他们的诚信价值观与利益常常处于博弈之中。

2. 助学贷款制度设计与实际情况不够契合

首先,个人信用制度和个人信用法律不健全,助学贷款操作上存在诚信真空。由于地域、城乡经济差异等方面诸多因素限制,很难对家庭经济困难学生确定一个统一的界定标准,造成了难以严格区分贫困与否的困境,自然出现了骗取贷款现象。国家助学贷款无论是在高校还是生源地,以学生的身份、人格和信誉为担保,还款建立在学生未来预期收入的基础上,具有极大的不确定性。学生毕业后流动性较大,商业银行缺乏严密有效的诚信认定、评估以及跟踪管理等一系列机制。现阶段我国还没有真正建立起个人信用制度和社会信用监督机制,缺乏能够反映个人信用的相关资料,缺乏科学评估、查询个人信用资料的机构和系统,直接导致银行和贷款学生间的信息不对称,银行无法全面了解大学生的个人信用状况,因此,对助学贷款失信现象难以通过信用手段对其进行有效制约。个人的信用更多讲自律,而忽视了他律,人们往往只能从道德标准上去谈及信用。所以,我国高校学生在国家助学贷款中的信用问题无法度量、无法评价和无法制约,为学生的违约提供了可能。

其次,还贷期限过短,还贷期是高校学生毕业后经济实力最薄弱的时期。按国家有关文件规定,学生毕业后6年内必须还清贷款,对于靠贷款求学的学生来说,还真有一定难度。从国家助学贷款总体标准来看,凡是得到国家助学贷款的高校学生多数为家庭贫困的学生,其家庭还贷能力一般都比较低。高校学生毕业后,前两年不一定就能找到合适的工作,已经找到工作的,由于参加工作前几年收入较低,也会严重影响还贷水平。按照国家最新助学贷款文件规定,学生在校期间国家负责100%贴息,贷款学生要在毕业后6年内还清贷款本息。据测算,如果一个学生在校四年贷款24000元,毕业后还贷期限为6年,则他每年要支付利息就是1641.60元,6年合计为9849.6元。对于刚毕

业的学生来说,毕业后 6 年还清本息,一年要还贷近 6000 元,每月要还贷 500
元,是一笔不小的负担。更何况还有部分贷款学生长期落实不了工作,自己的
生存都会成为问题,更不用说还贷款了。

3. 部分学生忽视诚信道德修养,对信用规则缺乏敬畏意识

贷款学生主观上的诚信缺失在很大程度上产生于本身道德修养的水平和
履诺自觉性的缺失,贷款学生自身的道德与信念、道德与价值、道德与行为背
离,催生了贷款学生背离助学贷款诚信要求的错误。部分学生的诚信意识淡
薄,主观上没有树立起严肃的信用观念,缺乏自律自省,还款延迟,贷款违约,
甚至制造虚假信息骗取国家助学贷款。从众心理、侥幸心理、不负责任心理、
无赖心理和推托心理成为贷款学生典型的不良心理误区,少数贷款学生钻法
律和制度空隙,蓄意拖欠贷款。有的学生失去诚信的主要原因是被物质享受
引诱,在巨大的物质利益面前,诚信有时似乎成了一种负担,远没有金钱利益
来得重要。有的学生在"从众心理"的推动下,不能以冷静的头脑来明辨是非,
随波逐流。往往只看重眼前的便宜和好处,却不知失去信用将对自己今后的
人生道路产生多坏的影响。

另外,我国目前助学贷款失信的惩罚机制尚未健全,缺少专门的法律对助
学贷款学生进行约束,特别是对于恶意欠款、延期还款的学生,难以追究法律
责任,一旦出现问题,贷款的追缴就变得非常困难。缺乏相关的法律、法规制
约,失信行为得不到应有的法律惩罚,就无法让学生树立对信用规则必要的敬
畏意识。

三、解决高校学生助学贷款诚信问题的对策

助学贷款政策体现了社会对高校贫困学生的关爱,要想长期有效地实施
下去,高校不仅要加强学生的诚信教育,还要有制度层面的制约。鉴于助学贷
款的现状和原因,为进一步推动助学贷款健康发展的步伐,应采取相应对策。

1. 加强学生的信用教育、法制教育和理财观念教育

首先,加强信用道德教育。人格道德素质的养成,将伴随一生。大学阶段
正是大学生们人生观、世界观、价值观的形成和定型期。中国传统文化源远流
长,博大精深,道德是中国传统文化的瑰宝。中华民族有着许多优良的道德传
统,如我国古代思想家孔子、孟子等对诚信美德的论述,对我们的生活仍具有
重要意义,时代需要我们去继承和发扬优良传统,形成有中国特色的价值观和
伦理道德规范,促进全社会信用机制的建立。

其次,要加强贷款信用知识教育。加强对高校学生的金融知识教育,主要

包括两个方面:一是明确国家助学贷款的相关事项,如国家助学贷款的用途、申请条件、申请成功后的权利和义务、借贷的数额和还贷的期限、借贷人毕业时有关情况发生变动时的还贷方式以及还贷情况的信用登记档案等。二是信用教育,如信用的内涵和作用以及怎样维护自己的信用,不良信用行为的表现形式及后续影响等。对大学生来说,这些知识或许很浅显,但因不了解贷款信用知识而失信的高校学生仍大有人在。因此,加强高校学生的贷款信用知识教育,让每一位学生知道,个人信用是无形资产,不管是在校学习期间还是以后走入社会,珍惜个人信用记录,保持良好信誉,对自己走向成功是至关重要的。

再次,加强信用法制观念教育。有关部门已经建起学生贷款的信用档案,制定对贷款违约学生的处罚、监管、追债责任制度,对不讲信用的贷款学生的姓名、身份证以及违约行为予以曝光,并依据情节采取法律手段加以制裁。随着国家助学贷款工作的深入开展,社会的不断进步,有关信用的法律、法规将逐步完善,国家助学贷款信息系统和全国性的个人信用体系将建立和完善,不守信用的人将会受到法律的惩处。因此,对广大高校学生加强信用法治观念教育就显得非常必要。

此外,理财有助于帮助学生提高还贷意识,许多学子不能还贷,很大程度上因为他们是吃光用光的"月光族"。所以在校期间,学校在对高校学生进行文化教育的同时,应该适应市场经济发展的需要普及理财教育,帮助学生形成科学的理财理念。仅仅强调诚信道德而忽视理财观念的培养,是无法从根本上解决高校学生还贷难的问题的。理财教育让学生明白理财对人生的重要意义,认识到信用对理财的重要性。

2. 建立全过程的沟通机制和弹性还贷制度

首先,要想让银行与借贷学生达到互信互利,需要建立二者间还贷前的有效沟通机制。已申请助学贷款的学生毕业后,其就业与否、工作单位变化、收入状况等,要及时与借贷银行进行沟通。在充分沟通的前提下,重新办理或续签借贷合同,这样就可以大大减少还贷违约率。个别学生出现恶意拖欠现象,可以直接由银行向法院起诉,以保证银行债权得以实现。

其次,银行制定弹性还贷制度。尽管当代大学生在某些方面某种程度上存在着诚信缺失,但大多数是诚实守信的。许多学子步入社会后不能按时还贷,其实不是不想还,而是确实面临经济方面的困难,比如未能就业、高消费、家庭特殊因素等。通过建立弹性还贷制度,比如根据实情灵活调整还款学生的还款额及还款年限,改变目前学生毕业之日起即开始偿还贷款本金、6 年内还清的做法,借款学生毕业后视就业情况,在 1 至 2 年后开始还贷,还清时间延长一点,从而缓解贷款学生初入工作岗位或 2 年内未找到工作的压力,确保他们最后能顺利还清贷款。这样做体现银行以人为本,更具人性化和人情味,可以促进学生积极还贷。

3. 建立、完善全国个人征信系统,加强法律保障体系

以国家助学贷款为契机,建立学生信用档案,对学生在校期间的信用情况做出评价,记录在案。对信用等级达到优良的学生,学校要在贷款、就业、升学等方面优先推荐。可以在一些高校范围内试行《高等学校学生信用考评办法》,并在此基础上,逐步对接社会诚信建设。学校根据考评办法给每个学生评定信用等级和信用积分,在社会化的系统性平台支持下,学生可以凭此自己选择银行申请贷款。每个贷款学生有一个信用卡账户,学生毕业后,其工薪收入都必须通过转账记入个人信用卡账户。这样,银行能及时掌握贷款人的行踪和收入,从而有效控制助学贷款风险。在这方面上海高校做了一些有益的尝试,2002 年 5 月,上海 50 所高校与上海市咨询有限公司签署了建立高校学生信誉档案的联名书,学生们的贷款还款信息被纳入上海市个人征信系统。咨询公司每三个月就会对贷款学生的还款情况进行全面跟踪,一旦出现不良信用记录,银行会把他的不良信用的信息提供给一个征信系统,从而可能会影响当事人今后的经济活动,如影响申请新的消费信贷、申请信用卡,甚至影响到人才市场去应聘工作。把贷款学生纳入社会征信体系,既为学校减轻了很大的压力,解除银行的顾虑,对高校学生们也会产生一种约束力。

加快建立个人信用评价机制和全国性的联合征信体系,为助学贷款提供社会化的系统性平台支撑,这是从制度层面解决问题的关键所在。信用意识淡薄不仅发生在高校学生群体中,更是社会问题。以高校学生群体作为建立信用信息系统的切入点,为建立我国个人信用体系与制度奠定良好的基础。进一步完善全国个人征信系统,加强法律保障体系,比如通过建立完善的个人征信系统记录每一位贷款学生的信用记录,利用互联网依法向社会开放数据资源,实现信用信息资源社会共享,使恶意拖欠贷款的学生对银行的失信转为对社会的失信,并且将不良记录依照法规保留多年。切实加强对大学生个人信用的经济制裁、法律制裁等强制性外在约束,尽快制定《助学贷款信用管理法》等相关法规,对助学贷款的原则、偿还方式和期限、违约惩罚机制等问题作明确规定,使处理违约行为有法可依。另外,地方政府也应加强对家庭经济困难学生的认证审核力度,银行完善贷款的审核发放程序,高校积极配合银行协调贷款工作,通过多方合力,一定能减少甚至消除助学贷款中的不诚信现象。

第三节　"大思政"系统开展诚信教育

高校的"大思政"理念,就是以思政课堂教学为主渠道,以第二课堂为辅渠道,课内教学与课外思政教育相结合,使思政教育覆盖学生从入学到毕业的整个过程,全面覆盖学生学习生活的各个领域。高校的"大思政"体系中,教育者不局限于思政课教师,而是"要求全校的专任教师、党政干部、辅导员乃至全体教职员工都参与。不仅强调对大学生的教育和管理,更强调引导他们加强自我教育和自我修养"。① "大思政"理念能对高校的诚信教育起重要作用,一能有效避免思政教学与思想政治工作两套系统脱节的"两张皮"现象,协调各方资源形成诚信教育合力。二能把课堂教学与课外实践有机结合起来,突出学生主体的自我修养,促进诚信观念在实践体验过程中内化。三能实现诚信教育对学生全程、全面的熏陶。

一、高校思政教育工作中诚信教育的现状

高校诚信教育已经受到中央的高度重视,《公民道德建设实施纲要》把"诚信"作为公民的基本道德标准,党的十八大报告把"诚信"作为 24 字社会主义核心价值观的基本内容之一,《中共中央、国务院关于进一步加强和改进大学生思想政治教育的意见》明确强调大学生思想政治教育要以诚实守信为重点。② 2006 年以后出版的全国统一教材《思想道德修养与法律基础》与原"两课"教材相比,很明显的区别就是明确提出以"八荣八耻"为主线,不仅对"诚实守信是公民道德建设的重点"作了详细阐述,而且增设了"大学生与诚信道德"专门知识点。事实上当今社会对诚信的呼声也很大,用人单位普遍都要求从

---

①　储德峰:《高校"大思政"教育模式的特征及理念》,《中国高等教育》2012 年第 20 期。

②　2001 年 10 月,中共中央发布了《公民道德建设实施纲要》,提出"在全社会大力倡导爱国守法、明礼诚信、团结友善、勤俭自强、敬业奉献的基本道德规范,努力提高公民道德素质"。2012 年 11 月召开的中国共产党第十八次全国代表大会提出"倡导富强、民主、文明、和谐,倡导自由、平等、公正、法治,倡导爱国、敬业、诚信、友善,积极培育和践行社会主义核心价值观"。2004 年 8 月 26 日,中共中央、国务院出台了《中共中央、国务院关于进一步加强和改进大学生思想政治教育的意见》,指出"以为人民服务为核心,以集体主义为原则,以诚实守信为重点,广泛开展社会公德、职业道德和家庭美德教育,引导大学生自觉遵守爱国守法、明礼诚信、团结友善、勤俭自强、敬业奉献的基本道德规范"。

业人员具备诚信品质。因此,高校要充分发挥思政课教学在诚信教育方面的作用,让诚信教育进教材、进课堂、进头脑,把培养学生的诚信意识和诚信行为习惯作为思政教育的重要内容。然而,很多高校对此却不够重视,"说起来重要,做起来不要"的现象十分普遍。从"大思政"的视野看,高校思政教育工作中的诚信教育普遍存在下列问题:

第一,诚信教育内容脱离实际。思政课堂教学是高校诚信理论教育的主渠道,但是思政课教材中关于诚信教育的内容所占比例甚微,如果不是教师联系实际,诚信教育的作用相当有限。在高校思政宣传教育工作中诚信教育内容脱离实际还表现为:一是重诚实教育,轻信用教育。诚信道德教育多集中在真心实意、诚实不欺层面上,但在与现代市场经济相适应的个人信用、企业信用、商业信用、银行信用和政府信用等方面的教育则很少。二是重诚信道德品质教育,轻规则教育。诚信教育主要集中在道德品质教育的层面上,诚信的规则教育较少,突出地表现在纪律和法律诚信教育少、经济诚信和职业诚信教育少、诚信合作的团队精神教育不够等。

第二,重认知教育,轻行为体验,诚信教育呈现科学化倾向。高校开展诚信教育主要是通过思政课堂教学、诚信专题讲座等方式来进行的,重在诚信知识灌输。诚信教育走向"科学化",缺失了人文性的特点,使大学生对诚信这一概念停留在认知上,忽视了诚信的体验、反省和实践。许多高校在教学和管理实践中出现了"管知不管行,管教不管育"现象,许多规章制度本身就违背"三公"原则,缺乏诚信约束,尤其是领导和教师、教师和学生之间实行不同的诚信标准,领导失信惩罚无章可循,无人过问,教师失信惩罚无力。在一些高校,领导和教师没有真正起到诚实守信的示范作用,学生管理工作中因"人情风"而引起的失信现象十分普遍。从诚信道德内化角度看,知识灌输固然重要,但诚信道德是需要践行的价值体系,诚信认知若不通过诚信行为体现便失去了现实意义,而我们的诚信教育恰恰削弱了这一重要环节。认知与体验相悖会严重影响教育效果,因此诚信教育要从"科学世界"走出来,在实践中营造人文性的行为体验氛围。

第三,教育考核形式僵化,缺乏亲和力。思政课实施诚信教育的基本形式是理论灌输,一张嘴一堂课从头讲到尾,僵化的说教形式严重削弱学生的学习动力。诚信道德考核途径单一,"应试德育"使诚信教育流于形式。诚信教育的最终评价手段本不应是分数,而是诚信品质的表现和诚信信念的养成。然而,当前高校对学生诚信品质的考核,普遍与智育的考核形式相同——通过德育课考试的形式进行。"鉴于中国人分数唯上的传统价值取向,德育课程所取得的分数成为衡量学生德行等级的标准。"①很多人认为成绩好则品德好,成绩差则品德差,这种考核方式仅能考查学生的诚信认知水平,无法对学生的诚信情感、诚信行为进行考核、评估。从"大思政"的视野看,大学生的诚信修养更多的是从日常行为中表现出来的,忽视与受教育者的日常沟通与交流,没能发挥学生主体自我教育的作用,只凭传统课堂教学和考试的教育模式是很难达到良好效果的。

第四,教育者没能形成合力。多数高校都只是把诚信教育看成德育教师和学生管理部门该唱的戏,专业教师忽视自己的诚信教育责任,许多党政干部在工作中总是让人情世故高过诚信,甚至一些学生干部也"逢人说人话,逢鬼说鬼话"。不同教育者各唱各的调,思政课理论教学与系部组织的教育活动之间往往是脱节的,缺少必要的沟通和协调。教育者没形成合力,高校就不能形成"人人讲诚信、人人诚信受监督"的氛围。

综上所述,高校诚信教育是我国经济社会发展的迫切需要,也是思政工作的重要内容,但是当前高校诚信教育还存在很多不足,造成此现状的根本原因是缺乏"大思政"观,诚信理论教学和思政教育实践严重脱节。

2. 大思政系统开展诚信教育

从"大思政"的视野看,高校诚信教育必须把理论教学环节和实践环节有机结合起来,融入学生的专业学习、生活、求职、交友过程,提高学生主体的自我教育和自我修养能力。全体教育者必须互相协调形成合力,共同营建诚信教育环境,对学生进行全程、全面的熏陶。

二、思政理论教学环节开展诚信教育

1. 思政课教学中丰富诚信教育的内容

思政教师要把握诚信理论实践与思政课教材内容的多层面联系:一是世界观、人生观层面。马克思主义哲学是诚信原则的世界观和方法论基础。"马克思主义原理概论"课中的辩证唯物主义认识论和真理观,从哲学上为诚信道德原则提供了理论依据。人的价值和人的全面发展的原理,为大学生塑造诚信人格奠定了理论基础。二是诚信价值和意义层面。现代社会中诚信是一种资源,对个人它是高尚的人格力量,对企业它是宝贵的无形资产,对国家它是国际声誉和形象。"马克思主义政治经济学"课中的社会主义市场经济的运行

---

① 应若葵:《大学生诚信教育的反思与对策》,浙江师范大学硕士学位论文,2005年,第5页。

要有规范的市场秩序的原理、在对外开放中要遵守国际规则等观点,说明"诚实守信是马克思主义经济学的要求"。① 在"毛泽东思想和中国特色社会主义理论体系概论"课中的"解放思想、实事求是"的思想路线,实际上是一条诚实守信的路线。总之,诚信是发展社会主义市场经济和建设中国特色社会主义事业的基本要求。三是道德法律层面。诚实守信是社会主义道德建设的要求,又是社会主义法制建设的要求。在"思想道德修养与法律基础"课中,强调诚信是公民的底线道德,也是维护社会公共秩序的基础。诚实守信是道德原则和法律原则的统一体,要求公民自觉地遵守,在某些领域则要强制执行,失信者将受到惩罚。总之,教师要结合思政课的有关内容,帮助大学生树立诚信意识。

2. 创设诚信教育意境,让学生体验诚信

教学手段多样化是教学改革的方向,高校思政课要改变单一的理论灌输方法,通过提问、讨论等方式开展师生互动,利用多媒体、音像等工具让学生体验诚信的价值和意义。例如,组织学生观看有诚信教育意义的录像,安排学生到互联网上收集相关资料,然后写影评、读后感。教师要当好学生的心灵导师,用正确的马克思主义诚信观给以悉心指导,提升亲和力,以改变思政课教条主义说教的形象。

3. 注重培养大学生对传统和现存的诚信观的批判与反思能力

大学生在成长过程中,同时接受多种诚信观的影响,其中我国传统诚信美德和马克思主义诚信观影响最大。诚信是中华民族传统的主流价值观念,儒家文化把诚信作为人的立身处世之本、底线道德,这种内生的诚信观渗透在很多领域。毋庸讳言,我国传统的诚信观是建立在农耕经济和以地缘关系为纽带的家族伦理文化之上的,其部分观点与社会主义市场经济的开放自由、平等竞争的需要已不相适应。现实社会中存在多种诚信观,功利主义的、道德理想主义的、个人主义的、人情主义的诚信观,哪一种是正确的? 马克思主义诚信观与它们有哪些本质区别? 在课堂教学过程中教师要正确介绍和分析种种现存的诚信观,在理解的基础上,学生通过讨论做出正确的判断,在比较中超越诚信困惑。指导学生站在马克思主义立场批判地认识身边现存的诚信观,在批判中超越诚信困惑。对照典型诚信观的事例,检查自己的思想和行为是否符合诚信品质的要求,修正不符合诚信的思想,在反思中超越诚信困惑。

---

① 蒋璟萍:《"两课"教学中加强诚信教育初探》,《思想理论教育导刊》2004 年第 1 期。

三、思政教育实践环节开展诚信教育

大学生诚信品质的养成离不开诚信实践,偏废了实践教育,"那我们就很容易造就出一些共产主义的书呆子或吹牛家"①。学生只有通过参与活动,才能体验诚信、实践诚信,才能实现自我教育、自我提高和自我完善,才能将诚信道德规范逐步内化为自身的一种价值追求,实现知行统一。

1. 从建设团体诚信入手开展诚信教育活动

高校生活是以群体为单位的,团体对大学生个体有约束和引导作用。从团体诚信入手,调动学生参加团体诚信活动的积极性,形成人人关心、个个支持诚信的局面,使诚信内化为学生的自觉意识和追求。团体诚信活动要体现知识性,更要注重活动对学生情感、态度和价值观的影响。形式可以多种多样,如诚信承诺宣誓仪式、邀请事业成功人士谈"诚信人生"等活动,都很有教育意义,还可以开展诚信主题的团日活动、主题班会、小品相声晚会、演讲赛、征文和"失信的代价"主题社会调查报告交流会等活动,引导学生关注身边的诚信之人、诚信之事,从中得到启发借鉴。

2. 从"三心"教育入手构建诚信评价体系

"三心"(即良心、责任心、廉耻心)是道德评价的前提,是诚信教育的关键。诚信也是责任,是对客观事实负责,对他人负责,对社会负责;诚信良心是做人的起码标准、道德底线;廉耻心是一种诚信操守,不仅是反省时的羞愧,更是大学生诚信失缺的最后防线。"三心"的弱化是失信的根源,也是诚信教育的切入点。从入学教育开始,大学生的"三心"教育就要树立起来,并贯穿大学时期的学习和生活的全部过程,以"三心"教育为基础,构建诚信评价体系。

诚信评价体系主要由诚信的评价内容标准、评价方法和褒贬评价结论组成。高校诚信评价体系应以马克思主义诚信观为标准,从学习、生活、经济、求职创业四个方面,评价学生的经济信誉、守法信誉和道德信誉。首先可以让学生自我评价,给学生以自身诚信的承认与肯定感。其次,组织学生相互评价,既能有效激发学生的参与热情,又能形成相互学习、相互监督的氛围。再次,应根据学生个体表现给予客观评价。管理部门如果能根据评价结果采取一些奖罚措施(如诚信标兵表彰、学生失信行为曝光等),则效果更好。阶段测评后,大学生应根据测评结果进行总结反思,坚定诚信信念。

---

① 《列宁选集》第四卷,人民出版社 1998 年版,第 345 页。

3. 从提升校园文化的审美品位入手培育诚信精神

校园文化能起潜移默化的熏陶作用,提升校园诚信文化的审美品位,要充分体现校园诚信文化的时代气息,又要体现其浓厚的文化底蕴,提升诚信文化的艺术性。如举办诚信典故及名言警句书画展、图片展,在审美中接受诚信文化陶冶,实行优秀生公示、入党考察对象公示、学校收费公示等,渗透"三公"内涵的诚信诠释,建立无人监考的诚信考场、自觉爱护(不毁坏偷窃)书报"诚信阅览室"活动。提升校园诚信文化的审美品位,能化解大学生对思政教育的抵触情绪,促进他们对诚信精神产生共鸣。

诚信精神体现一种文化追求,国外著名的大公司如福特汽车公司、通用电器公司、摩托罗拉公司、宝洁公司等都把诚信作为公司的指导思想。高校通过培育诚信校园精神,对学生进行熏陶,能起到"润物细无声"的效果。培育诚信校园精神,首先,要加强舆论引导,完善舆论监督机制。要充分运用广播、板报、校报、QQ群、微信等载体,用诚实守信的正面舆论引导人,用诚实守信的榜样鼓舞人,用弄虚作假、欺骗欺诈等反面教材警示人。其次,要把诚信教育融入大学生专业学习的各个环节,渗透到教学、科研和社会服务各个方面。在传授专业知识和实习实训过程中加强诚信道德教育,学生在学习知识技能的过程中,自觉加强诚信意识,养成诚信习惯。此外,大学生是网络信息的主要受众,营造网络的诚信舆论环境也不容忽视。

诚然,高校开展诚信教育单凭思政课教师是不够的,应建立由思政教育部门牵头、多方参与的思政导师团队,有关管理部门、学生团体要通力合作,形成合力。深入发掘高校各类诚信教育资源,共同营造诚信教育环境,这正是"大思政"的优势和必然要求。

第四节　网络行为诚信教育

网络行为诚信是指用户的网络行为要恪守诚信,言行一致,不利用网络作为工具从事不诚信的行为。网络行为诚信"既是一种网络社会道德规范,又是一种网络空间中的制度伦理要求,也是一种在诚信原则指导下形成的网络交往方式和交往关系,具有主观性、内生性、基准性、效用性、渐成性等特点,贯注着自由自主、公平正义、平等互利、理性主义等基本价值精神"[①]。网络行为诚信作为人们对网络虚拟社会及其活动的精神自觉,是一种独特的文化现象,可

---

① 邹银凤:《论青少年网络行为诚信的多元价值》,《中国青年研究》2011年第3期。

渗透到人的内心世界,历练人们的人生态度和信念追求,也可以改善和优化网络生态环境,塑造文化品牌形象,增强自身文化竞争力。从社会学角度看,网络行为诚信是网络虚拟社会文明的重要表征。

当代大学生大都是"90 后",他们是上网的主力军和影响网络意见走向的中坚力量。他们个性独立、视野开阔、富于创新精神,掌握着丰富的科学文化知识,网络自身的开放性、虚拟性、共享性所具有的独特魅力,当代大学生自然成为网络中最活跃的群体。2012 年 7 月,中国互联网络信息中心(CNNIC)《第 30 次中国互联网络发展状况统计报告》显示,截至 2012 年 6 月底,中国网民数量达到 5.38 亿,互联网普及率为 39.9%。2012 年上半年网民增量为2450 万,普及率提升 1.6 个百分点,其中拥有大学学历以上的 1.16 亿以上,达 21.6%。高校学生的生活方式呈现网络化的特点,不论学习、交往、消费、娱乐都离不开网络。在网上可以便捷地进行资料查询和浏览下载,阅读电子杂志,上图书馆、网络课堂,在线学习,还可以通过网络向老师请教问题。网上聊天、电子邮件、QQ、微信等网络交往成为最常用的方式,许多高校学生选择网络购物,同时还有部分学生尝试网上开店来积累一定的社会经验。网络娱乐已经成为高校学生钟爱的休闲娱乐方式。除了利用网络来下载音乐、电影、收看节目、阅读网络文学外,更有许多学生沉迷于网络游戏,网络娱乐占据上网时间的比例最大,占到 55%。2004 年,中共中央、国务院发出《关于进一步加强和改进高校学生思想政治教育工作的意见》,明确指出:"在信息时代,网络日益成为青年大学生生活中不可缺少的部分,而且青年人的行为更容易受到网络的影响。"高校在学生学习、生活、休闲等诸多方面都离不开互联网的情况下,他们必须要具备与互联网发展相适应的素养。

一是网络学习诚信。可以适当利用网络,但不可直接引用、拼凑网络资源作为自己的理论成果,要追求真知,杜绝学术欺诈。二是网络交往诚信。要求在进行网络交往时,不恶意侵犯他人隐私、不随意散播谣言、不对他人进行诽谤等,诚实守信,构建和谐人际关系。三是网络消费诚信。在电子商务中,网上消费者往往处于被动状态,近年来,在网购时因差评而遭卖家打击报复的现象时有发生,高校学生在开网店时一定要诚实守信,注重店铺信誉。网络消费使得一些自制力差的学生消费过度,影响还贷。高校学生在网络消费中要科学理财、守信还款。四是网络娱乐诚信。网络娱乐是高校学生上网的主要活动内容之一,一些网络娱乐项目需要支付一定的费用,部分学生由此利用网络进行诈骗,侵犯了他人的合法权益,因此要求他们在进行网络娱乐活动时要遵循诚信原则。

一、高校学生网络诚信缺失的现状

大学生处于"与网而生，用网而兴"的时代，是网络使用群体的主力军，"我爸是李刚"事件、"招考门"事件、"转户门"事件等众多网络事件，很多人认为把这些事件闹大的网民主体是高校学生。许多网络谣言、网络诈骗、网络犯罪等都有高校学生参与其中，加上部分高校学生表现出的"网络迷恋、网络孤独、网络自我迷失"等现象及"自残门"、"破处门"等妖魔化"90后"的视频流传，很多人就认为"90后"大学生是令人担忧的一代，"90后非主流"一度成为热词。

高校学生网络行为诚信缺失，主要因为网络诚信意识淡薄。很大一部分学生认为网络是虚拟的，不能太相信网上的信息，也并不愿意在网络上时时事事都做到诚实守信。贵州民族学院学生新闻社组织的一项"大学生上网情况调查"显示，在被调查者中，有 27.4% 的学生承认有过入侵机密网页的想法，34.6% 的学生对浏览黄色网站持"无所谓"的态度，28.2% 的学生在聊天室里骂过人。调查还显示，有 68% 的学生表示在聊天时说真话要视情况而定，37.8% 的学生怕惹麻烦，一般不会在网上填写个人真实资料。① 因为网络社会具有匿名性和虚拟性，高校学生受到现实社会中身份和传统道德的限制较少，所以他们很容易将心灵深处不道德的东西释放出来，不负责任地抒发内心的压抑和不满，因此，一些有违诚信的行为渐渐显现出来。

当前，我国高校学生网络行为诚信缺失主要表现在以下几个方面：

第一，侵犯他人知识产权。据有关部门对大学生利用网络撰写论文的调查显示，选择论文全部由个人完成的占 9.8%，选择从网上下载相关资料、文献做参考，大部分由自己来写的占 71.9%，选择大量引用、拼凑下载资料以完成论文的占 13.8%，选择直接下载一篇作为作业的占 3.0%。可见，只有不到 10% 的学生会独立完成论文，剩下 90% 的学生都会利用网络来完成论文。高校学生在网络上侵犯知识产权的行为主要是侵犯著作权。网络具有极大的开放性，网络信息可以在网络社会中自由流通，所以对于任课教师布置的作业甚至学位论文等任务，很多学生会选择直接从网上下载，然后稍作修改，没有自己独立思考的过程，也没有自己的观点。还有部分学生剽窃网络上已经发表的文字、图片、影音等其他资源，然后在网络上以自己的名义发表、传播，此类行为侵犯了他人的著作权。

第二，恶意侵犯他人隐私。主要表现为不经他人同意利用各种手段恶意

---

① 胡成勇、李寅：《大学生网络道德喜忧参半》，《人民日报》2004 年 2 月 12 日第 4 版。

搜集和发布他人隐私。大部分学生参与人肉搜索往往是出于挖掘他人隐私的好奇心,在传统道德和法律秩序之间挣扎的人肉搜索模式到底何去何从还要依赖于其可控性。大多数大学生能充分尊重并保护他人的隐私,这表明他们的网络责任感与安全意识已经初步建立,仍然有大量学生选择会视情况而定,说明他们利用网络侵犯他人隐私的可能性仍然很大。

第三,发布虚假信息。在网站注册时,有的学生从来不填写自己真实信息或者只是部分填写真实信息,绝大部分学生选择只在自己信任的网站上填写真实信息。大部分学生隐瞒自己的真实信息以保护个人隐私,但是不排除有一少部分学生利用虚假信息来欺骗他人。经调查,有将近40%的高校毕业生出于就业压力会在网上发布"掺水"的简历,对用人单位的选择造成一定的干扰。在网上和别人进行交流时,大部分学生或多或少都有说谎的经历。

第四,网络违法犯罪凸显。部分学生受利益的驱使,利用互联网牟取非法利益。一些上网失信行为侵犯到他人,并对其物质或精神财产造成一定的损害时,就演变为网络犯罪行为,要受到法律的制裁。有的学生借助网络技术制造和传播计算机病毒,破坏他人电脑系统的资源和重要信息,有的学生在网上散布谣言或对他人进行网络辱骂和恶意诽谤,严重侵犯他人合法利益,有的利用侵入手段在网上恶意诈骗他人钱财,有的黑客侵入计算机牟取暴利,如2010年11月杭州曾发生博士宋某某侵入计算机非法获利400余万一案。相当多学生对网络黑客持不排斥的态度,部分学生甚至利用网络进行严重的违法犯罪活动,如散布网络谣言干扰正常社会秩序、发布虚假广告误导公众、恶意破坏电子交易规则进行网络欺诈等,高校学生利用网络恋爱欺骗他人情感甚至诈骗大量钱财的案件也时有发生。

二、高校学生网络行为诚信缺失的原因

网络作为信息传播工具越来越受到人们的依赖,它在给人们提供方便快捷的网络服务的同时,也带来不少消极的影响和道德问题。一方面网络给人们提供了获取知识和进行交流的平台,方便、平等、全面、快捷的网络服务给高校学生的学习和生活带来便利,深受高校学生的喜爱。另一方面,由于网络本身所具有虚拟性、隐蔽性、开放性的特点,违背诚信道德的行为不断增多。

1. 网络社会交往特性以及网络管理制度不完善、技术不成熟①

网络社会的虚拟性和开放性为网络行为诚信缺失提供了便利条件,在网络虚拟空间里,以符号为中介进行间接交往,他们不必以自己的真实面目出现,他们可以扮演各种不同的角色却不用担心自己的真实面目会被揭穿。在匿名状态下,往往会有一种摆脱压抑、无拘无束的放松感,他们很容易将心灵深处"真实"的自我完全释放出来,而不必顾及社会舆论、传统习惯的道德监督,在此类情况下发布虚假信息、恶语相向、宣泄不满的行为则时有发生。网络的开放性对网络行为诚信缺失的推动作用主要体现在两方面:一方面是它虽然为高校学生提供了一个平等的平台,在此可以不受身份、等级的限制,尽显民主,但是开放的结构却也使得对高校学生网络行为的管理和控制变得异常艰难,他们可以随意在网上撒谎、谩骂,而不需要负任何责任。另一方面,网络的开放性使得网络信息可以自由流通,信息共享,但是网络作为信息宝库的同时也是信息垃圾场,各种不良信息同样充斥其中。

由于网络是近几十年发展起来的新兴事物,网络技术还并不是很完善,网络技术的局限性成为导致学生网络失信行为的重要原因。首先,由于互联网采用的是离散结构,作为一个自发的信息网络,它没有所有者,也不从属于任何人、任何机构,个人以"符号"作为身份活动,就现在的网络技术而言还很难对所有网络用户的身份加以确认、监管,在网络进入时就埋下了产生不良行为的隐患。其次,由于技术的不完善,网络自身存在一定的漏洞,导致网络黑客及网络病毒的入侵更加容易。再次,由于网络在线控制技术的不完善,对网络信息不能进行有效过滤,大量不利于学生健康成长的信息混杂其中,侵蚀着高校学生的身心。最后,互联网的审查和记录功能还不健全,所以对网络失信行为不能够及时识别、记录、存储和分析,跟踪监测比较滞后。

2. 网络交往过程中高校学生存在素养缺陷

高校学生正处于世界观、人生观的形成时期,辨别能力比较弱,因此很容易接受、模仿网络中那些不良的信息。网络社区是高校学生聚集的主要虚拟场所,"英雄情结"导致"自我迷失"的现象频发。对于有共同兴趣、爱好和行为倾向的人,高校学生容易产生共鸣和相互认同。

自我控制和约束力不足,网络行为诚信意识淡漠,受经济利益驱动产生不良价值选择和利益追求。面对多元开放的舆论环境,网络社会的"自由浪潮"给不少高校学生带来了不受监督的乐趣,一些高校学生访问不良网站,有的学

---

① 刘芳向、玥悦:《网络社会中诚信问题的本质及其治理》,《学理论》2011 年第11 期。

生在网络上散布虚假信息或侮辱和诽谤他人,有的学生甚至进行网上盗窃和诈骗,此类不诚信行为给他人和社会造成了严重的危害。

3. 社会诚信体系不完善,网络失信管理缺位

当前我国社会诚信评价、保障体系与监督体系缺位,对网络行为普遍存在诚信管理机制缺位、失信成本较低、诚信评价机制滞后、失信得到纵容等状况。以 2013 年 8 月北京"尔玛公司"造谣事件为例,根据警方调查公布的信息,当事人秦某某称其想出名,因为"只要出了名,就会有出版社来找他,就能出书,就能挣钱",为此先后制造了"动车天价赔偿""攻击张海迪""诋毁雷锋形象"等网络谣言。"薛蛮子事件"当事人薛某某在被起诉时,也承认他的超过千万的微博粉丝数为其赢得了众多的商业机会。

另外,电子商务网络"交易双方信息不对称、法律监管存在盲点以及信用和道德约束失灵"等[①]也是高校学生网络行为诚信缺失的重要因素。

三、高校网络行为诚信教育的举措

欧美国家解决网络道德失范问题的实践值得借鉴:一是通过构建相关网络道德规范体系来制约网络行为,其中,由美国计算机伦理协会制定的网络空间行为"十条戒律"就是比较典型的网络道德规范体系。二是通过开设相关网络道德教育课程来加强网络德育,美国应用伦理学家沃特·迈纳率先在大学开设了计算机伦理课程。三是通过制定相关网络法规来加强他律,各国为了有效地规范网络道德行为,纷纷制定了相关的网络法规,如美国的《计算机安全法》、德国的《信息和通信服务规范法》、日本的《反黑客法》等。

那么,我国高校学生的网络行为诚信教育应如何开展呢?

(一)完善网络监管,从技术上屏蔽网络失信行为[②]

网络管理的技术控制可以围绕不同的目的、依据不同的思路来进行。例如,可以通过一定的技术手段,对网络信息提供者提供的内容加以审查,对需要保护的信息进行加密,以防泄露,对某些特殊局域网加强访问控制,防止侵入,对人们的网络行为进行登记,使人们的网上行为有踪迹可寻,推广上网实

---

① 王洁、马柱、沈钰琳:《网络行为诚信缺失与卖方治理机制》,《现代情报》2011 年第 7 期。

② 田丽苗:《大学生网络行为诚信问题与对策研究》,山西大学硕士学位论文,2013 年,第 35～36 页。

名制和建立与 IP 地址关联的手段,防止网络身份欺诈,安装过滤软件,堵截、删除不良信息,净化网络信息等等。当然,网络管理的技术手段不是无条件、无根据、无理由的,网络技术手段也应该是道德的、合法的,任何技术性的措施都不应该以牺牲人的根本目的、利益和需要为代价,不能阻碍社会的全面发展。从技术上屏蔽网络失信行为,主要有以下几个途径:

1. 网络进入控制技术

2012 年 12 月出台的《全国人民代表大会常务委员会关于加强网络信息保护的决定》中明确提出,要加强网络用户身份管理。由于缺乏有效的控制措施,用户进入网络时可以使用虚拟的身份。从好的方面来说可以保护用户的隐私权,避免网络权力过分集中。但是从另一方面看,在身份难以得到确认的情况下,网民的行为难以得到有效控制,网络不诚信行为很容易滋生。对网络进入的控制,目前确认网络用户身份往往是通过用户的 IP 地址进行的,但是这项技术存在一定的缺陷,难以对用户身份进行确认。

2. 在线行为控制技术

在对高校学生在线行为进行控制方面,一要充分利用防火墙等过滤技术,防止学生接触不良网站和不良信息。通过利用一般的过滤软件,可以屏蔽、过滤、剔除、封锁各种不健康、不文明的垃圾信息,达到正本清源的效果。利用防火墙技术能够在健康网络与非健康网络之间设立一道坚硬的屏障,防止非法入侵,并能有效检测已进入系统的文件是否载有病毒,及时提示网络用户进行防护和杀毒。二要适当利用口令设置及加密技术,保护自身的重要信息不被泄露和窃取。口令设置主要是对自己的重要信息进行保护,如网上银行为保护用户安全,经常会设置个人口令以确保资金不被非法窃取或转移。此外,收发邮件时,还可以根据个人意愿,通过加密技术保护邮件不被授权以外的用户阅读,从而防止重要信息被随意篡改和污染。

3. 跟踪监测控制技术

由于互联网具有虚拟性,许多学生在网上做出有违诚信的行为后,经常抱着侥幸心理,认为自己的行为在网络使用之后根本不会被发现,加强网络跟踪检测技术的应用显得十分必要。通过数据备份,对人们的网络行为进行登记,对网络使用者的访问地址、访问时间和具体操作行为进行详细记录,能够保证网络行为在触犯法律后有证可查。此外,即使网络行为没有构成网络犯罪,但是造成了一定的危害,学校也可以组织专门人员利用监控技术对学生的网络行为进行检查,当发现失信行为时,按照相关规定给予必要的处罚,学生会逐渐减少直至消除在网络上的不文明行为,养成诚信的良好品质。

4. 实行网络"实名制",减少接触不良信息的机会

早在 2004 年,教育部就发出了《关于进一步加强高等学校校园网络管理工作的意见》,指出高校校园网 BBS 是校内网络用户信息交流的平台,要严格实行用户实名注册制度。目前各大高校的论坛基本上都实行了实名制管理,但是各社会论坛并没有实行实名制,高校实行实名制把学生管死了,学生就会往外面的论坛跑,所以仅高校实行实名制的收效不大。在当前的情况下,普遍实行上网实名制对高校学生的网络诚信具有促进作用。一是上网实名制有助于增强高校学生的自我约束感,让他们在发一些违背伦理道德的信息时会有所顾忌。二是上网实名制有助于维护网络秩序,便于学校对其网络接触行为统一管理。三是上网实名制有助于培养高校学生的自我监督意识,提升他们的责任感和坦诚度,使他们的网络行为更加理性和自觉,杜绝垃圾信息泛滥,从而净化互联网环境。

（二）加强学生网络行为诚信的道德教育

高校是网络诚信教育的主阵地,要把网络伦理道德教育、网络行为诚信教育纳入教育体制中去。比如,美国杜克大学向学生开设了"伦理学和互联网"课程,让学生学会甄别信息,屏蔽虚假的信息,既要避免攻击他人,也要避免上当受骗。高校要充分利用自身的教育资源,引导学生养成诚信上网习惯。

1. 充分利用思政教育工作平台全方位普及网络行为诚信教育

首先,根据中共中央、国务院《关于进一步加强和改进大学生思想政治教育的意见》中"主动占领网络思想政治教育新阵地"的要求,除了将网络行为诚信素养教育纳入教学大纲、开设辅修课之外,在思想政治理论课中要加进网络行为诚信素养相关的内容。其次,发挥各级学生组织的作用,比如党员服务站、高校学生自律委员会、团委、学生会、学生新闻机构、各学生社团等,开展提高学生网络行为诚信素养的主题活动,寓教于乐,让他们"自我教育、自我管理、自我服务",收到的效果会比单纯地说教更好。再次,充分利用好高校学生思想教育工作平台。随着网络技术的快速发展,微博、微信因其更方便、更快捷、针对性强且重点突出的特点,已经成为最受高校学生喜爱的交流平台。高校官方微博也适时而生,校方微博、学工系统微博和政工干部微博共同成为高校学生思想政治教育的新平台,要充分发挥它们的作用,通过校方微博发布正面信息整合资源营造良好氛围,通过学工系统微博答疑解惑,通过政工干部微博与学生互动交流。

2. 增强高校学生的网络自律的素养和诚信人格

大学生的学习、工作、生活、休闲主要靠学生自己安排(不同于中学生),因此要注意引导学生加强自制力,提高自我修养。面对网络游戏、网上影视剧、网络交友交流互动等多种诱惑,要引导学生学会合理安排时间,不沉迷于网络。面对网络谣言、网络诈骗等各种言行,要引导学生增强对网络信息的批判意识,不上当、不受骗。对网络技术高超的同学来说,要引导他们正确去看待"义"与"利",避免走上违法犯罪的道路。高校学生作为网络使用高度集中的群体之一,应真正理解网络对人们的正向教育作用,学会利用网络丰富知识,提高自身学习和生活的能力,在网络环境下培养诚信、健全的人格。

3. 建立高校学生网络行为诚信的评价机制

大力宣传网络行为诚信具有重要意义,宣传诚信上网、诚信用网,开展"网风"与"网德"教育,让更多的大学生不轻信、不乱言,在全校广泛形成守信光荣、失信可耻的氛围。在网络时代,对学生学习的评价只注重学生获取了多少知识是远远不够的,建立合理科学的网络行为诚信的评价体系,是提高学生网络诚信素养的重要因素。高校可以将网络行为的诚信教育纳入学校教学目标和评价体系之中,使网络行为的诚信教育在质量上和制度上得到可靠保证。建立网络行为诚信的评价机制,将网络诚信意识、网络安全意识、网络伦理道德和网络行为能力等作为重要标准纳入评价指标体系,结合学生在各科学习活动中的表现进行综合性评价。这样做有利于激发学生利用网络来加强自己的专业学习,增强发展创新能力,也有利于促进学生上网时保持诚信。

4. 引导学生参与诚信建设

借助网络的力量,铺天盖地式地宣扬诚信思想,引导学生通过网络交流空间来创造和取得新的理论,在互动中形成信任、合作、诚信、友爱、团结的风气。高校的生活设施较简单,学生最经常接触的就是网络,有机会在网络中接触大量信息。网络宣传带动是引导学生诚信的有效措施,学校要加强与电信合作,使学生在上网时打开的首页面就是宣扬诚信道德的内容。校园内部多放置有关网站设诚信频道、专栏,接受学生的投稿和信息点评,让学生参与到诚信建设中来。

(三)社会各方联动建构网络社会诚信体系

1. 发挥政府部门的作用,推动网络诚信体系建设

网络行为的诚信教育是一项系统的社会工程,必须长抓不懈,政府部门在其中应发挥社会公共管理的作用,切实做到以下几点:一是将其纳入党和政府

工作的议事日程,高度重视,有计划、有检查、有督促、有总结,确保见成效。二是在条件许可的时候,要建立一套相应的机构来协调工作的开展,建议协调机构由宣传部门、教育部门、文化部门、网络媒体及互联网信息办公室共同组成。三是对"黑网吧"进行全面整顿,取缔有害身心健康的非法网站,设立监督电话,聘请社会监督员,对群众举报的问题严重的网站严加治理。四是鼓励成立相关的公益性组织或社会团体来具体落实。五是加大对网络行为诚信素养研究的力度,增加投入,全面普及网络行为诚信素养的教育。六是健全相关的法律法规,实现有章可依、有法可循,让网络行为在法制的轨道上运行。

2. 营造良好的网络制度环境

首先,建立健全覆盖全社会的诚信系统,大力推进政务诚信、商务诚信、社会诚信和司法公信建设。其次,制定专门的网络法规,做到"依法治网"。对于网络中出现的诸如诬陷、诽谤、谣言、欺诈等网络失信现象,用相应的法制手段予以打击。再次,建立健全网络执法队伍,包括四个层次:(1)基础应用层次。检查网络中是否有违法网站和信息,按有关条例及时对违法人员予以处罚或抓捕。(2)技术精英层次。能破译那些可以在数秒钟之内犯下几乎不留任何痕迹罪行的网上罪犯的行踪,维护网站的安全性。(3)鉴定判决层次。对当事人网络违法行为性质是否恶劣、影响有多大、到底是否犯罪等问题进行鉴定判决。(4)监督执法层次。监督网络执法过程是否合理、合法,避免网络执法超出法律规定的权限。

3. 加强对网络信息诚信的把关

调查发现,对于"吸引眼球"的信息,绝大多数的高校学生会不加甄别就进行转发,根本不考虑信息的可信度。因此,我们必须加强对网络主体和包括站点、网络服务供应商、网络产品制造者、网络管理机构等各种网络行为主体诚信的教育引导。我国数字娱乐及网络游戏产业蓬勃发展,成为文化经济、文化产业新的增长点,由此也带来了管理上的混乱。一些网络游戏产品存在淫秽、色情、赌博、暴力、愚昧、迷信以及危害国家安全等内容,一些商业网站打着交友、性教育的幌子散布色情信息,一些网络媒体基于提高点击率等目的不惜传播虚假信息和错误信息。所有这些都表明了网络传媒的社会责任不足,需要政府推动网络行为诚信体系建设。

加强对网络信息诚信的把关必须做好几点:一是互联网信息办公室及公安、政法、文化、工商等部门要加强对网站的管理,加强网站登记备案、接入服务及域名和 IP 地址的管理,深入推进整治网络淫秽色情和低俗信息的专项行动,严肃查处传播虚假信息等违法行为。二是各大网络媒体要加强行业自律,完善自律机制,扩大自律范围,引导业界依法、诚信、文明办网。三是网络媒体要加强从业人员培训,完善网站绩效考核评价体系,不断提高网络文化服务整体水平。四是网络媒体充分发挥"把关人"的作用,坚决杜绝虚假信息及庸俗、低俗信息的传播。五是互联网运营企业、各类网站要进一步加强网络安全工作,自觉接受政府部门的监督和指导,健全内部信息安全管理制度,并自觉接受公众监督。

4. 完善网络行为诚信的评价机制和奖惩机制

诚信评价机制和奖惩机制供给严重不足,就会出现诚信与利益的背离,即守信者吃亏、失信者获利的现象。因此,尽快建立有效的网络行为诚信评价机制和奖惩机制,提高失信成本是提高网络行为诚信的当务之急。首先,建立有效的网络行为诚信奖罚机制,提高失信成本。网络媒体行业的处罚机制不完善成为网络行为失信的催化剂,由于诚信奖罚机制缺位,对失信惩罚的力度不够,降低了失信的风险系数乃至出现零风险的怪事,致使许多人胆敢藐视法律,视契约、承诺为儿戏,不把失信当回事。其次,及时反映诚信评价,奖善惩恶。网络行为诚信的评价结果具有扩散性、广播性、传递性,及时发布守信和失信情况,就能起到惩前毖后的效果。

第五节　诚信人格培养

"诚信人格"属于伦理学的范畴,"人格是个体人格的道德规定性,是一定社会人作为自然主体和社会主体的实际状况,以及由此对这种状况的理解所产生的尊严、责任、价值及品格的总和。是一个人在社会中的地位和作用的统一,是做人的尊严、价值和品格的综合"①。人格是人区别于动物的规定性,每个人不论其人种的差别和文明发达的程度,也不论其职位高低、财富多寡、相貌美丑和健康状况好坏,都应在社会中平等地享有做人的权利,履行做人的义务,以显示人之所以为人的社会规定性。诚信人格不仅泛指诚信是做人的底线道德,而且指个人区别于他人的诚信品质。从心理取向看,诚信人格与自私欺人、钻营世故、多谋寡信、虚伪不实相对立,讲求实重义、诚实信用、公正无欺和忠实可靠。

①　唐凯麟:《伦理学》,高等教育出版社 2001 年版,第 182~183 页。

一、高校学生诚信人格现状

　　中华民族具有重承诺、守信义的道德传统，承传着"一诺千金"、"一言既出，驷马难追"、"许人一物，千金不移"、"宁愿天下人负我，我不负天下人"之类的美谈佳话和处世格言，锻造了中华民族自强不息的民族精神和说话算数的民族性格。中国古代非常重视诚信教化，关于诚信道德的训诫在社会广为流传，成为国人安邦定国、治家立业、待人接物的品质要求。传统诚信理念的承传使得多数高校学生能在道德情感上认同诚信，甚至会对社会上的失信现象口诛笔伐。

　　然而，在经济转轨社会转型的今天，功利主义思想渐渐吞噬了传统道德，"良心"、"责任"、"信念"、"正直"、"守信用"等传统最有效的道德约束机制似乎已变得毫无价值，许多人很少去想自己的行为是否合乎道德或承诺，而热衷于计算功利的大小和金钱的多少。唯利是图的心态必然助长诚信人格缺失现象。① 诚信人格危机正在高校学生中呈蔓延趋势，具体表现在以下几个方面：

　　1. 学术诚信危机

　　部分学生考试作弊对自身和其他学生的诚信人格的培养造成了严重的负面影响。由于作弊成功的学生获得的考试成绩一般会比较好，而大多数学生都具有从众心理和功利心理，造成一部分原来成绩较好、学习较为认真的学生认为作弊并不是一件不可饶恕的错误，如果不被发现还可以提高考试成绩。虽然各高校针对考试作弊出台了严厉的惩罚措施，但学生作弊的风气并没有好转，反而有愈演愈烈之势。

　　随着互联网的普及，论文、报告等学术成果的剽窃也非常普遍。部分高校花高价专门引进了"反剽窃软件"，所有需要参加毕业答辩的论文都必须首先通过软件检测相似度，学术危机的严重性和普遍性可见一斑。

　　2. 求职诚信危机

　　高校的扩招、社会的转型使得大学生从过去的"天之骄子"变身为现在的"蚁族"，就业压力面前，部分大学生对个人简历过度包装，失去了诚信。简历应该是应聘者展现给用人单位的第一张形象名片，在招聘中的地位也非常重要，但是现在往往许多企业一见到应届毕业生的简历，就只是对工作经历等泛泛地看两眼，对其中的一些内容并不深入关注，原因在于对简历信息无法

_____

　　① 马博虎：《大学生人格现代化研究》，《西北农林科技大学学报》（社会科学版）2005年第 5 期。

信任。

3. 人际交往诚信危机

有些学生受社会不良风气的影响,待人势利,不真诚,欺软怕硬,对身边的弱者漠不关心;有些学生视爱情如游戏,谈恋爱只是自己空虚、无聊时候的消遣以及让别人羡慕的手段;有些学生为了得到老师的好感,在老师面前阿谀奉承,在同学面前颐指气使,在对自己有帮助的同学面前有说有笑,在对自己没帮助的同学面前爱理不理。诚信危机已经成为高校目前人际危机的重要部分。

一是日常生活交往中不诚信。一些学生言行不一,在教师、同学和家长面前说假话,图书久借不还,盗用他人的学习用品、饭卡和证件,逾期不还他人的钱物。综合测评中"注水"骗取奖学金,个别学生干部和党员工作作风不扎实,老师面前一套,学生面前一套,功利倾向明显。

二是恋爱中不诚信。不少高校学生恋爱态度不严肃,有的抱有一种游戏态度,多角恋爱,用他们自己的语言说,就是"玩玩"而已,缺乏基本法律意识、责任意识、道德修养。恋爱不成,逃学厌学、轻生自杀、诋毁甚至伤害对方等事件频发。其中,女大学生受到的伤害尤为严重。

三是网络交往中不诚信。有些高校学生经常出没于网吧,缺乏网络伦理道德,上网使用不真实的个人资料,网络言行随意放纵、浏览黄色网站,盗看他人的电子邮件,利用自己掌握的网络知识在网上发布虚假甚至反动的信息,恶意诽谤和攻击他人,进行网上诈骗,制造和传播病毒,攻击重要的网站,严重影响互联网的安全运行。有关调查显示,高校学生希望自己在网上成为"和现实中不一样的人","放松自己,新鲜、自由、轻松、刺激,有意思、不受限制","表现自己另一面,改变自己","尝试新的感受","体验不同于现实的生活,寻求另一种感觉"。当前高校学生还没有完全协调好网上与网下的关系,他们对自己在现实社会与网络社会的道德要求不一样,实行的是双重道德标准,诚信人格缺失。

4. 经济诚信危机

一是贫困生认定过程中的不诚信。部分非贫困生编造事由参与贫困生指标竞争,或者一般困难的学生夸大事实编造数据,挤入特困生的行列。有些地方的政府工作人员由于疏忽或不负责任,对虚假的材料也盖章认可,造成证明的可信度不高。班级评议一般是开班会让同学们投票,一些弄虚作假的贫困生采用拉关系或请客吃饭的手段来争取选票。另外,由于高校对贫困生没有实现动态管理,一些家庭情况已经好转的学生仍然继续接受资助。

二是使用资助资金不诚信,恶意欠缴学费。新生可以通过绿色通道入学,其后再通过资助途径缴清学费,但有些贫困生在获得资助以后把钱存入银行增值或挪作他用,恶意欠缴学费;有些贫困生来城市读书,禁不住诱惑用受资助得来的钱进行与他们条件不相符的消费,还有人隐瞒补助事实继续向父母要钱。

三是国家助学贷款过程中的不诚信。国家助学贷款是一种个人信用贷款,借款学生不需要提供担保或抵押,有些人就提供虚假的家庭情况证明进行申请,同时近年来不还利息、还贷逾期甚至拒不还贷的现象屡屡出现,违约率远远超过一般商业贷款。有些贫困生在确认还款协议书上留虚假电话或变更了联系方式却不通知学校,有些学生在被催还款的时候以各种理由推脱。一些学生恶意拖欠学费,造成了学校管理上的困难;还有一些学生到期不归还贷款,挫伤了银行放贷的积极性,成为前些年国家助学贷款被迫"中断"的一个重要原因,导致一些确有困难的学生想贷款而贷不到款。

二、诚信人格的培养原则

第一,生活化原则。诚信教育讲究课堂教育和现实生活的一致性,把诚信人格培养生活化,使学生的诚信人格思想体现在具体的生活细节之中,在大量生活细节中培养诚信人格,铸造诚信精神,从而构建一种生活即教育、教育即生活的良性互动的诚信教育方式。诚信教育是全员、全程的系统,道德人格教育应该纳入社会日常教育体系,建立以政府为主导、全社会共同参与的局面,在全社会营造"诚实守信"的良好氛围。高校要大张旗鼓、广泛深入地对全校师生员工进行诚实守信、践诺守约的思想教育,这是诚信人格培养的基础条件。

第二,自律与他律相结合原则。制度对人的约束比其他管理有效得多,要当代大学生建立诚信人格,养成诚信的行为习惯,就是要通过道德教育的各种方式和手段使他们能自觉地把外在的诚信准则内化为自身所遵循的理念,并通过自我评价、自我监控、自我激励等方式来塑造自己的诚信形象。现代社会的诚信是一种契约诚信,是一种制度诚信,而非单纯建立在可感受基础上的人格诚信,如果仅仅依靠道德教育和个人的良心,显然是不够的。尤其在我国当前高校学生诚信人格缺失问题相当严重的情况下,更有必要强调法制教育和制度规范的他律性,促进大学生逐步养成诚信品德。

诚然,高校学生诚信人格培养最重要的是要突出自律,加强道德历练,但是自律不可能完全建立在思想觉悟和自愿的基础上,如果能把某些道德准则规范化,形成管理制度,则可以达到良好的效果。因为制度具有伦理教育的作用,它告诉并强制规定人们活动的范围,通过对超出这一范围的活动进行惩罚的方式对某种行为倾向进行强化,并使这种行为转化为一种习惯,此时,外在的制度约束就转化为个人的自我约束,从而提高人们的伦理道德水平。诚信教育制度化的关键在于人与制度之间必须建立一套良性的互动机制,每一个人在自律的基础上,通过制度渠道达到受教育的目的。若诚信不能得到利益保证,欺诈不能得到应有制裁,诚信将会遭人践踏。因此,高校必须建立一套诚信制度,把学生在校的行为用诚信制度加以规范。如建立高校学生诚信档案,通过一系列数据、事实和行为来体现高校学生的诚信人格,把诚信人格作为个人的第二身份证和走向社会的通行证。

第三,理性认知和实践体验相结合的原则。诚信人格是道德认知和道德行为的统一,高校德育工作存在将道德认知当作道德行为的认识偏差。"道德认知程度高的人,通常能够守住诚信这一做人的道德底线,而道德认知程度低的人常常会突破这一道德底线。"[①]然而,目前高等学校德育工作在一定程度上存在德育工作误区,即错把道德认知当成了道德行为,对学生如何做人缺乏足够关注,使行为功能与期望功能的吻合程度降低。目前,教育最大的问题就是教育者"只管教不管育","教"只是传授知识,"育"则是要培养健全人格。因此,在道德教育上出现两张皮,教育"只管知不管行",未能做到知行合一。教育只有知识教育,而无情感教育,未能做到"知""情"合一。没有情感教育,培养不出善的情感,没有善的情感,就谈不上健全的人格,诚信则无从谈起。

第四,激励与约束并重原则。高校学生具有较高的文化程度,他们把握诚信的内涵和重要性并非难事,难的是时时处处做到知行统一、切实践行。高校学生作为一个特殊群体,其思想道德具有很强的可塑性,进入大学之前,他们很早就受到了诚实守信的道德教育,但由于种种原因,诚信人格并未完全定型,存在着向好和向坏方面转化的双重可能性。因此,在诚信道德教育中强化激励和约束机制至关重要。强化激励约束机制就是要大力宣扬以诚信为荣的观念,批评谴责不诚信的意识和行为,营造一个具有诚信价值底蕴的校园文化环境,树立诚信人格的典范,发挥诚信道德典范的榜样示范作用。另外,诚信道德教育不能只停留在道德认识的层面上,还必须以相应的奖惩制度作后盾。高校应为每个学生建立个人诚信档案,详细记录每个人的基本情况、品行说

① 魏昕:《诚信危机——透视中国一个严重的社会问题》,中国社会科学出版社 2003年版,第 7~9 页。

明、学习成绩、信用记录以及奖罚状况，并且把诚信档案作为学生评优获奖、入党考研、升学就业、发放助学贷款的重要参考指标。对不讲诚信的行为和个人不仅要记录在案，还要建立健全相关的规章制度，制定相应的处罚措施，让不讲诚信的人受到处罚、付出代价。

三、高校学生诚信人格培养的途径

高校学生诚信人格培养主要有五条途径：一是搭建诚信人格养成教育平台；二是立足教学和实践，把诚信教育融入课堂和日常管理；三是突出人文精神，在关爱中培育诚信人格；四是强化心理干预，铸就诚信人格的心理平台；五是建立良好舆论导向和诚信评价体系，促进诚信人格的养成。

（一）搭建诚信人格养成教育平台①

在诚信人格培养过程中要注意搭建良好的平台，教育者在平台上能够开辟新途径，创新工作方法，落实改革措施，将教育的良好效果尽量发挥到最大。受教育者在平台上能够充分展示自己，挖掘自身潜力，接受挑战和考验，铸造诚信人格。同时，通过这个平台教育者与被教育者建立良好互动关系。

1. 将诚信人格教育贯穿学生在校学习生活的全过程

学校要制定制度，将诚信教育管理活动分为宣讲教育、学习诚信守则、互评互学、总结颁证四个阶段组织实施。各个阶段互相衔接，依序递进，对应处于不同年级、不同阶段的学生，将诚信人格教育贯彻于学生在校学习生活的全过程，搭建一个全面实施诚信人格教育的工作平台。

2. 以诚信考场为抓手强化学生诚信心理

考试是对学生进行诚信评价的重要观测点。要遏制考试作弊现象的蔓延，必须从培养诚信人格这个根本着手，深入探究不同的学生作弊动因的差异。改革考场设立制度，建立差异性的考场，让不同动机结构特征的考生在不同的考场制度管束下顺利完成考试。让诚实守信、学习表现优良、无作弊心理需要的学生进入"诚信考场"，通过诚信考试检验诚信，强化诚信心理，巩固诚信教育成果。让诚信心理有欠缺、自控力差甚至有违纪苗头或行为的学生进入"关爱考场"，加大工作的针对性，在学校和老师的特别关爱中顺利完成考试，确保关键时刻不犯错，健康成长。没有进入"诚信考场"、"关爱考场"的学生在"一般考场"完成考试。

---

① 韦志兆：《论大学生诚信人格养成教育模式》，《思想教育研究》2007 年第 2 期。

(1)诚信考场。诚信考场不设监考员,不装摄像探头。旨在考查学生掌握知识、技能的同时,还考验学生的为人、思想品质、毅力及自控能力。诚信考场是对学生诚信人格的肯定,是一种荣誉人格的强化。

(2)关爱考场。关爱考场是针对平时律己不严、诚信表现有欠缺、有违纪苗头或已有违纪的学生开设的考场。特别强调老师带着亲情监考,把问题消灭在萌芽状态。从保证他们不违纪犯错、不摔跤和健康成长的角度出发,有必要为他们建立专门的考场。关爱考场实际上是忠告和呵护,是一种特殊形式的关爱。在关爱考场表现好的学生由老师推荐可以直接进入诚信考场,以此调动学生的积极性,达到养成教育的目的。

(3)一般考场。一般考场就是传统的考场,没有进入诚信考场和关爱考场的学生在一般考场完成考试。学校和教师对这些学生平时要加强教育鞭策,提高他们的认识水平,培养与巩固他们的诚信品质和行为习惯。

(二)诚信教育融入课堂和日常管理活动

高校诚信教育应立足教学主课堂,寓诚信教育于丰富多彩的第二课堂和日常管理活动之中,潜移默化地影响学生。

首先,教育者应以身作则,树立诚信人格,起良好的榜样作用。学校是学生系统接受教育的主要阵地,教师在教学和第二课堂的实践中的一言一行,对学生有着直接的示范作用。学校的行政后勤等管理服务人员的表现,也对学生诚信人格的养成有重要影响。因此,培养学生的诚信品质,教育者要树立诚信的师德风范,引领学生诚信。以诚待人,信守承诺,利用自己的人格魅力和"吸引效应"来引导与教育学生,从诸多人格因素方面合理利用自己存在的条件去感化学生,从气质、才能、公德等方面影响学生的内在品质。其次,必须注意在制度上、管理上履行各种服务承诺,以实际行动实践诚信。特别是涉及大多数学生切身利益的部门,要特别注意从小事做起,事事处处守信用、重承诺、践约定,实行优质服务,取信于学生,充分发挥自身诚实守信的示范作用,用实际行动进行诚信教育。

(三)突出人文精神,在关爱中培育诚信人格

没有爱就没有真正的教育,只有师生进行感情沟通,形成共鸣,教育的理念才会更易被学生所理解和接纳。在教育管理中,要始终坚持以人为本,严格管理与人文关怀相结合,严格要求与落实关爱相结合,突出人文精神,在关爱中培育诚信。

　　首先,对经济困难学生的关爱。对这个特殊群体,学校要成立学生助贷服务中心,开展"校银"合作,安排助学贷款帮助他们顺利完成学业。各个党支部都开展重点扶困活动,负责若干名特困生的帮扶工作,一直包到毕业。学校为贫困的学生提供勤工俭学工作岗位,遇到学生有特殊情况急需帮助的,动员师生捐助解决。学校在帮助学生解决经济困难问题时,还要注意对学生进行"重承诺、践约定、按时还贷"的诚信教育,并充分考虑到他们的自尊需要,注意保护其自尊心,使学生在家庭般的温暖氛围中积极向上,带着感恩之情恪守信用。

　　其次,对学习困难学生的关爱。学校对学生进行帮扶,给予更多的人文关怀。如学习英语有困难,计算机考级不过关,可以请求学校帮助,由学校安排学习好的学生或老师进行集体的或个别的辅导,减轻学生因成绩差不能毕业的压力。学生在关爱中消除了考试作弊的心理,轻装上阵,诚信考试。

　　再次,对自控能力差和犯错误学生的关爱。学校对容易违纪的学生,要进行思想帮助和跟踪帮助,关键时刻老师、学生、家长多管齐下合力帮助。对违纪的学生,由心理中心老师进行心理帮扶,使学生以正常的心态正确认识错误。批评从严,处理体现弹性,暂不处分,给机会,观后效。对个别屡教不改的学生,坚持原则,按"依据充分,实事求是,研究规范,执纪科学"的程序,及时处理,搞好典型示范教育。强调在平时的教育中注意摒弃那种简单的"灌输"、"说教"、"训导"之类的教育方式,讲究方式方法,既严格要求,又不伤害学生,使学生从失信犯错的教训中认识讲诚信的重要性,从内心理解、接受诚信。

(四)强化心理干预,铸就诚信人格的心理平台

　　对诚信价值的心理体验是形成诚信人格的必经环节,高校学生的诚信道德教育也是这样。高校学生虽能系统掌握诚信道德的基本知识,但面对各种具体的情景,他们往往会因受到强烈冲击,心理天平向诚信的对立面倾斜,如不及时进行调适和引导,可能发生诚信人格的分裂和动摇。就传统教育模式而言,高校诚信教育在心理干预环节是非常薄弱的,师生之间往往缺乏有效的沟通途径。这样,学生的心理问题不能及时得到解决,教师对学生的状况不甚了解,结果造成了大部分学生的问题不能很好解决,有些学生越来越厌倦现有的德育内容、方式和手段。要扭转这种局面,需要做多方面的工作,而及时、准确地把握学生的心理,进行有效的干预和调节是非常必要的。高校的专职德育教师、专业课教师、辅导员、管理服务人员,都要尽一切可能关心呵护学生,扫除学生心头的困惑和阴霾,巩固高校学生对诚信价值的认同和信仰,只有这

样,才能为塑造诚信人格铸就健康的心理平台。

（五）建立诚信舆论导向和诚信评价体系

正确的舆论导向是高校学生培养诚信人格的重要条件之一,必须利用好高校的校园文化环境,通过校园宣传栏、校园广播、黑板报、BBS、微信、微博、QQ群和课余活动广泛宣传诚信教育,在内部建立良好的舆论导向,使学生树立明确的诚信意识。

在诚信人格培养过程中,高校还要注重将诚信意识和规则制度结合起来,建立高校学生诚信评价体系,将对高校学生诚信人格的具体要求纳入各种相应的规章,然后发挥制度的评价教育作用,把诚信原则贯彻到学生评优评先、入党考核中,以制度促进诚信人格的养成。首先,组织学生互相监督,互评互学。评选中坚持全程、全面、真实、准确、公开、公正的原则。年终总评为优秀者上光荣榜,给家长发喜报。不合格者,定人帮助,限期改正。其次,建立诚信教育阶梯式考评机制。将诚信的状况与评奖评优、入党、获得某些资格等相结合,作为实施奖惩的重要依据,在此基础上建立奖惩激励机制。以学生个人自我评价为参考,以班组评价为主要依据,院系审核把关,做出综合评价,再由学校作最终评价。

第六节　高校诚信师德建设

师德即教师的职业道德,是"教师在长期的教育实践活动中形成的比较稳定的道德观念、行为规范和品质的总和,是一定社会对教师职业行为提出的基本道德要求,是教师思想觉悟、道德品质和精神面貌的集中体现"[①]。根据其作用可以划分为师德理想、师德原则、师德规则三个层面,师德理想是师德建设的最高目标,能引导教师朝此方向努力,起到导向作用;师德原则是师德建设的中级目标,指标体系的建立对教师应具有指导作用;师德规则是师德建设最基本的要求,要求教师必须做到,对教师具有约束作用。诚信师德在师德体系中属于底线规则,要求教师塑造诚信"师格",忠于职守,为人师表,身教育人,反对任何形式的学术造假和腐败行为。

当前高校教师师德诚信失范的现象十分严重,主要有如下表现:

---

① 徐锋,安祥仁:《近年来高校师德研究述评》,《山东省青年管理干部学院学报》2010年第5期。

首先，诚信"师格"缺失，难为师表。为人师表、以身作则是师德的基础。教师不仅是科学文化知识的传授者，而且是学生思想品德的培育者和塑造者。教师的道德人格（即"师格"）对学生有熏陶诱导和潜移默化的影响。孔子说："其身正，不令而行；其身不正，虽令不从。"塑造诚信"师格"要求教师忠于职责、言行一致，但有些教师不重视"师格"的养成，缺乏事业心、责任感和教育使命感，认为上完课就完成任务了，只教书不育人，师表意识淡薄，没起到表率作用。如上课迟到早退甚至随意缺课，课堂上接打手机，甚至将一些不健康的思想带进课堂，不注意自己言论的导向性。有些教师重言传轻身教，对学生课堂说教时大话一套，课后言行却是另外一套。

其次，学术诚信失范。高校教师学术道德水平的高低，在很大程度上决定了其职业操守的优劣。近年来，一些浮躁的不良风气在高校中逐渐蔓延，个别教师缺乏诚信意识，在学术上表现为弄虚作假、抄袭剽窃等行为。有的高校教师在申报课题、鉴定成果、评职称等活动中弄虚作假。有的在论文中伪造、篡改科学数据，抄袭剽窃他人科研成果，请人代写或把学生的成果据为己有，此类行为严重违背了诚信师德规范。

再次，以教谋私滋生腐败。在高等学校，教师有一定的自主权，还有部分"双肩挑"的教师拥有更多的权利。这些权利本来是为更好地从事教育工作服务的，但在少数教师那里，却成为谋取私利的工具，主要表现为：一是"钱分交易"。考试提前向学生泄题，在监考过程中放任作弊，考核成绩时送"人情分"、"礼物分"。二是"导师经济"。随着在职人员大量攻读研究生，"有权有势"的学生便成为某些高校教师的经济来源，导师为这些"特殊学生"大开绿灯，人为降低标准，使学位"注水"，出现真的"假文凭"。三是以权谋私。个别高校教师特别是"双肩挑"的高校教师，利用手中的学术权力在评职称、评重点学科、评硕博点等方面做手脚，或利用手中的行政权力在招生、学生入党等工作中，对学生敲诈勒索，搞权钱交易。个别高校教师雇佣学生从事与教学、科研无关的牟利活动，学术商品化、教师"老板化"、学生雇员化，荒废了学生的学业，使师生关系利益化、庸俗化，高校教师滥用权力、以教谋私的现象比较普遍。①

---

①　何祥林：《教师为本　师德为魂——关于当前我国高校师德建设现状的调研报告》（上），《学校党建与思想教育》2010 年第 8 期。

一、高校教师师德诚信失范的原因

教师的职责决定了师德在学校道德体系中处于首要的核心地位,"在职业道德修养方面,教师必须坚持较高的标准,达到较高的水平,否则,就不配为人师表"①。然而,近些年来高等教育跨越式发展,高校教师的诚信师德建设却是停滞的。之所以出现此类现象,与当前社会大环境有关,与高校对诚信师德建设没有足够重视、缺乏长效机制也是分不开的。

第一,社会转型期各种功利主义思潮冲击诚信师德。高校教师的待遇相对较低,居高不下的房价和高额的生活支出与教师的工作收入不成比例,严重影响了他们献身教育的积极性。为减轻生活压力,教师不得不寻找其他改善经济条件的途径,从而影响了他们对教学工作的精力投入。在市场经济的负面影响和各种社会思潮的冲击下,学校已不再是一方净土,师资队伍建设中不断产生新的问题。物质追求削弱了自觉奉献精神,受社会上功利主义思潮和实用主义价值观的影响,少数教师的职业道德出现了下滑趋势。

第二,高校"一手硬,一手软",诚信师德建设未得到应有的重视。与办学硬件大幅增长相比,师德建设被认为是见效慢的"软指标",没有引起真正的重视。因此出现了教学科研指标"一手硬"、道德标准指标"一手软"的现象,对教师职业道德要求降低标准,弱化教师的道德示范作用。

高校教育评价标准重科研、轻教学。随着高等教育体制改革不断深入,高校面临生存与发展的巨大竞争压力。为了增强学校的综合竞争能力,高校在学科建设、人才引进和骨干教师培养过程中,往往突出了学术水平、科研成果的主导性,不自觉地忽视了教师师德的地位。在教师的培养、聘用、职称评定、考核以及激励机制上往往更注重科研成果和教学工作量等显性要素,而关于师德状况等隐性要素的评价机制和激励机制的科学性存在不足。高校实际工作注重强化利益驱动,高等教育功利主义思想愈演愈烈,还有谁愿意去精心备课、用心教学和辛勤育人呢?搞科研名利双收,很多教师整日忙于拉关系、跑课题,"教书育人、为人师表"等诚信师德显得十分苍白。

高校人才培养和使用重才轻德。高校教育强调学术自由,相对宽松的教学环境有利于创新,也给高校教师的教育教学工作评价带来了相当大的难度,加上高校教育具有"生产"周期长的特点,测定教师劳动成果和"效益"难以完

---

① 李春秋:《高等学校教师职业道德修养》,北京师范大学出版社 1999 年版,第95 页。

全量化,对教师具体评价操作中常常出现不公平的现象。教学努力的人得不到奖励,投机取巧的人反而得到肯定。许多教师尽心尽力做好本职工作,很受学生欢迎,却得不到校方的认可。高校对教师除教学与科研之外的责任规定非常含糊,因此部分教师片面认为教师的职责只是讲好课,育人与己无关,课后很少与学生进行思想交流,少数教师甚至在课堂上发牢骚讲怪话,宣讲一些消极的观点。

第三,高校诚信师德建设机制不完善。目前,多数高校学生的德育工作已形成一套科学的体系,成效显著,但对教师的诚信师德则重视不够。首先,师德建设没有完整的管理体系。师德建设各职能部门缺乏必要的沟通和职权划分,虽是齐抓共管却未形成合力,要么是"多头领导",要么就只有单一的部门负责。其次,缺乏长期有效的考核、激励和监督机制。有的学校没有有效的制度规范,师德工作制度多数流于空泛,缺乏清晰具体的切实措施和严格细密的规则。有的学校没有信息畅通、责任明确、反应迅速的工作机制,没有真正形成弘扬诚信师德的舆论氛围。有的学校师德考核监督机制不健全,未能及时发现和处理违反师德的行为,存在着执纪不严的现象。学校在对教师的授课、考试、阅卷及在日常教学或生活中的行为缺乏严格的监督、约束机制,一些不良行为很容易出现,责任风险较小。再次,师德教育在不同程度上存在着形式单调、内容陈旧、手段呆板等问题,对教师的师德教育停留在传统的说教上,缺乏新方法、新机制、新措施。

二、高校教师诚信师德的长效机制建设

面对社会转型期各种功利主义思潮的冲击,高校教师要坚守师德,塑造诚信"师格"。高校要改变"一手硬一手软"的现状,反对片面追求科研成果数量的"大跃进",充分重视诚信师德建设。高校应建立长效机制,实现诚信师德建设制度化、日常化,促进诚信师德内化为教师的自觉行动。

1. 建立和完善诚信师德考评问责机制,树立敬畏意识

高校要大力弘扬求真务实的作风,把诚信师德考核作为教师聘任制度的重要考核内容。建立既能反映学校和学生的要求又符合大多数教师实际的学校、教师、学生"三位一体"的师德考评制度,把师德表现作为年度考核、职务聘任、优秀教师评选、派出进修和评优奖励等的重要内容和依据,与教师的切身利益相挂钩,实施诚信师德问责制,树立教师对诚信规则的敬畏意识。

首先,建立和完善领导机制,发挥组织考核的育人作用。学院对各级领导的选拔、任用要把好诚信关,教务处、学生处、人事处、宣传部等各部门要各负

其责,又要相互沟通形成合力,形成完整的诚信师德管理考核体系。其次,建立和完善考评机制。一要制定科学的诚信师德考评标准与指标体系。教师是人但不是圣人,师德标准定得过于"崇高","反而有可能扭曲教师的人性,将教师推上'伪善'之歧途"①。评价标准要符合实际,要明确列出负面清单,客观全面地设计量化评估指标体系。二要实施考评和反馈。评价主体要多元化,学校职能部门、院系、同行、学生及其家长都可以参与评价。要设立专门机构负责检查、汇总和反馈动态,分析研究存在的问题并查找原因,并提出奖惩建议。再次,完善激励机约束制。一是通过表彰先进促进教师获得内在的道德满足感和上进心。完善激励机制要把物质激励和精神激励有机结合起来,在物质激励方面,要对师德表现突出的教师给予适当奖励,并在岗位津贴、职称晋升等方面给予政策倾斜。在精神激励方面,要重视先进典型的示范、带头和激励作用,通过评选师德先进工作者、开展教育教学示范活动等方式,对师德优秀的教师予以表彰。二是严惩学术诚信失范和以教谋私的腐败行为,树立教师对诚信规则的敬畏意识。建立对学术不端行为的监督和查处机制,实施诚信师德"一票否决"制,鼓励举报,惩治失信失德,净化校园学术空气。

2. 建立诚信师德教育机制,塑造诚信"师格"

首先,诚信师德学习培训制度化、日常化。高校要以《教育法》、《教师法》、《高等教育法》为依据,结合自己学校的实际情况,因地制宜地制定符合本校的师德规范和教书育人职责。通过组织学习培训,教师的师德行为有章可循、有据可依,同时增强教师诚信育人、诚信立教的社会责任感和神圣使命感。学习培训的形式要不断创新,可以利用自身的文化资源优势,组织教师和社会各界开展新时期诚信师德讨论,集中培训学习与日常生活群体分散学习相结合,充分利用报纸、刊物、广播、电视、学校网站等现代传媒工具宣传诚信师德。

其次,重视榜样的示范教育。树立诚信师德榜样,让广大教师学有榜样,教有方向。评选诚信师德标兵,大力宣传他们教书育人的先进事迹,启迪和感染周围的教师。"师德标兵评选的意义,不应仅仅停留在对优秀教师的肯定上,更重要的是要发挥其引领和示范的作用。可以结合自身校园文化的特点和校风校训精神,把师德榜样的人格魅力和模范行为生动地展现在广大教师面前,使道德说教与人格示范结合起来,通过以点代面、逐步推广的方式全面

---

① 巩建华,赵少英:《治理高校师德失范的系统构建与机制设计》,《复旦教育论坛》2008年第3期。

推进高校的师德师风建设。"①

再次,促进诚信师德内化,塑造诚信"师格"。诚信师德内化要经过"知、情、意、行"的过程,教师在教书育人的过程中要加强自我修养,必须在内心接受诚信师德,在种种功利主义思潮面前坚持诚信师德,使诚信成为内心自发的要求,违背诚信时会自发地愧疚自责。如此用诚信师德锻造职业人格,"为人师表,身教育人"就会成为自觉自然的行为。

3. 建立诚信师德监督机制,营造诚信环境

监督机制是诚信师德的保鲜剂,不发挥监督机制的作用,师德治理就会流变为热热闹闹的形式主义。高校诚信师德监督有两种:行政监督和社会舆论监督。

行政监督是根据制度规定的流程进行的,实施者为上级领导、检查督导部门的工作人员和相关的专家。此类监督具有行政执法的性质,教师必须接受检查。监督者必须公正公平,其监督评价结论可以直接作为对教师进行奖惩的依据,与教师的利益密切相关。学校对诚信师德的行政监督要做到以下几点:其一,规范化、制度化。要从制度上明文规定师德诚信规则,使师德行为监督有章可循,有据可依。其二,坚持客观公正。对师德诚信监督,必须以事实为依据,既不能缩小也不能夸大事实,更不能无中生有、诬告陷害。对于那些为个人目的凭空捏造事实陷害教师的行为,要坚决制止并予以严惩。师德行为的监督必须对所有教师都持同一标准,监督人员的行为也要接受监督,只有坚持公平公正,才能保证督导的结果真实可信。其三,疏通信息反馈渠道。设立意见箱、监督电话、院长接待日等等,保证信息渠道畅通,掌握真实情况,避免形式主义。

社会舆论监督指社会舆论对高校教师诚信师德的评价和监督。社会舆论作为众人的意见,支持和赞扬是一种鼓励的力量,批评和反对是一种抵制的力量。舆论导向对调控师德行为具有无形的巨大作用,能让教师产生自责感和内疚感,从而自觉加强师德修养。社会舆论监督是大众民主监督,其主体具有多元、广泛的特点,同事、同行、学生及其家长、相关社会团体个人都可能参与。评价标准、角度不是统一的,舆论导向还可能中途转变。监督方式灵活多样,如表扬、批评、建议、举报、检举、控告等。诚信师德作为社会的底线道德必然能成为社会舆论共识,因此高校可以充分发挥社会舆论对诚信师德的监督作用,利用微信群、QQ 群、博客论坛等舆论互动阵地,引领舆论关注师德诚信,将教师的师德诚信置于大众舆论监督之中。

----

① 李焱,叶淑玲:《高校青年教师师德现状与对策研究》,《理论导刊》2011 年第 8 期。

第四章　他山之石

第一节　欧洲、美国、日本诚信教育一瞥

在美国,诚信教育从幼儿时期就已经开始,美国威斯康星州把 5 月 2 日定为"诚实节",又叫"不说谎纪念日",每年的这一天各个学校都要举行形式多样的活动,进行诚实教育。诚信比学习成绩更重要,在波士顿大学的教材中,诚信教育是作为基础教育的一部分而出现的。德国则十分重视家庭诚信教育,要求家长必须为孩子树立榜样,以日常行为教育孩子们要诚信。法国已经将诚信教育作为民族文化的一部分,这主要是得益于法律、宗教以及人文素养的影响,在瑞士,公德教育深入人心。几乎所有人都表示并不指望子女将来成就什么大业,只希望他们能遵纪守法,善良正直。大多数人从小都能通过家庭和学校的教育,做到自律自觉。

通过法律的强制性和普遍性来树立诚信在社会及公众心中的地位和权威,是欧美诚信教育的突出特点。将诚信放在法律中,从法律层面给予保障,例如,1998 年德国制定《关于提倡良好科学实践和处理涉嫌学术不端案件的指南》,2006 年日本出台《科学工作者行为规范(征求意见稿)》,2006 年加拿大制定了《三个理事会关于研究与学术诚信政策声明》,这些政策和法规提高了诚信教育的法律地位,让诚信的实施有法可依、有章可循。不仅政府在努力构建诚信教育的法律体系,国外高校也制定了相应诚信规章制度来约束高校师生们的行为,把诚信公约写入学校校规校纪中,例如加拿大维多利亚大学的《学位论文评价标准》和澳大利亚墨尔本大学的《大学学生纪律条例》等,都明确了学术诚信的规定。

一、美国模式①

（一）美国高校的诚信教育模式

1. 强调学术诚信

美国高校把加强学术诚信作为贯彻学生诚信教育的重点,几乎所有的大学在制定学校规章制度时都把学术诚信作为重点内容,并制定详细的实施细则,结合大力宣传诚信教育和培训来培养并督促学生的学术诚信,这种事前预防型教育方法更加有利于营造良好的校园诚信氛围,远比事后处罚更积极有效。美国有上千所高校出台了学生诚信条例,新生入学后的首要任务就是学习这些条例。同时,新生还须签订学术诚信保证书,每次考试时都要在试卷的最后确认签字,注明是自己独立思考而不是靠别人帮助完成的考试,如果不签字将要受到扣分惩罚。在美国"学术不诚实"行为大致分为以下四种类型:(1)作弊。在学术过程中,故意或企图利用欺骗手段,把他人的学术成果改成自己的学术成果。(2)伪造。在任何学术活动中,蓄意擅自篡改或捏造任何资料或引文。(3)剽窃。在任何学术活动中,蓄意使用他人的观点或者文字用于自己的工作。包括提交全部或部分的无引文内容、使用他人的研究成果或者他人以前的学期论文。(4)蓄意不诚实。故意帮助或企图帮助他人实施学术不诚实行为,包括在考试中替考,或者允许他人使用自己的论文、报告或学术著作。

在处理相关学术不诚信事件时,成立专门管理机构,确保制度合法性,注重制度公正性。通过明确清晰、具有可操作性的诚信规范内容,支持、鼓励守信者,否定、制裁失信者,奠定了学校诚信教育管理的基石。美国高校对于学生学术不诚信的行为的处罚一般分为两种:第一种是课程处罚,即教师采取降低当事学生该门课程成绩或者给予该门课程不及格的处罚。第二种是由学校处罚,暂停该名学生的学业或者开除。第二种处罚只有经有关部门调查认定后,认为学术不诚信事实存在,而且情节严重,经投票,听证会陪审团成员一致同意时才能采用。如果没有获得成员一致同意,则建议给该学生该门课程成绩为"F",这样既保证了处罚的公正性,又没有轻易剥夺学生继续受教育的权利。

---

① 常建勇:《美国大学生诚信管理体系运行机制及对我国的启示》,《中国青年研究》2008 年第 3 期。

2. 建立荣誉誓言制度，重视道德自律的作用

在美国的高校，荣誉誓言一般规定在学校荣誉条例或者学生行为条例中，要求学生向学校做出承诺，保证在学习和学术活动中遵循学术道德规范。美国各学校的荣誉誓言不尽相同，普林斯顿大学在新生报到时，会发给每位新生一封信，告知他们若在信后署名，就将视为已理解并信守荣誉誓言的承诺，如未签署此承诺书，则不得注册入学。北艾奥瓦大学对学生平时作业的荣誉准则是："我保证此作业为我本人自己完成，没有欺骗、剽窃、伪造、虚假及其他任何违反学术规范行为，我清楚不遵守这个承诺将导致成绩为零分，并被通告系主任与学术事务部门。"田纳西大学的学生荣誉誓言作为试卷的一部分，印在试卷的封面上："田纳西大学的一个根本特点，就是有责任保持知识纯洁和学术诚实，作为大学的学生，我发誓在学习研究中既不向他人提供也不接受他人任何不适当的帮助，以此誓言申明我个人对学术荣誉的义务。"弗吉尼亚大学平时的每份作业、论文或考试，都会在首页上部毫无例外写有一段誓言："作为学生我以我的荣誉起誓，我没有为了这份作业、这场考试给予或接受任何的帮助。"每个学生必须将这段文字手写一遍，然后庄严签名。荣誉誓言的承诺和履行实际上是重要的道德训练课程。一方面学校对学生应该做什么、不该做什么事先告知，学生认识到从事不道德和不诚实的行为会引发哪些不利后果。另一方面，通过荣誉誓言向校方的承诺，形成一种内心的自我约束。拉格斯大学的麦柯克比教授曾于 1990 年、1995 年和 1999 年对美国 48 所大学进行了一项调查，发现实行荣誉誓言制度的学校有效地减少了学生的舞弊行为。

3. 注重大学联盟合作，强调社会群体效应

在美国，除了各个学校自身重视学生诚实品德的教育和培养外，大学联盟也起到了非常重要的作用。成立于 1900 年的美国大学联盟由研究型大学组成，其成员既有公立大学，也有私立大学，目前包括 60 所美国大学和 2 所加拿大大学。美国大学联盟 1953 年发布的"大学和员工的权利和责任声明"中，就提到大学有责任对违反学术诚信的问题进行判决和惩罚。美国医学院联盟（AAMC）则代表着 126 所美国医学院、400 多所以教学为主的医院和卫生系统，以及 94 个医学学术团体。AAMC 非常重视学术诚信，在其网站上有大量关于学术诚信和诚信研究的报道。美国大学联盟在促进整个高等教育系统的学术诚信教育中起到整体带动的效果，其特点是不突出个别"英雄"，因而更具有群体效应。

4. 建立诚信档案

诚信档案管理制度是美国学校开展诚信教育的另一项措施，学校为每位

学生设立一个学业、守纪诚信档案,记录了学生从小学到大学的各方面信用情况,并在就业时接受雇主查阅。同时美国大学定期开展诚信测评,对学生的诚信现状做定量研究,根据测评结果,有针对性地制定措施,这些做法不仅在本质上遏止了学生的失信问题,而且为诚信教育的健康发展奠定了基础。

5. 重视学校诚信教育对接社会诚信建设的影响

首先,高校诚信教育以社会诚信体系为依托。在美国,每位公民从幼儿起就被授权拥有一组由 9 位数组成的社会保障号,此号码终生受用,当个人在消费信贷时,信用表现被详细记载在行为记录中,同时信用服务公司可以为每个人出具信用报告,对任何公司、银行和业务需求者提供有偿查询。学校联系这一制度开展诚信教育,事半功倍。其次,诚信教育注重开通多渠道教育环节。学校教育在对学生进行直面诚信教育的同时,也注重从侧面引进社会信用教育资源,营造诚信氛围,并通过定期对学生诚信测评及定量分析,对失信行为采取惩罚措施以达到全面加强诚信教育的目的。

(二)美国信用体系模式

立法传统和国情的差异,决定了发达国家信用体系模式的不同,相对于欧洲大陆国家模式,美国的信用体系更显发达、成熟。

1. 立法保证,信用信息高度公开

建立有效的现代信用体系,其基础是信息的对称,最基本的要求是向信用服务机构和市场主体开放征信数据,特别是开放政府行政信息。信息的公开、透明和传播迅捷,是支撑美国信用体系有效运作的基础,政府的政务信息、公用事业、行业组织、企业的基本商务信息和消费者的个人信息都是开放的,只要是在法律规定的框架内,公众和有关机构都可以通过多种渠道收集使用足够的信用信息。

公开政务信息是政府必须履行的法律责任。美国政府的政务信息,有一部分向全社会开放,供任何人无偿使用。不向整个社会公开的某些基础数据,则由政府提供给信用服务机构。这些信息主要包括工商注册、税收、统计、法院、商务活动、药品与食品等方面的数据资料。

美国信用信息的高度公开,受到了一个完备的法律体系的规范和保护,其重点是在法律上规范和界定三个关系:信息公开和保护国家秘密的关系,信息公开和保护企业商业秘密的关系,信息公开和保护消费者个人隐私权的关系。美国信用管理法律的制定和修改,都是围绕上述内容进行的。以《公平信用报告法》为核心的数十部法律,构成了美国信用管理法律框架,这些法案对信用管理中的规范授信、平等授信、保护个人隐私等行为都做了直接规范,对商业银行、金融机构、房产、消费者资信调查、商账追收等行业的信用经营也给予了明确的法律约束,其覆盖范围之广、规范之具体,可谓面面俱到,不厌其烦。另外,《信息自由法》《阳光下的联邦政府法》《美国国家安全法》等大量法律,则主要用于规范政府的政务信息披露行为。美国对于与信用管理有关的信息,凡法律规定不得公开的,传播和使用者即属违法,权势机构也不例外。凡法律规定必须公开和有条件公开的,对其垄断或拖延公布便触犯了法律,对政府机构也是如此。美国国会"减少并保护政府秘密委员会"认为,只有减少了政府秘密的数量,才能有效保护真正的政府秘密。

2. 完全市场化的信用服务

信用服务的高度市场化,是美国信用体系的最大特点。由于美国有比较完备的信用法律体系,征信数据的取得和使用等都有明确的法律规定,政府对信用服务行业的行政性监管并不具体,信用体系的运行的市场化程度很高。

美国的信用服务有鲜明的行业性。数以千计的征信、信用评级、商账追收、信用管理等专业信用中介服务机构,形成了美国的信用服务行业。美国信用服务企业不隶属于任何政府、社会团体和企业财团,都是由私人部门所有,企业最主要的无形资产,正是他们的独立性和中立性。政府对信用行业有专门的管理法规,也有联邦贸易委员会、司法部等专门的监管部门。同时,信用行业也有美国信用管理协会、信用报告协会、美国收账协会等行业协会组织。

美国信用服务已经形成了明确的市场,并且有稳定的市场细分。在个人资信服务领域,有1000多家地区性的信用局。在国家、银行、基金、大型上市企业等方面的信用评级领域,有穆迪(Moody's)、标准—普尔(Standard&Poor's)和菲奇(Fitch)等。在企业资信调查评级行业,有邓白氏公司(Dun & Bradstreet)。三大消费者资信公司(Equifax,Experian和Trans Union)则主要对消费者个人的信用信息进行收集、加工、评分并销售信用报告。业务上明确的社会化分工,使不同的征信机构围绕着各自的核心业务不断创新、研究、设计,并不断推出新的信用报告产品,满足社会的需求。

在美国,与信用有关的信息与服务都是商品。美国的信用服务机构从事的是商业活动,因此政府向这些机构提供信息是要收费的。信用服务机构依靠这些信息建立起数据库,加工出信用产品,使信息升值,出售给消费者。由于信用记录与美国公众或市场主体的利益、生存息息相关,所以对信用产品的需求很旺盛。由此,美国的信用体系便产生了信用产品原料购买、产品加工和销售的社会化生产过程,有了多级市场,其信用产品也就有了价值、价格、可交换等商品属性。

3. 强大的信用服务能力和行业标准权威

美国的信用市场之所以在全球最为发达,重要的原因是美国信用服务机构有很强的信用产品制造能力,并不断进行信用产品创新,能提供几种到十几种信用评级或调查咨询报告,满足不同的需求者。他们在实践中创造了美国政府认可、世界通行的行业标准和操作规程,通过创新获得了垄断利润。

4. 严厉的惩戒制度

对失信者的惩戒是美国信用制度的重要组成部分,其主要方式是把失信者对个别人的失信扩大为失信者对全社会的失信。

美国信用服务机构认为,只靠道德谴责对失信者进行惩戒,力量是很微弱的。美国在实施失信惩戒时,不对失信者进行任何思想道德教育,法律支持信用服务机构把失信人的失信记录方便地在社会传播,使失信者在一定期限内付出惨痛代价。如在破产记录保留的 7～10 年内,消费者个人不可能得到新的贷款。

此外,美国对失信者有从经济处罚、劳动处罚直至刑罚的多种处罚手段,并且都有明确的法律规定。美国对监狱行刑有缓刑、假释、电子监控等多种替代方法,并有多种短刑期,对民事惩罚不足以惩戒的严重失信行为则依法进行刑罚,而且处罚很重,如美国对制造销售假冒伪劣商品者罚款可达 200 万美元,或监禁 10 年,或两项同时进行,对有前科的最高可罚 500 万美元,监禁20 年。

5. 完善的个人信用制度①

首先,个人信用登记机制。美国的个人信用资料主要有两个来源:一是自然人在贷款申请表上反映的就业、居住、收入和婚姻等方面的相关信息,二是征信机构提供的该自然人以往的信用资料,包括债务偿还情况、信用卡透支情况、贷款记录等。美国个人信用登记具体运作情况:每个公民一出生便有一个类似于身份证的社会保障号码(social security number),公民申请工作、支取工资、租房、纳税、借贷、还款等都要登记这个号码,而且都作为个人信用记录。个人信用资料的调查及搜集工作由专门的征信机构(信用局)负责。个人信用资料被输入电脑系统,记入个人信用档案,银行等金融机构可以通过互联网实现个人信用资料的共享。美国主要有三类征信机构:第一类是 Equifax,

---

① 曹桂山,钱璟:《美国个人信用制度及其对我国的借鉴》,《海南金融》2006 年第 3 期。

Trans Union 与 Experian 三大民营征信机构,它们占北美绝大部分的个人征信市场份额,其主要产品有记录消费者还款历史的信用报告、搜集整理的信贷记录、来自司法机关的公共记录、各类消费者的信用评分等。第二类是地方性的信用局。它们中的大部分都是三大征信机构的会员,通过为三大征信机构提供信息及为客户提供信用资料而获利。第三类是小型信用局,如为人寿保险公司提供被保人健康状况的医疗信息局,为房屋出租者评估租户信用状况的信用局等。这些小型信用局担当了不同的市场角色,多角度地满足了个人信用市场的需求。

其次,个人信用评估机制。对信用情况进行评估就要借助信用量化评分模型。美国存在多种信用评分模型,但就个人信用市场而言,Fair Isaac&Company 提供的产品被认为是世界上最著名、最通用的个人信用评分模型,因此,人们通常习惯称个人信用分为 FICO 信用分。FICO 信用分是一个信用分统计模型,该模型利用大样本数据,衡量消费者的信用、品德以及支付能力的指标,再把各个指标分成若干个档次并对各个档次确定得分,然后计算每个指标的加权,相应的权重为:是否准时付账单的记录占 35%,负债金额多少占 30%,信用记录期限长短占 15%,申请信用的次数多少占 10%,各种综合信用的评估占 10%,最后得到消费者的总得分。FICO 信用分计算的基本思想是把借款人过去的信用历史资料与数据库中的全体借款人的信用习惯相比较,检查借款人的发展趋势与经常违约、随意透支甚至申请破产等各种陷入困境的借款人的发展趋势是否相似,根据借款人过去的信用历史预测将来的还款可能。FICO 信用分在 325~900 分,分数越高,信用越好。应用 FICO 信用分进行信用评估的正确性相当高,金融机构在市查各种信用贷款申请时,FICO 信用分可以帮助他们进行决策。一般性的决策标准:FICO 信用分低于 620 分要求借款人提供担保,或者直接拒绝贷款;FICO 信用分在 620~680 分,则将对个人信用情况作进一步调查评估;FICO 信用分高于 680 分说明个人信用良好,同意发放贷款。

再次,信用产品消费者权益的保护机制。为了规范个人信用评分依据的限制及个人信用报告的使用方法,美国制定了《公平信用报告法》、《格雷姆—里奇—比利雷法》、《平等信用机会法》等法律,严格有效地保护了消费者的权益。其中包括:种族、宗教、性别、婚姻和国籍不可作为信用分的计算依据;存款的多少不可作为评价个人信用的标准;法律规定的具有合法身份的机构或个人,根据法律许可的目的,需要得到消费者本人的书面同意,方可向征信机构索取个人信用报告;金融机构要与第三方共享有关消费者的个人信用报告,必须提前向消费者告知,由消费者自己决定是否可以实现共享;如果信用报告被用作对消费者不利决定的依据,决策方必须向消费者告知提供信用报告的征信机构的名称和地址,消费者有权免费向征信机构进行查询,若消费者对信用报告的内容有异议,可以提出申诉;对消费者的不利信用记录,只能保留 7年,破产记录保留 10 年。

二、欧洲模式

(一)欧洲国家的诚信教育模式

德国采用家庭和学校双重教育办法来进行诚信教育。法律明确规定:使学生具有必要的思想品质和行为标准,使他们具有为发展社会生活、发展科学技术而献身的科学精神和对自己的行为有责任感。在德国,家长们普遍遵守一个原则:教育孩子诚实守信,家长必须做出榜样,教育孩子是家长的基本职责,他们非常注重为孩子营造一个真诚的家庭氛围。因此,在高校学生入学以前,就有了一个很好的诚信基础。德国高校并没有专门的德育课程,而是通过其他专业和学科的渗透进行诚信教育。与诚信教育相得益彰的是诚信管理,社会信用记录成为德国监督社会成员是否遵守社会规则、维护社会秩序的最好途径,也是高校学生在诚信教育上能否顺利过关的重要标志。德国实行主观教育与客观监督相结合,在德国,你如果随地乱扔垃圾或者在没有停车标志的地方停车,马上就会有人过来阻止你,并给你灌输一套遵守社会公德、为下一代做好榜样的理论。氛围教育不仅培养了孩子良好的道德品质,同时也使成人自觉遵守社会秩序,诚信待人。德国用以监督社会成员是否遵守社会秩序的最好途径就是社会信用记录,德国中央银行设有专门掌管社会成员(包括企业和个人)信用信息的服务机构,从事信用评级、信用管理等业务,此任务由德国的信贷信用保护协会承担。德国的各金融机构均是该协会的成员,一旦客户出现信用问题,如恶意透支信用卡或不及时还款,都会被记入资料库。而有过不良信贷信用记录的客户在今后的生活中会碰到很多困难,如申请贷款时会被拒绝或者支付高利率,甚至想用分期付款方式购买一些大件商品也会被商家拒绝。

英国进行诚信教育的举措是对欺诈行为曝光和强化惩罚。面对社会上的种种有失诚信的现象,英国政府和有关机构采取的对策是,加强对欺诈事件进行调查和曝光,并通过经济和刑事等惩罚方式来改善社会环境。一名曾在英国医院工作的印度医生被取消一年行医资格,原因是他谎称妹妹和叔叔在

"9·11"事件中遇难,以此为由向其工作的医院请求休假,公众和有关机构认为,这件事反映出的不诚实问题,是必须进行严惩的。

瑞士的诚信教育建立在立法的基础上,在基本法律保障的基础上,让诚信成为必须遵守的准则。在瑞士国家公务员中,有一个官职叫"价格先生",专门负责监督餐饮、医药、旅游等行业的定价,防止不法商人哄抬物价。但自设立这一官职以来,很少发生"价格先生"处罚不法商贩的事件。在瑞士,商家倘若一味追求利润,不搞诚信经营就没有立足之地,早晚会被市场淘汰。

欧洲国家的诚信教育有以下几个特点:第一,诚信教育不仅是高校阶段特有的,而是贯穿一生的终身制教育,这是发达国家诚信教育普及的基本特征。第二,以立法形式来确认诚信教育的基础性、权威性,使诚信教育成为公民的基本义务和权利。第三,政府、教育主管部门、高校高度重视诚信教育,制定各种规章制度,尤其是用考试制度和日常管理制度来完善并发展诚信教育,使诚信教育成为一个长效机制。第四,诚信教育不是简单地体现在专门的德育课上,而是全方位来对学生进行渗透式教育。第五,利用媒体、宗教等手段来强化诚信教育。媒体能及时报道、揭发各种诚信问题,把宗教作为一种精神寄托来强调诚信教育在西方普遍信教的背景下也是很成功的。第六,建立各种严厉的诚信违背惩罚机制,使违反诚信的风险增大、成本增加。一旦有欺诈事件发生,国家强制机关采取严厉措施,曝光欺诈事件,并施以经济和刑事的惩罚。

(二)欧洲大陆国家的信用体系模式

法国、德国和比利时等一些欧洲国家的信用体系,与美国信用体系有些共同的特征。一是都有健全的信用法律体系,二是信用信息公开、透明,共享程度高,公众和市场主体的经济行为都有伴随终生的信用记录。

欧洲大陆国家的信用体系也与美国存在一定差别:美国信用评估由中央银行和政府出面,深度介入,监管力度较大,信用信息的收集由政府直辖的有关部门直接运作。欧洲大陆国家的信用信息服务机构都是中央银行管辖下的一个部门,如法国中央银行信用局、比利时国家银行信用信息办公室和德国联邦银行中央报告办公室。这些机构依法向银行采集所有大宗借款者的详细资料,或是在分期付款、消费信贷、抵押、租赁和公司借款中的不履约信息,并制作失信者的不良记录。欧洲信用模式的特点是,主要由国家出资设立中央信贷登记系统,建立覆盖全国范围的征信数据库网络,所有权属于国家。征信加工的产品主要供银行内部使用,主要宗旨是为商业银行防范贷款风险和中央银行实施金融监管及制定货币政策服务。各个商业银行必须向中央银行的信用管理部门提供所要求的信息,这是一种法律规定的强制行为。欧洲大陆国家对信用信息服务的监管也由中央银行承担职能,有关信息的搜集与使用等方面的管制制度也由中央银行提供并执行。

三、日本模式

日本的诚信教育几乎贯穿人的一生,在家庭中父母经常教育孩子"不许撒谎",到学校里耳濡目染的是"诚实"二字,到公司里"诚信"几乎是普遍的经营理念。

(一)诚信教育贯穿人的一生

1. 日本的诚信教育注重从儿童早期教育开始

从幼儿园开始,日本就非常重视诚信教育,说假话被认为是最大的耻辱,家长也很配合学校的教育,不许孩子说假话,这种教育一直延续到大学毕业。在家庭教育过程中,父母要做到身教示范,教育孩子从小就要诚实守信。日本中小学生每人都有一本道德手册,名为"心的笔记",用通俗的语言,记载着各种道德规范,诚实是重要内容之一。考试之前日本老师是从来不强调作弊等考试纪律的,学生几乎没有考试作弊,因为连幼稚园的小朋友都知道做什么事都不能弄虚作假,因为在家庭中父母经常教育孩子不能撒谎,一旦撒了谎被曝光,个人将会身败名裂,将为社会所不齿。

2. 诚信教育贯穿学生学校生活的始终

首先,以校训、格言的方式影响学生。很多学校的校训都有"诚实"二字,认为诚实就是对所有人都要以诚相待,有品位最重要的表现就是诚实,因为诚实,所以要一诺千金,以坚强的意志实现诺言。其次,把诚信理念作为学校的教学宗旨并为学生开办伦理课,向学生传授"诚实、善良、向上、奉献、谦让"的教育思想,通过无意识的、潜移默化的方式对学生进行诚信教育。

3. 日本公司有企业伦理教育

日本人追求极致完美,产品质量如是,生活质量如是,空气质量如是,卫生环境如是,对企业诚信要求也是极致的,诚则兴,不诚则衰。1996 年,日本经团联针对企业不诚实不正直的行为制定了企业行动宪章,后来又创立了经营伦理实践研究中心。

4. 社会舆论导向以诚信为本

在日本社会,说假话被认为是最大的问题。在日常生活和工作中,如果有人被认为说了假话,就会失去人们的信任,被人瞧不起。各行各业都不能编造数据,说假话,一旦被发现,口碑就差了,就会失去合作伙伴。在日本,造假是一件比坐牢还严重的事情。造假被发现基本上意味着个人发展到此为止,因为造假公司倒闭、企业主自杀甚至没人同情,大家只是认为你用自杀洗清了错误而已。与此相反,如果坐牢了,刑罚完毕就是正常人,别人不得歧视。总之,整个社会基本上是诚信为本,虽然也有瞒和骗,也有人吃亏上当,但一被发觉,骗子就会付出代价。

(二)社会信用体系臻于成熟

日本的个人信用征信系统是由日本银行协会所属的非营利性质的个人信用信息中心负责,采取会员制形式,各金融机构自愿参加,定期缴纳会费。日本主要有全国银行个人信用信息中心、日本信用卡产业协会和全国信用信息中心联合会三家,其中以全国银行个人信用信息中心为主导,中心实行会员制。全国银行协会的会员(包括各类正式银行机构)同时也是个人信用信息中心的会员,中心与会员之间相互合作,会员负责通过计算机终端向中心登录其所拥有的个人信用信息,而信息中心则负责从事个人信用信息的收集、存储,并在加工信息的基础上,无偿向会员单位提供所需的个人信用信息。

1. 个人申请信用卡审查很严,贷款不还会有失信记录

办理信用卡首先要真实填写自己的工作单位、收入、单位和个人电话、银行存款等。银行打电话向单位求证相关情况,如发现不实,就会拒绝发放信用卡。一旦有被拒的记录,因为日本所有银行信息联网,在几年内都不会有一家银行发放信用卡。如果透支信用卡过期不还,银行会想尽办法通知还款。最后一招则是诉诸法律,在催促还款时把钱还掉还没事,一旦进入法律起诉程序,持卡人就会进入黑名单,在日本就有了不诚信的记录。如果是小额欠款,被追回之后,虽然不会判刑,但会为此背一辈子黑锅,无论走到哪里,别人会对你另眼看待。

2. 银行贷款时会严格调查相关企业和个人的信用信息

一般来说,大型企业信息资料比较全,向金融机构贷款比较容易。中小企业,银行会对企业生产的产品前景进行评估,与企业的客户接触,听取客户的评价,有时候也会暗访,考查每天有多少客户。向中小企业提供贷款的信用金库和信用组合,特别是信用组合一般由地方企业出资组成。这些企业大多在一个城镇,信用组合对每个企业情况十分了解,一般不会出太大的问题。每个企业必须根据要求向金融机构提供详细真实的情况。日本企业为了维持自己的信用,在金融机构有一个好的信誉,大多都很配合,把真实情况和盘托出,一

般不会弄虚作假,因为这样成本太高,一旦被发现,要承担法律责任,再者有失信历史的企业可能因此失去客户,进而破产。从银行的角度来看,它在考察企业时,一般不会和企业一起弄虚作假。金融机构一般贷款项目都由两人负责,一个人想弄虚作假不容易,如果和企业一起弄虚作假,会被追究刑事责任,银行的支行行长想照顾某家企业也不容易,因为下属认为违法可立即内部告发,支行行长马上就会丢饭碗。在日本,如果信用信息不合格,想通过贿赂搞贷款,是很难做到的。

第二节 诚信教育案例应用

一、诚信教育经典故事的启迪

经典故事是传统文化自然而然的积淀,因源远流长、受众广泛,具有突出的教化作用。以史为鉴,古为今用,许多传统经典诚信故事今天仍以脍炙人口的艺术形式传播,给人以深刻的启迪。代表性的故事主要弘扬以下几个方面主题:

1. **教育孩子诚信,父母要以身立信**

古今中外,名人都铭记着父母的人格,也承传着父母为人师表的诚信,以下三个故事就是典型例子。

(1)孟母不失信于儿子。孟家还在庙户营村市集旁居住时,东邻有人杀猪,孟子不解地问母亲:"邻家杀猪干什么?"孟母当时正忙,便随口漫应:"给你吃!"孟子十分高兴地等待食肉,孟母为了不失信于儿子,忍痛在捉襟见肘的生活费中,拨出一部分钱买了一块肉,让儿子吃了个痛快。

(2)曾子杀猪。曾子的妻子到市场上去,儿子要跟着一起去,一边走,一边哭。妈妈对儿子说:"你回去,等我回来以后,杀猪给你吃。"妻子从市场回来了,曾子要捉猪来杀,他的妻子拦住他说:"那不过是跟小孩子说着玩的。"曾子说:"决不可以跟小孩子说着玩。小孩本来不懂事,要照父母的样子学,听父母的教导。现在你骗他,就是教孩子骗人。做妈妈的骗孩子,孩子不相信妈妈的话,那是不可能把孩子教好的。"曾子于是把猪给杀了。

(3)墨西哥诚信亭子。墨西哥总统福克斯的父亲是一个农场主。有一天,他觉得园中的那座亭子已经太破旧了,就安排工人将它拆掉。他的儿子对拆亭子很感兴趣,希望等他从寄宿学校放假回来再拆,父亲答应了,可是,工人们很快就把亭子拆掉了。福克斯放假回来,发现旧亭子已经不见了。他闷闷不乐地对父亲说:"爸爸,你对我撒谎了。你说过的,那座旧亭子要等我回来再拆。"这位父亲重新找来工人,让他们按照旧亭子的模样在原来的地方再造一座亭子。亭子造好后,他将孩子叫来,然后对工人们说:"现在,请你们把它拆掉。"一座亭子拆建两次,绝不仅仅为了满足一个孩子的愿望,更是为了满足一个成人自我完善的道德要求。在社会生活中,失信会增大交际成本,会使许多简单的事变得艰难甚至不可能。所以,一个希望得到社会尊重和支持的人,是不愿意牺牲诚信原则的。在园子里重新拆掉一座亭子,就在孩子的心里重建了一座亭子,这座亭子就是一个信念——对诚信的信念。

2. 具备诚信品质才能得到信任和赏识

(1)颜回诚信得孔子赏识。有一天孔子昼寝,"颜回索米,得而爨之"。饭快要熟了,孔子远远地看见颜回用手抓锅里的饭吃,佯装没看见。不久,饭熟了,颜回请老师吃饭。孔子说:"刚才梦见我的父亲,我要用饭来祭祀他。"颜回说:"不行啊。刚才房上有灰尘掉进锅里面,那些米我舍不得扔掉,被我吃过了。这饭不能再用来祭祀了。"孔子不得不为他的诚实所感动。当时礼法规定,用来祭祀的饭菜,所有人都不能先动一筷子,必须等到祭祀结束,人才能吃。孔子说要进行祭祀,不过是想考验一下颜回是否能坦率承认自己已经吃过了锅里的饭。如果颜回什么话也不说,把饭盛来让孔子祭祀,那么,这件事就会成为品德教育的重要一课。但是,颜回不愧是颜回,他很诚实地说明自己吃过了,并且说明了自己为什么吃。

(2)晏殊诚信受到皇帝赏识。北宋时期著名的文学家和政治家晏殊,14岁被地方官作为"神童"推荐给朝廷。他本来可以不参加科举考试便能得到官职,但他没有这样做,而是毅然参加了考试。事情十分凑巧,那次的考试题目是他曾经做过的,得到过好几位名师的指点。他不费力气就脱颖而出,并得到了皇帝的赞赏。但晏殊并没有因此而洋洋自得,相反,他在接受皇帝的复试时,把情况如实地告诉了皇帝,并要求另出题目,当堂考他。皇帝与大臣们商议后出了一道难度更大的题目,让晏殊当堂作文,结果,他的文章又得到了皇帝的夸奖。晏殊当官后,每日办完公事,总是回到家里闭门读书。后来皇帝获知情况,十分高兴,就点名让他做了太子手下的官员。当晏殊去向皇帝谢恩时,皇帝又称赞他能够闭门苦读。晏殊却说:"我不是不想去宴饮游乐,只是因为家贫无钱,才不去参加,我是有愧于皇上的夸奖的。"皇帝又称赞他既有真实才学,又质朴诚实,是个难得的人才,过了几年便提拔他当了宰相。晏殊受到皇帝的赏识和重用的故事说明,做人诚实对于取得别人的信任是多么重要。

(3)宋濂的故事。明初文学家宋濂从小喜欢读书,但是家里很穷,也没钱买书,只好向人家借,每次借书,他都讲好期限,按时还书,从不违约,人们都乐意把书借给他。一次,他借到一本书,越读越爱不释手,便决定把它抄下来。可是还书的期限快到了,他只好连夜抄书。时值隆冬腊月,滴水成冰。他母亲说:"孩子,都半夜了,这么冷,天亮再抄吧。人家又不是等这本书看。"宋濂说:"不管人家等不等这本书,到期限就要还,这是个信用问题。"又一次,宋濂要去远方向一位著名学者请教,并约好见面日期,谁知出发那天下起鹅毛大雪。当宋濂挑起行李准备上路时,母亲惊讶地说:"这样的天气怎能出远门呀?再说,老师那里早已大雪封山了,你一件旧棉袄,也抵御不住深山的严寒啊!"宋濂说:"娘,今天不出发就会错过拜师的日子,就失约了。失约就是对老师不尊重啊,风雪再大我都得上路。"当宋濂到达老师家里时,老师感动地称赞说道:"年轻人,守信好学,将来必有出息!"

3. 治国要诚信

孔子说:"民无信不立",以下两个故事从正反两个方面说明了这一道理。

(1)商鞅南门立木:商鞅起草了一个改革的法令,但是怕老百姓不信任他,不按照新法令去做,就先叫人在都城的南门竖了一根三丈高的木头,下命令说:"谁能把这根木头扛到北门去,就赏十两黄金。"不一会儿,南门口围了一大堆人,大家议论纷纷。有的说:"这根木头谁都拿得动,哪儿用得着十两赏金?"有的说:"这大概是左庶长成心开玩笑吧。"大伙儿你瞧我,我瞧你,就是没有一个上去扛木头。商鞅知道老百姓还不相信他下的命令,就把赏金提到五十两。没有想到赏金越高,看热闹的人越觉得不合情理,仍旧没人敢去扛。正在大伙儿议论纷纷的时候,有一个人跑出来说:"我来试试。"他真的把木头扛起来就走,一直搬到北门。商鞅立刻派人传出话来,赏给扛木头的人五十两黄澄澄的金子,一分也没少。这件事立即传了开去,一下子轰动了秦国。老百姓说:"左庶长的命令不含糊。"商鞅知道,他的命令已经起了作用,就把他起草的新法令公布了出去。新法令赏罚分明,规定官职的大小和爵位的高低以打仗立功为标准,贵族没有军功的就没有爵位;多生产粮食和布帛的,免除官差;凡是为了做买卖和因为懒惰而贫穷的,连同妻子儿女都罚做官府的奴婢。秦国自从商鞅变法以后,农业生产增加了,军事力量也强大了。商鞅南门立木,成为取信于民的典范。

(2)烽火戏诸侯。周幽王有个宠妃叫褒姒,为博取她的一笑,周幽王下令在都城附近20多座烽火台上点起烽火——烽火是边关报警的信号,只有在外敌入侵需召诸侯来救援的时候才能点燃。结果诸侯们见到烽火,率领兵将们匆匆赶到,弄明白是君王为博妻一笑的花招后愤然离去。褒姒看到平日威仪赫赫的诸侯们手足无措的样子，终于开心一笑。五年后，西夷犬戎大举攻周，幽王烽火再燃而诸侯未到——谁也不愿再上第二次当了。结果幽王被逼自刎，褒姒也被俘虏。

4. 做人要诚信

诚信的人能得到信任，不诚信的人会失去朋友的信任，甚至付出惨重代价。

(1)一诺千金。《史记》记载，楚国有个义士叫季布，生性耿直，乐善好施，他以真诚守信著称于世，答应过的事情，无论困难再大都一定要设法办好，所以深受当时人们的赞誉。当时有个叫曹邱生的人，特地去见季布，并说："我听楚人说过，得到百斤黄金，也抵不上季布的一个诺言。"意思是说，季布说出的一句话，比金子还要贵重。后来，人们把这个故事概括为"一诺千金"，用来比喻重视诺言，说话算数。后来，季布跟随项羽战败，被刘邦通缉，不少人都掩护他，使他安全地渡过了难关。最后，季布凭着诚信，还受到了汉王朝的重用。

(2)《郁离子》中记载了一个因失信而丧生的故事。济阳有个商人过河时船沉了，他抓住一根大麻杆大声呼救。有个渔夫闻声而至。商人急忙喊："我是济阳最大的富翁，你若能救我，给你 100 两金子。"待被救上岸后，商人却翻脸不认账了，只给了渔夫 10 两金子。渔夫责怪他不守信，出尔反尔。富翁说："你一个打鱼的，一生都挣不了几个钱，突然得 10 两金子还不满足吗？"渔夫只得怏怏而去。不料想后来那富翁又一次在原地翻船了，有人欲救，那个曾被他骗过的渔夫说："他就是那个说话不算数的人！"于是商人淹死了。商人两次翻船而遇同一渔夫是偶然的，但商人不得好报却是在意料之中的。因为一个人若不守信，便会失去别人的信任。所以，一旦他处于困境，便没有人再愿意出手相救。失信于人者，一旦遭难，只有坐以待毙。

(3)《伊索寓言》中狼来了的故事。从前，有个放羊娃，每天都去山上放羊。一天，他觉得十分无聊，就想了个捉弄大家寻开心的主意。他向着山下正在种田的农夫们大声喊："狼来了！狼来了！救命啊！"农夫们听到喊声急忙拿着锄头和镰刀往山上跑，他们边跑边喊："不要怕，孩子，我们来帮你打恶狼！"农夫们气喘吁吁地赶到山上一看，连狼的影子也没有！放羊娃哈哈大笑："真有意思，你们上当了！"农夫们生气地走了。第二天，放羊娃故伎重演，善良的农夫们又冲上来帮他打狼，可还是没有见到狼的影子。放羊娃笑得直不起腰："哈哈！你们又上当了！"大伙儿对放羊娃一而再再而三地说谎十分生气，从此再也不相信他的话了。过了几天，狼真的来了，一下子闯进了羊群。放羊娃害怕极了，拼命地向农夫们喊："狼来了！快救命呀！狼真的来了！"农夫们听到他的喊声,以为他又在说谎,大家都不理睬他,没有人去帮他,结果放羊娃的许多羊都被狼咬死了。寓言告诉大家做人应诚实,说谎既不尊重别人,也会失去别人对自己的信任。

二、当代诚信教育案例体验

(一)诚信榜样的人格魅力

高校开展诚信教育,要为众人树立学习榜样,以榜样的诚信魅力感染学生。以下几个典型人物的诚信人格可圈可点,供读者参考。

(1)诚实的林肯。亚伯拉罕·林肯是美国历史上一位有名的总统,他出身卑微,但为人和蔼公正,诚实厚道。林肯21岁那年在朋友开的一家商店里当店员,有一天,一位老妇来买纺织品,多付了12美分。林肯当时没有发觉,结账时发现钱多了,他当晚就步行赶了六英里路,把多收的钱退给了那位老妇。一次,一位女顾客来买茶叶,林肯少称了四盎司,为此他又跑了好长一段路把少给的茶叶补上。附近的居民都很尊敬和喜爱这个瘦瘦偏高的年轻人,亲热地称他"诚实的林肯"。

(2)季老的诚信人格。许多年前,一位北大新生入学,他提着大包小包,在偌大的北大校园里不知所措。情急之下,他看见一位穿着布衫的长者,便把行李往长者身边一放,说道:"师傅,麻烦您帮我看着点啊!"一个多小时后,这位新生办完一切手续回来,发现那位长者依然为他守着行李,寸步不离。在第二天的新生入学大会上,这位新生发现,昨天为他守行李的长者正坐在主席台的中央。他就是当代著名的东方语言学家、教育家、散文家、北大副校长——季羡林先生。事后,这位学生说道:季老身上透出的人格魅力将改变他的一生!诚信就是如此征服着人心。

(3)八十四岁老人替父还老债。江西省上饶市郑宜栋的父亲在40年代经营着一个油坊,由于信誉好,百姓都自愿到老郑处换兑油。因当时处于抗日战争时期,父亲、哥哥被抓去服役未果遭枪杀,19岁的郑宜栋于是挑起家庭重担,但是油坊却遭偷窃,留下父亲欠乡亲们的债。战乱年代,乡亲们也没有向郑家讨债。后来郑宜栋当上兵,过上好日子,找到父亲留下的账本,经过反复推敲,终于搞清所欠债务。84岁的老郑于是召开家庭会,研究还债。老郑顶住压力,执意连本带息一起还债。由于债主大都已经去世,幸存者不多,老人就一一向其后人解释并请求原谅。债主的后人大都不知情也表示不需再还。84岁的老郑坚决要替父还老债,了却老人的心愿。

(4)武秀君以实际行动诠释诚信内涵。辽宁本溪农民武秀君在丈夫遭遇车祸去世后,承受着巨大的痛苦,替夫还债。她一家人省吃俭用,不舍得多花一分钱,她的大儿子出门很少坐车,小儿子每天只花 1.5 元的饭钱,就这样把所有挣来的钱和要来的欠款都用来偿还债务,包括那些债权人自己都认为无望收回而要放弃的债务。"武秀君以自己的实际行动诠释了'诚信'二字的内涵。她苦、她难,她承受着生活的压力和精神的重负,丝毫没有动摇和改变她坚守诚信、偿还债务的决心。在武秀君这位普通农村妇女的身上,我们看到了诚信为本、一诺千金的传统美德闪烁着炫目光芒,温暖人心。她用最纯朴、最真实的方式实现着自己对债权的尊重、对合约的践行"——这是在中国十大法治人物颁奖大会上,颁奖嘉宾对武秀君做出的感言。

(5)良心油条哥。刘洪安,河北省保定市"80 后"大学毕业生,从保定财贸学校会计专业毕业后,自考了大专文凭。曾经从事过物资、汽运等工作,后来患上了严重的腰部风湿病。2010 年病好些后,他和爱人崔红艳接手了位于保定市银杏路南侧的早餐店,和家人一起经营。他的油条因坚决不用"复炸油"而被消费者称为"良心油条",2012 年 5 月央视报道后走红网络,他也被网友亲切地称为"良心油条哥"。

(二)体验诚信——行走社会的"通行证"

诚信是人的第二张身份证,是未来的通行证。

(1)诚信是"第二身份证"。在信用制度比较健全的西方社会,尽管人员的自由流动十分频繁复杂,但始终有一个号码(即社会保障号)是无法伪造并且终身受用的。信用被奉为一个人社会生活的"第二身份证",一旦出现不良的记录,便给自己的求职、领薪、纳税、购物、租房以及还债、贷款等日常生活带来极大困难。不仅如此,法律对不讲信用之人将给予严厉的惩罚。美国和新加坡的法律都规定,不讲信用的公司或个人,将被罚得倾家荡产、无法生存,甚至承担刑罚等。在美国求职者要至少在近 15 年之内没有失信记录,因此大多数人视信用为生命,十分珍惜和维护自己的信用。

(2)在德国无诚信寸步难行。在德国已孵化出一个实实在在的公共信用保障体系。德国的信用保障机构(SCHUFA)是一家德国全民信用数据存储与公示的民间机构,于 1927 年成立。SCHUFA 的数据库里拥有 6620 万自然人以及 150 万法人的信用记录,也就是说德国全国 3/4 人口的信用都有据可查。如果公民要去办银行卡、租房子、买车、买房,全都要参考个人信用分数。一个信用等级很低的人,银行会拒绝给他办理信用卡,想贷款买房买车也会受到限制。甚至在租房子、找工作的时候都可能碰壁。大到信用卡欠费或电话欠费逾期不还，小到坐车逃票，全都会成为个人信用上的污点，在一个处处以信用作为评判标准的社会里，缺乏信用是寸步难行的。

（3）美国大学严惩考试作弊。2007 年 4 月，杜克大学富科（FUQUA）商学院宣布结束长达两个月的对三十八个一年级 MBA 学生舞弊行为的调查，调查结果：九名学生将面临被开除的厄运，十五名学生被停学一年，十名学生该门必修课计为零分，四名无罪。这是杜克富科商学院三十余年以来最大的丑闻，也是北美商学院十年来绝无仅有的重大学生舞弊案件。为了显示学校对学术道德的重视，校方主动向新闻媒体发布此事。十几个受处分的中国学生没有在美国学习和工作过的经验，以为这件事情学校会轻描淡写地掩盖过去，处分结果下来后，跑到院长办公厅门口去静坐示威，有一位在宣布会还散发了这样的传单："停学？开除？我们花钱要的是教育，而不是惩罚！"他们还积极寻找校友，舆论和律师来给学校施加压力，以期能得到轻点的处罚。中国学生的行为引起了校园社区的巨大反感，除了律师为赚取佣金答应帮忙以外，舆论导向对他们颇为不利。他们受到严惩：八个开除，五个停学，六个被罚重修。

（4）在美国考试作弊之后果。美国某学校学生的课后作业被发现有作弊行为（答案错误雷同，全部少按了小数点后第二位的一个"7"）。依照该校荣誉行为守则，教师通过邮件逐个通知有作弊嫌疑的学生，承认作弊的学生本次作业得零分，并计入期末总成绩，同时通知学校荣誉守则办公室备案，由他们来做出留校察看的处罚。若不再犯，本次作弊的记录在毕业时取消；若再犯，学生将被开除。而不承认作弊的学生则给予申诉的机会，由学校荣誉守则办公室等组成学术违纪委员会聆听，一旦申诉失败，委员会将对学生做出停学半年或一年甚至直接开除的处理，整个处理过程会绝对保护学生的隐私。

（5）一中国留学生在日本餐馆洗盘子的诚信故事。日本餐饮业规定盘子必须洗七次。此留学生却很"聪明"地少洗两次，工钱自然也挣了不少。老板发现了问题，把他辞退了。他又到社区的另一家餐馆应聘，老板打量了他半天说："你就是那位只洗五遍盘子的中国留学生吧。对不起，我们不需要！"第二家、第三家……他屡屡碰壁。

（6）日本雪印事件。雪印乳业在 1955 年就曾因北海道工厂产品被金黄色葡萄球菌感染，造成一所学校全体学生中毒。雪印不牢记教训，从 2000 年 6 月 26 日到 7 月 10 日的近半个月内，又因同样原因，造成关西地区共有 1.4 万人中毒发病，而在危机发生后雪印一未能迅速公布事实降低公众损失，二未对中毒事件做完善解释，从而招致全日本的批评和抵制。雪印乳业曾经是日本最大的乳品企业,2000 年度《财富》500 强排名中排在第 430 位,市场占有率日本国内第一。中毒事件发生后,问题牛奶在日本引发了持续性恐慌,雪印乳业负责人引咎辞职,公司股价从 619 日元跌到 405 日元,跌幅达 35%。日本几乎所有超市和食品店把多达五六十种的雪印牌食品撤下了柜台,东京、大阪、神户等地政府都下令公共部门不要购买雪印食品,雪印市场占有率急剧下滑。由于民间对雪印的抵制,雪印牛奶此后经营无法改善,相关子公司被迫停产。目前公司主营黄油、奶酪等,牛奶业务分拆后已远落后于明治乳业。

(7)一个旅日者的日本印象。[①] 在大阪附近一个小村的汽车站,放着一袋一袋的新鲜蔬菜,旁边一块破木条上注明 100 日元一袋,无人值守,全凭客户自觉把钱放到一个类似储蓄罐的盒子里。日本有许多自助加油站,自己加多少油自己放钱进去,从来没有人不付钱加油。日本商场、超市、自动机都从来不装所谓钱币识别系统,因为没有人使用假钱。在日本,丢了东西从来不用着急,因为这种情况下拾到的人都会送到最近的警察局。我的一个朋友在日本出差,下地铁的时候忘记拿外套,他想这下麻烦了,里面有重要的文件、钱包和护照。正当他在着急万分的时候,有人告诉他,丢失的物品通常会有人交给车站。他来到车站,看到外套被人熨平整,折叠非常整齐,物品一件不少用塑料袋装着,他非常激动。

(8)文凭造假,好工作得而复失。2007 年 3 月,张某凭借河南某大学企业管理专业毕业生的身份,到上海某催化剂公司应聘行政助理职务,经面试考核等程序,张某被成功聘为该公司职工。同月,张某被公司通知到生产技术部操作岗位锻炼,公司对张某在公司的表现基本满意。张某所提供的《个人简历受教育情况》内注明,1998 年至 2002 年在"河南某大学"读企业管理专业,获本科毕业证、学位证,通过英语六级。但是,公司根据该简历在教育部指定的网站查询,却没有找到张某所称的"河南某大学"。张某提供的学历有问题,公司马上和张某联系,张某辩称其简历写错了,应该是另一所院校。根据查询,张某重新提供的毕业院校是存在的,但是公司去该校查询张某情况时,却发现该校并没有张某所称的企业管理专业,也没有张某所提供的毕业证书编号位数,核对该校毕业生查无此人。至此,张某以假学历进行应聘已被证明是事实。尽管张某声称可以胜任现在的工作岗位,但是公司还是毫不犹豫地解除了和张某之间的劳动关系。违背诚信的张某最终还是丢了工作。

---

① 沈醉:《可怕的日本极致诚信》,http://business4989.blog.163.com/blog/static/223739113201384598688/,访问日期:2013 年 9 月 4 日。

(9)重庆交大学生网络造谣被拘。2011年10月20日,土木建筑学院06级本科生皮某某在百度重交吧用标题"我热,针刺事件居然闹到重庆了"发了一个帖子,不少网友关注并跟帖回帖。由此引起"针刺"信息在该校部分学生中传播,并引发一定程度不稳定情绪。后来皮某某发出"个人声明"说,他是在给母亲打电话时,听说家乡永川出现犯罪分子疑似用毒针扎小孩的事情。母亲在电话中再三要求他注意安全,所以他想都没多想,就在没有核实的情况下在网上发了帖文。虽然皮某某在主观上是想提醒大家保持警惕注意安全,但客观上却违反了国家的相关法律规定,根据《中华人民共和国治安管理处罚法》第二十五条第一款规定:散布谣言,谎报险情、疫情、警情或者以其他方法故意扰乱公共秩序的,处五日以上十日以下拘留,可以并处五百元以下罚款,情节较轻的,处五日以下拘留或者五百元以下罚款。鉴于皮某某认识到自己违法行为的实质,警方依法对其做出治安拘留3日的处罚。①

(10)信用卡透支不还者进入银行黑名单。2006年9月,西安某高校大二学生小西接到了一张银行的传票,不仅催她还钱,还要偿还近1000元的利息。银行称,如果小西10天内不还款(包括利息),银行工作人员将会到学校找到有关部门,协助他们督促小西把款还上。此外,小西将自此进入银行征信系统黑名单,也就意味着小西毕业后如果买房或创业,可能因此不能向银行贷款了。这一切都是因为小西办了一个可以透支的招商银行信用卡,并透支了2000元钱。据小西说,当时在商场购物时觉得刷得挺爽的,也没意识到还钱的事,后来2000元很快就花完了。40多天后,有短信提醒她该还款了,她也没放在心上,总觉得没多大的事,拖一拖甚至不还银行也不会找上门来。不久后,就把还款的事彻底忘了。现在,银行的传票突然到学校来了,利息一天天地累计着,晚一天还就多一天利息。最后,小西的父母还了欠款,事情算过去了,但负面影响将持续到她以后的生活。

(三)感悟诚信——事业成功的法宝

诚信创造未来,在发展市场经济的的条件下,诚信是走向成功的必备条件。李嘉诚、马云这样看,像肯德基这样的跨国公司,也是以诚信作为经营理念的,而那些制造假冒伪劣商品的公司则像老鼠过街一样人人喊打。古今中外,没有一个成功的商人不守时守信,否则他的事业不可能做大做强,大学生

---

① 黄庆畅,张洋:《网络谣言害人害己 社会公众勿信勿传》,《人民日报》2012年4月16日第1版。

应该能从以下例子中感悟到诚信的魅力。

(1)李嘉诚悟道。香港超人李嘉诚,在创业初期资金极为有限。一次,一位外商希望大量订货,但他提出需要富裕的厂商作保。李嘉诚努力跑了好几天,仍一无着落,但他并没有捏造事实,或是含糊其辞,一切据实以告。那位外商深为他的诚信所感动,对他十分信赖,说:"从阁下言谈之中看出,你是一位诚实君子。不必请其他厂商作保了,现在我们就签约吧。"虽然是个好机会,但李嘉诚感动之余还是说:"先生,蒙你如此信任,我不胜荣幸。但我还是不能和你签约,因为我资金真的有限。"外商听了,极佩服他的为人,不但与之签约,还预付了货款。这笔生意使李嘉诚赚了一笔可观的钱,为以后的发展奠定了基础。由此,李嘉诚悟出了"坦诚第一,以诚待人"的原则,并获得了巨大成功。

(2)马云处理阿里欺诈门事件。2011年,媒体曝光阿里巴巴 B2B 公司对供应商有欺诈事件。事件的经过是这样的,2009年及2010年,阿里巴巴 B2B公司有近百名销售人员及部分主管和销售经理,为了追求业绩,故意或是疏忽让一些骗子公司绕过阿里巴巴的诚信体系而加入中国供应商。据统计,共有2326名加入阿里巴巴"中国供应商"的骗子公司,通过发布低价热门消费电子产品供应信息,专门骗国际买家,阿里巴巴可能从中获得了至少4000万元会员费。

事发后,公司先后有近百名销售人员受到包括被开除在内的多项处理,公司 CEO 卫哲、COO 李旭晖二人也因此"引咎"辞职,对其中淘宝的腐败问题更是实行严厉肃清。阿里巴巴集团成立了廉政部,任命了阿里巴巴 B2B 公司的安全主管,还设立了风险官一职,其重要职能是"保证平台公司的开放性、透明性和稳定性"。——马云用最简单的方式处理了这起诚信风波,并换来了阿里巴巴诚信的金字招牌。

(3)"八亿时空"凭诚信从四通获数百万元创业贷款。2003年,北大光华管理学院教授张维迎和原《福布斯》中国调查员胡润在一次论坛中形成"诚信是财富第一品质"的共识,并且把"八亿时空"作为例证。20世纪90年代,缺乏规范的中关村,产品鱼龙混杂,一个不起眼的电子设备公司"八亿时空"却一直奉行着诚信原则,独家提出了"坏一赔十,假一罚三"的服务承诺,在当时看来着实不易。正是凭着诚信口碑,公司从四通得到了数百万元借款,为发展提供了最初的资金支持。在其后成长的十年里,基于对"八亿时空"的信任,银行为其提供贷款数十笔,而公司没有一次延期还贷。十年后,公司营业额超过了10亿元人民币,成为一家集研发、生产、销售、服务为一体的综合性高科技多元化集团,麻雀变成了凤凰。

（4）肯德基诚信处理苏丹红事件。2005 年 3 月 15 日，上海市相关部门在对肯德基多家餐厅进行抽检时，发现新奥尔良鸡翅和新奥尔良鸡腿堡调料中含有可能致癌的"苏丹红一号"成分。3 月 16 日晚，中国百胜餐饮集团在上海发表公开声明，称其旗下餐饮品牌肯德基的食品新奥尔良烤翅和新奥尔良烤鸡腿堡调料在 15 日检查中被发现含有苏丹红一号成分。3 月 18 日，从朝阳区某肯德基餐厅抽取的原料中也检出"苏丹红一号"，涉及的产品新增加了包括香辣鸡腿堡、辣鸡翅、劲爆鸡米花在内的三种产品。消息一出，全国哗然，据不完全统计，肯德基全国 1200 家门店四天时间内至少损失 2600 万元。

面对来自公众媒体和竞争对手的压力，肯德基如何应对呢？

第一，承担责任。肯德基积极承认错误，积极进行处理，不推卸责任。中国百胜集团先于国家质检机构发布了肯德基部分产品调料"涉红"的消息，并且及时将涉红产品撤柜。向曾购买过"涉红"产品的顾客公开道歉，满足顾客的赔偿要求。积极配合政府有关部门，严格追查此次供应商在调料中违规使用苏丹红一号的责任，确保此类事件不再发生。强化公司敢于承担社会责任、尊重公众权益的企业形象。

第二，快速整改。危机发生后，立即采取措施，第一时间在全国停止新奥尔良烤翅和烤鸡腿堡的销售，同时销毁所有剩余调料，并且安排好重新生产不含苏丹红成分的调料。

第三，真诚沟通。肯德基始终以积极的态度与媒体、公众以及政府有关部门进行沟通，并开通了热线电话为消费者答疑等。在整个事件中，肯德基先后四次向媒体发出声明，解释原因，说明情况，肯德基公开宣布秉承其维护大众健康的一贯原则，提出多项改进措施，以确保不再发生类似事件。

肯德基自曝苏丹红问题并接受公众监督，始终保持着对公众的透明度，配合政府全面清查并进行自我审查。经过一系列严密、科学的检测，8 天之后，肯德基所有"涉红"产品都已获国家专业机构确认并全面恢复了销售。随后的消费者态度调查显示，近八成的消费者相信肯德基的产品。

（5）本店没有温州货。改革开放之初，我国东南沿海的一些小厂为了赚取暴利，成批地生产假冒伪劣商品，此现象最严重的是温州地区，在那里一切假名牌应有尽有。时间长了，全国都知道温州货不可靠，许多商店为了表明自己的信誉，都在店门口贴上"本店没有温州货"。温州这下才懂得，要把生意做大，必须靠诚实经营，用诚信树立商业信誉和企业形象。现在的温州已经不生产假货了，因此，整个社会又开始重新接受温州生产的货品了。

（6）哈啤诚信经营塑造品牌。哈尔滨啤酒集团是目前中国四大专业啤酒生产企业之一,超百万吨的生产能力奠定了其在中国啤酒市场上的地位,并以绝对优势占据了东北市场。那么,是什么原因使哈啤在竞争激烈的市场中独占鳌头呢?其实就是两个字:诚信。"老老实实做人,规规矩矩酿酒",这是哈啤传承百年的"训诫",也是它立足市场潮头、搏击中国乃至国际啤酒市场的"利器"。2001 年,国家工商行政管理总局首度评选 500 家"重合同守信用"企业,哈啤荣登企业红榜,并作为中国首批诚信企业通过互联网向海外公布。哈啤靠其文化精髓——诚信,走过了整整 100 年。

三、高校学生践行诚信的案例

诚信教育成败的关键是知行统一,诚信人格要在实践中考验,在锤炼中升华。

1. 助贷诚信饮水思源

(1)河南中医学院 2000 级中药专业学生王一硕家境贫寒,在国家助学贷款的资助下,于 2003 年 7 月顺利毕业。同年 8 月参加大学生志愿服务西部计划,成为首批大学生西部志愿者,服务于陕西省麟游县。王一硕在去西部的前一天,亲自到为其办理贷款的广东发展银行未来支行留下联系方式,并保证一定按期还款。在陕西麟游县,王一硕利用所学技术,带领当地农民建设黄芩 GAP 基地,手把手地教药农种植中药技术。指导当地制药企业通过国家 GSP、GMP 认证。西部志愿者结束后,他以优异的成绩考取了河南中医学院 2005 年中药专业研究生。目前,他被聘为河南省赫福莱生物制药有限公司总工程师、副总经理,同时,还兼任多家企业的 GMP 认证技术顾问。2005 年 2 月 15 日,他用自己的辛劳和智慧所得到的收入,提前 10 个月还清了 26770 元的国家助学贷款。王一硕同学从一个面临辍学的贫困生,在银行、学校和社会各界的关心帮助下,在自己的不懈努力下,成为成才、奉献、诚信、自强的典型。他的事迹得到社会的高度评价,中国青年报、中国教育报等全国多家新闻媒体多次报道。他被评为"河南省十大杰出青年志愿者""全国道德模范"等多项荣誉称号。

(2)河南理工大学 2006 级学生徐定方是一位来自贫困山村的大学生,早年家庭突生变故,父亲残疾、母亲去世,使他原本贫寒的家境雪上加霜。国家助学贷款帮助他走出了学费难筹的困境,给他提供了一个相对轻松的求学氛围。徐定方分外珍惜这来之不易的求学机会,他自立自强,勤奋好学,生活节俭,还利用课余时间打工弥补生活上的不足。徐定方知道,付出才是生命的意义,善良才是生命的本色。经过不懈的努力,他先后获得 2008 年度"中国大学生自强之星""国家励志奖学金""河南省优秀学生干部""河南省优秀团员""河南省暑期社会实践先进个人"等 20 多项荣誉称号。面对一连串的殊荣，徐定方说："我忘不了刚来河南理工大学时，是学校开设的'绿色通道'使我得以顺利入学注册，忘不了院领导帮我争取了勤工俭学的岗位，忘不了老师们的关怀和呵护……那些曾经给过我帮助的人们，我会一一铭记在心。我获得的所有成绩，都离不开周围老师和同学的关怀，我永远感激他们给我的无私帮助，我将时刻怀揣一颗感恩的心，尽最大努力帮助他人。"

（3）西南大学 2003 级学生邓费建、邓波兄弟的父亲患病、母亲体弱，家庭负债 3 万多元。为顺利完成学业，兄弟俩分别申请获得了 1.28 万元和 1.32 万元的国家助学贷款。毕业实习那年，兄弟俩筹资 4 万多元办起了养猪场，当年春节猪出栏时，他们就偿还 2.6 万元贷款。2006 年 11 月底，正值大学生求职高峰，兄弟两个同时收到了 3 家饲料集团的工作邀请函。企业看中的是他们吃苦耐劳的精神和诚实守信、按约还款的品质。

（4）江苏大学肖俊硬是靠着送牛奶、清扫楼道、抹桌子、做家教以及奖学金，以优异的成绩完成了学业。当肖俊就要毕业离校踏上工作岗位时，他拿出积攒的 7500 元送奶费，还清了国家助学贷款。诚实守信而又刻苦勤奋的他被常发集团看中，毕业后不久就将报到上岗。肖俊说，他作为一名贫困大学生，是国家助学贷款帮助他顺利读完了大学。他通过"新浪博客"、"QQ 空间"以及大学生"校内网"向全体大学生发出诚信还贷倡议。在倡议书中，肖俊写道："广大享受国家助学贷款的同学们：我是江苏大学的一名普通学生，和大家一样都是靠国家助学贷款顺利读完大学，在我们最困难的时候，是国家助学贷款帮助了我们……毕业之际，饮水思源，如期履约，按时还贷，是我们每个接受国家助学贷款资助同学的义务，也是对自己人生信用记录的珍爱。"

2. 践行诚信，铸造学子的诚信人格

（1）江苏大学无人售报摊体现出大学生的诚信。江苏大学自 2013 年 11 月开始在学生宿舍三区学生公寓门口摆出无人售报摊，半年总共销售了 2 万份报纸，却不曾出现一例拿报不付钱的事。据无人售报发起人、该区学生公寓管理员张君霞介绍，半年来，这里的《扬子晚报》销售量每天都有 120 份左右，最高时达 160 份，没有一个同学拿报不给钱，少数同学买报甚至从不找零。下午，管理员对一天的销售进行了统计，本该卖出 89.5 元，实际收回了 95 元！——无人售报摊上演了一幕当代大学生诚信的故事。

（2）勤工俭学大学生拾金不昧。2013 年 6 月 5 日，生意人陈先生讲述自己在肯德基大洋百货店内万元现金失而复得的悲喜故事。他和朋友一块到福州办事,中午在肯德基吃快餐,离开时皮包遗落在餐厅里。"我都在大洋百货里面逛了半天才发现自己的皮包丢了,当时整个人都傻了。"陈先生包内所有物品价值 3 万多元,仅现金就有 1 万多元。他抱着试试看的心态,回到了这家餐厅。没想到,餐厅服务员林晶晶及时将包收起并还给了他。餐厅值班经理金洁说林晶晶是一名在校大学生,家庭条件不好,在餐厅内勤工俭学。捡到皮包后,林晶晶立即交给餐厅。当时,她和林晶晶曾通过皮包内的住宿单据联系酒店,但酒店表示客人已经退房。

(3)清华学子承诺无价。1999 年春,清华大学南通如东籍大学生欧阳可青以自己的名誉为担保向社会上的好心人借款,为他病危的母亲治病。他向《现代家庭报》报社发出了一份求助传真,恳请该报为他联系有愿助他一臂之力的单位或个人,并保证毕业后一定偿还。此事引起社会的关注,人们纷纷伸出援助之手,他一共收到社会各界的 4 万多元款项。随后的时间里,他还常常接到从天南海北寄来的汇款,尽管很缺钱,他还是一一退了回去,他写了一封感谢信给报社,信中说,他的妈妈已经出院,能做一些轻微劳动,他们全家人不能再接受好心人的帮助了。"欠下好心人的钱,一定要偿还。"欧阳可青时刻没有忘记那些曾经帮助过他的好心人,更没忘记自己的承诺。2006 年 9 月,他向《现代家庭报》编辑部汇去还款,委托报社帮助他履行承诺——偿还当年的受助款。这一事例是诚信的现实应用,是清华学子人格意义的诚信外现。

第五章　高校诚信教育操作体系

教育目标：运行学生诚信教育体系，加强高校学生诚信道德的养成教育，加强对高校学生诚信的监督评价教育，营造诚信为本的校园氛围，促进学生形成诚信品质。

组成部分：主体是学校及相关部门的领导、教师、学生管理服务人员、学生干部，客体是学生的诚信行为和品质，运行机制是学习、生活、经济、求职创业四个方面的自律和他律教育及反馈，外部环境是呼唤诚实守信的社会主义市场经济大背景。

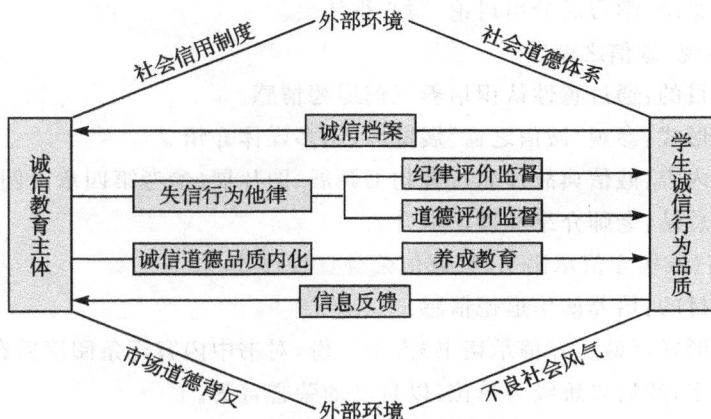

图 5-1　高校诚信教育操作体系

体系结构：

(1)高校学生诚信品质养成教育模块。

(2)高校学生诚信的评价监督教育模块。

(3)高校学生诚信教育反馈模块。

第一节　高校学生诚信道德内化三部曲

诚信品质内化三部曲,第一部曲入学诚信教育,第二部曲日常诚信教育,第三部曲是就业指导中的诚信教育。诚信品质内化四大系列分诚信道德认知系列、诚信情感培养系列、诚信意志锻炼系列和诚信习惯养成系列。

一、"三部曲、四系列"方案

第一部曲:入学教育中的诚信教育

1. 学习诚信制度

活动目的:学生明白诚信不仅是道德要求,而且是制度要求。

活动形式:诚信制度学习。

主要内容:学习《高校学生诚信守则》《社会信用体系建设规划纲要》等。

经验总结:学习后分组讨论、写心得体会。

2. 参观"诚信之窗"

活动目的:通过感性认识培养诚信道德情感。

活动形式:参观"诚信之窗"展览厅,用多媒体介绍。

主要内容:诚信典故及名言警句书画展、图片展(参考第四章案例)。

经验总结:老师介绍和理论提升。

3. 签《诚实守信承诺书》暨诚信荣誉宣誓仪式

活动目的:培养诚信道德情感。

活动形式:《诚实守信承诺书》人手一份,对书中内容逐条阅读后在自愿的基础上签字,然后以班级为单位,以自己的荣誉宣誓。

主要内容:参考"诚信赢天下"道德教育活动。

经验总结:营造严肃热烈的气氛是关键。

第二部曲:日常诚信教育

1. 诚信道德认知系列

(1)开设《信用教育》专题讲座

活动目的:诚信道德和诚信制度认知。

活动形式:课堂理论教学。

主要内容:社会信用制度体系、中国传统诚信道德。

经验总结：①专门开设"信用教育"课。

②渗透在思想政治理论课中开展教学。

③请银行工作人员开"征信知识"讲座。

(2)学习诚信档案的相关制度、诚信的评价标准和奖惩制度

活动目的：了解学院关于学生诚信的评价、奖惩办法。

活动形式：小组学习讨论。

主要内容：诚信制度内容(参考第六章)。

经验总结：安排高年级优秀学生参加低年级小组学习讨论。

(3)讲座：塑造诚信人格

活动目的：认识诚信人格的内涵及其重要性。

活动形式：讲座。

主要内容：参考第三章第五节

经验总结：学生听完讲座后写一篇心得。

2.诚信情感培养系列

(1)诚信你我他："三心"(良心、责任心、廉耻心)评价

活动目的：在学习模仿中培养诚信情感。

活动形式：主题班会、团日活动、小品相声晚会等。

主要内容：讲述身边的诚信之人、诚信之事。

经验总结：活动前要精心准备，案例选择要贴近生活，利用多媒体工具取得更好效果。

(2)讲座：成功认识谈诚信

活动目的：认识塑造诚信人生的重要性。

活动形式：讲座、报告会。

主要内容：邀请事业成功的校友或企业精英谈"诚信人生"。

经验总结：学生听完讲座后写一篇心得。

(3)诚信标兵表彰及诚信事迹宣传

活动目的：通过先进人物的诚信事迹示范培养诚信情感。

活动形式：报告会、表彰会。

主要内容：诚信标兵事迹报告会、诚信标兵表彰。

经验总结：诚信标兵评选要受监督，公示七日后再表彰。

(4)诚信典故及名言警句书画展、图片展

活动目的：在艺术创作欣赏过程中陶冶诚信情操。

活动形式：通过展厅、QQ群、微信群、博客、思政网站传播。

主要内容:书法、绘画、典故、动画创作展览。

经验总结:注意营造氛围。

(5)"珍爱诚信"主题演讲赛

活动目的:培养诚信情感。

活动形式:演讲赛。

主要内容:诚信主题。

经验总结:把诚信与爱国、爱校精神结合起来。

(6)征文(或讨论会):品质、信任与合作

活动目的:培养诚信情感。

活动形式:征文(或讨论会)。

主要内容:诚信主题。

经验总结:征文题目可另定,要符合诚信主题。

(7)"6·14"信用记录关爱日社会调查:失信的代价

活动目的:体验诚信、感悟诚信。

活动形式:社会调查。

主要内容:"6·14"信用记录关爱日社会调查。

经验总结:注意引导学生正确评价一些社会不正之风。

(8)家庭教育、学校教育、社会教育三结合

活动目的:三种教育通过交流达成共识,形成合力。

活动形式:联谊会、社会调查。

主要内容:社区诚信主题联谊会,学生假期诚信主题调查。

经验总结:因地制宜。

(9)他山之石:欧美日诚信教育一瞥

活动目的:了解外国诚信教育经验,感受诚信的重要性。

活动形式:教师课堂介绍、观看相关电影电视节目。

主要内容:详见"他山之石"(参考第四章)。

经验总结:微课、微博、微信也是很好的传播途径。

(10)互动:诚信网络论坛或师生面对面交流

活动目的:通过师生互动培养诚信情感。

活动形式:网络论坛、QQ 群、微信群互动。

主要内容:师生互动、主管领导学生接待日活动等。

经验总结:教育者的感染力要发挥作用。

3.诚信意志锻炼系列

(1)专项承诺仪式

活动目的:坚定诚信信念。

活动形式:拟定专项承诺条款,学生在具有明确认识的基础上在承诺书上签字,必要时可以组织宣誓等承诺仪式。:

主要内容:①考试前承诺。在考试卷装订线内设承诺条款,考试前每个学生都要抄一遍然后郑重签字,不愿签字的学生单独坐一排,监考时要特别监督。承诺条款内容参考:"本人以自己的荣誉郑重承诺:以下答卷,完全独立思考,不帮助或接受他人不正当的帮助。承诺人:　年　月　日"。②申请助学贷款的诚信承诺。③学生干部就职前的承诺。承诺条款内容参考:"本人郑重承诺:任职期间忠于职守、服从领导、全心全意为学院服务,坚持公正公平,决不徇私舞弊。承诺人:　年　月　日"。④特殊生的承诺(详见本章第二节)。

经验总结:后续工作要配套,以防搞形式、走过场

(2)阶段测评总结反思

活动目的:总结反思检查,坚定诚信信念。

活动形式:期中期末组织阶段测评后,辅导员(班主任)根据测评结果中存在的问题进行总结反思。

主要内容:"阶段测评:给自己的诚信打分"(参考本章第二节)。

经验总结:开展批评与自我批评,辅导员(班主任)要掌握好范围。

(3)对社会人士诚信观的评价活动

活动目的:通过调查对比,坚定诚信信念。

活动形式:社会调查。

主要内容:对社会人士诚信观的评价活动。

经验总结:学生有不理解的地方,教师应及时给予正确指导。

(4)特殊生诚信教育培训班和换位实践督察队

活动目的:帮助失信行为较多的学生重塑诚信观念。

活动形式:集中学习,个别跟踪思想教育。

主要内容:一是学习相关制度,通过多种教育方式帮助他们提高对诚信重要性的认识。二是安排到"换位实践纠察队",戴上袖章,利用课余时间、节假日,跟随学工处老师去检查纠正其他同学的违纪现象,教育帮助其他违纪同学,表现好的可结束纠察队的工作。

经验总结:培训班结束后还要跟踪一段(参考本章第二节)。

（5）演讲：对承诺负责

活动目的：强化诚信信念。

活动形式：演讲赛。

主要内容：诚信主题演讲赛。

经验总结：组织准备工作要做好。

（6）公示、曝光

活动目的：公开披露信息，创建校园诚信氛围。

活动形式：公示曝光。

主要内容：优秀生公示、入党考察对象公示、学校收费公示、失信行为曝光。

经验总结：强调树立"失信一时，终身难行；失信一处，到处难行"的观念和对诚信规则的敬畏意识。

4. 诚信习惯养成系列

（1）诚信考场

活动目的：抵制考试作弊的诚信习惯锻炼（诚信心理强化）。

活动形式：无人监考的考场。

主要内容：学生考前认真阅读考场规则，抄一遍荣誉诚信承诺，然后签字。答卷过程中，遵守考场纪律全凭自觉。

经验总结：学生互相监督反馈。

（2）诚信阅览室

活动目的：爱护（不毁坏、偷窃）书报的诚信习惯锻炼。

活动形式：无人监督的阅览室。

主要内容：学生要充分认识到毁坏、偷窃书报是不诚信行为，阅读过程中要自觉爱护书报。

经验总结：学生互相监督反馈。

（3）自助售报亭

活动目的：诚信习惯锻炼。

活动形式：自助售报。

主要内容：自助拿报纸付钱，无人监督，全凭自觉。

经验总结：学生互相监督反馈。

第三部曲：就业指导中的诚信教育

1. 用诚信书写履历

活动目的：树立诚信就业观。

活动形式：讲座、个别指导。

主要内容：填写就业推荐表时不弄虚作假。

经验总结：与审查就业推荐材料配套。

2．专题讲座：守时是入职的诚信规则

活动目的：认识守时对从业者重要性。

活动形式：专题讲座。

主要内容：守时是一种诚信素质、职业道德、入职规则。

经验总结：引导学生在实习中体会。

3．学习《劳动法》《合同法》

活动目的：树立诚信就业观。

活动形式：讲座、小组学习。

主要内容：(1)《劳动法》《合同法》中的诚信原则。

(2)劳动合同的签约程序和违约责任。

经验总结：要求写学习心得。

4．毕业生跟踪报告(典范教育)

活动目的：树立诚信就业观。

活动形式：讲座、报告会。

主要内容：往届毕业生典型诚信就业事例。

经验总结：让往届毕业生现身说法。

5．助贷诚信宣传

活动目的：唤起毕业生对贷款信用的重视。

活动形式：讲座、横幅标语、校园网站、微博、QQ、微信。

主要内容：诚信助贷，好信用才能赢得未来(参考第三章第二节)。

经验总结：请银行工作人员开讲座。

二、高校实施诚信道德教育的关键点

首先，以群体诚信促进个体诚信的养成。一是群体诚信期待，期待学生个体诚实守信、彼此信任，隐含着群体的价值观和得到社会认同的诚信观。二是群体诚信暗示，群体隐含的诚信风气会渐渐地暗示个体，学生个体受到暗示，会将其作为自己在同类事件中的行为准则。三是群体诚信感染，用一种精神的深层次渗透和心灵的强烈震撼，通过情感影响诚信态度，进而深化诚信的价值观。四是诚信模仿，高校学生根据自己的认知权衡判断，使自己的行为与群体一致或修正模仿，或是发自内心地对诚信观念加以主动模仿，或是在群体的压力下的被动模仿。群体诚信期望和暗示与学生的价值观相近或相似时,更容易激发学生在情感上的共鸣,并促发诚信模仿行为。

其次,实施要点包括"学、议、引、查、评"五个方面:

"学"即通过学习、参观等方式加强高校学生诚信道德认识。在诚信人格教育的起始阶段,尽量让学生多学知识,增加学生对诚信内容的学习,接受更多的道德信息,有效提高学生对诚信及相关内容学习的积极性与主动性。如组织学生收集诚信故事、编写诚信故事、讲述诚信故事以及开展诚信竞赛等活动。

"议"即以讨论和交流等方式进一步加深对诚信内涵的理解,认识到诚信人格培养的重要意义。在学生接受大量诚信信息的基础上,围绕其内容组织学生进行分组讨论、分班交流、大会演讲、撰写心得体会,使学生对诚信入耳入脑,达到教育目的。如利用主题班(团)会开展"诚信大家谈"活动,举行"人人知诚信,人人讲诚信"主题班会、"诚信在我身边"主题演讲比赛、"诚信——人生的基石"讨论活动、"讲诚信吃不吃亏"辩论赛等。

"引"即引导、疏引。在学生获得并接受诚信信息的基础上,引导学生向主人公学习,明辨是非,提高认识,进而推出诚信之星、文明之星,鼓励学生见贤思齐。开展"诚信你我他"主题团日活动、诚信考场承诺签名活动、早晨诚信出操活动、"诚信在我心"主题签名活动等。

"查"即排查、督察。在学先进的同时,查问题、找不足,对身边不诚信的现象进行自查自纠,倡导学生自律自强。学工部在全校范围开展"诚信班级、诚信标兵"评选活动,将考试作弊、借书不还、虚假出具贫困证明等列为不能参评的条件。倡导学生自查自律,规范自己的行为,做诚信人。开展以"我心中的诚信形象"为主题的征文活动,围绕学生自己的生活,写身边真实的人和事,写自己心中的诚信形象,赞美生活中美好的诚信形象,抨击不诚信的人和事。

"评"即采取多元评价机制。学生明确应具备什么样的道德素质才能适应社会的需要。开展诚信体验活动,让学生在特定的道德情境中,扮演或充当某个角色,体会自己将有什么样的情感,应该遵循什么样的道德规范,进而认识自己的道德需要,明确自己的道德价值观与社会要求的差距,如开展诚信调研活动,体验社会诚信现状等。

三、"诚信赢天下"德育活动实施案例

案例一：入学教育之"诚信荣誉宣誓"

活动目的：培养诚信道德情感。

活动形式：《诚实守信承诺书》人手一份，对书中内容逐条阅读后在自愿的基础上签字，先以小组为单位宣誓，然后以班级为单位集体宣誓。

宣誓内容：作为一名大学生，我以我的荣誉起誓：言必信，行必果。知之为知之，不知为不知。以诚信换取诚信，以诚信获得成功。坚持诚信立身，诚信立学，诚信立言，诚信立行。从自己做起，从现在做起，从小事做起。恪守诚信公约，塑造诚信人格，弘扬诚信美德，建塑诚信人生！

图 5-2　入学教育之"诚信荣誉宣誓"

经验总结：新生入学教育开展诚信荣誉宣誓，彰显出学校对诚信的重视态度，有利于促进学生对诚信道德的认同。营造严肃热烈的气氛是此项活动的关键，集体弘扬诚信道德对个体的诚信情感有熏陶暗示作用。

案例二："诚信考试"团日活动

活动目的：学生了解诚信考试的重要性，端正学习态度，规范考试行为，教育和引导学生诚信考试，营造公平、公正的考试环境。

活动内容：迎接期末考试，营造良好的诚信考试氛围，举办以"诚信考试"为主题的团日活动。学生在诚信考试的签名墙上写下自己的名字，对诚

信考试进行宣誓，发表关于诚信考试的演讲，活动结束后每人写一篇心得体会。

水电 1335 班在本次活动比赛中拔得头筹，他们实至名归。他们认真布置会场，彩带、气球都体现出他们很用心。主持人用幽默风趣的语言介绍了诚信考试的意义，让大家在笑声中认识到诚信考试的重要性。他们庄严地宣誓，他们在光荣的诚信考试承诺书上，签下自己的名字。

图 5-3　"诚信考试"团日活动

图 5-4　"诚信考试"团日活动

土木 1341 获得第二名，他们非常有创意。以辩论赛、小品的方式来表现诚信考试的重要性。尤其是小品,非常诙谐幽默,让大家在轻松的环境下认识到诚信考试的重要性。

图 5-5　"诚信考试"团日活动

水文 1331 班的活动由一个心思细腻的女生主持,讲述一个个寓意深刻的小故事,在轻音乐的环绕下,让人受益匪浅。每一个小故事都深刻地诠释着诚信考试的意义和重要性。在讲述完故事之后,大家庄严宣誓,虽然水文班以女生居多,但是宣誓活动还是那么气势磅礴,让人震撼不已。

活动结束后学生写心得体会(文例):

诚信考试从不作弊开始,考试作弊,害人害己。考试对考生的重要性不言而喻,人人都想考出好成绩,这种愿望是无可非议的,也是可以理解的。考试成绩理想与不理想,只能相对而言,无论结果如何,都要正确面对。诚信是社会主义公民道德建设的重要内容,一个社会,讲诚信的人越多,社会诚信水平就越高,社会就越和谐。考纪考风是社会诚信的一个重要组成部分。诚信考试,既是对每一个考生的考试要求,也是一个学生必备的道德品质。当学生就要学习,学习就要考试,考试就要遵守规则,就要诚实应考,公平竞争,这是学生之所以为学生的本分,是学生的"大节"。考试是对每一个考生平常学习的一次综合检验和衡量,考生们应认真对待每一场考试,同时,还要坚决地抵制舞弊行为的诱惑,切忌有任何侥幸心理,不要去触碰考场中的"高压线"。诚信考试,助你事业成功,诚信是一个人的立身之本,是一个有志者事业成功的基石。人生处处是考场,一个人一生要经历无数次考试,只有以诚信作基础,通过主观的努力,才能取得好的成绩,才能交上满意的答卷,才能从容应对人生道路上的各种挑战,一步步走向成功。很难想象,一个在学生时代就考试舞弊、不讲诚信的人,将来能在事业上取得成功,即便能小有作为,也难保不在政坛舞弊、商场欺诈或科研剽窃中被揭穿。而恰恰是那些诚实守信、顽强拼搏的人,才能做出骄人的成绩,才会受到社会的尊重!

水文 1331 班×××

经验总结:各高校都十分重视考试诚信,但近年来考试作弊现象却屡禁不止,甚至愈演愈烈。此项活动对学生的考试诚信具有教育意义,内化较好,有利于诚信道德情感升华。但也有个别学生认为此类活动是走过场,是隔靴搔痒。因此,不能寄希望于一次团日活动,毕其功于一役,考试诚信有赖于一系列的教育管理措施配套。欧美国家高校推行的与严厉惩罚考试作弊相配套的考试诚信荣誉宣誓制度值得借鉴。联系实际,可以在考试前要求学生签考试诚信承诺,具体方法如下:

在考试卷装订线内设承诺条款,考试前每个学生都要抄一遍然后郑重签字,承诺条款内容:"本人以自己的荣誉郑重承诺:以下答卷完全独立思考,不接受他人不正当的帮助。承诺人: 年 月 日"。

《毛泽东思想和中国特色社会主义理论体系概论》期末考试卷

本人以自己的荣誉郑重承诺:以下答卷完全独立思考,不接受他人任何不正当的帮助。

题 型	单选题	多选题	填空题	是非题	简答题	论述题	总 分
应得分	20	20	10	10	20	20	100
实得分							

课程编码: 考试时间:2014年6月18日
考试类别:非统考 答卷时间:100分钟

评卷人	得分

一、单项选择题(每题2分,共20分)

1. 中国资产阶级民主革命由旧式转为新式的转折点是:( )
   (A)太平天国运动   (B)义和团运动
   (C)五四运动   (D)辛亥革命

2. 马克思主义在中国广泛传播是在:( )
   (A)新文化运动后   (B)辛亥革命失败后
   (C)俄国十月革命后 (D)五四运动后

图 5-6 "诚信考试"荣誉承诺

案例三："三微"渗透诚信教育

活动目的:宣传诚信理念。

活动内容:微博、微信、微课以喜闻乐见的片段渗透诚信理念,把整章整块的诚信道德教育细化成片段,以视频短片、短评、图片、漫画等形式,分时、分段地通过"三微"展现出来,使广大"微粉"在不知不觉中受到陶冶。

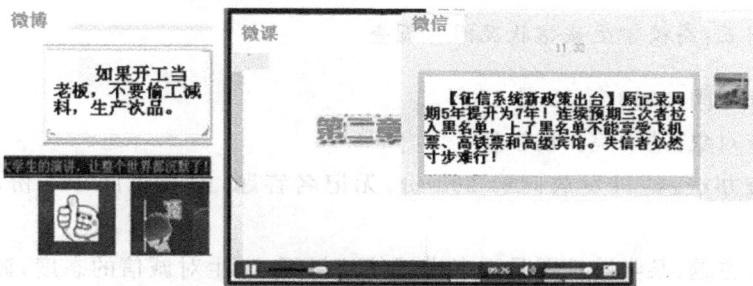

图 5-7　"三微"渗透诚信教育

经验总结:微博、微信、微课是当下在高校学生中最流行的交流工具,具有快速便捷、图文并茂、互动面广等特点。面对交流工具的创新发展,高校理论集中教学的效果渐露窘态,诚信教育应充分应用"三微",联系实际细化教育环节,退出诚信教育的视频短片、微课、图片等创新产品,传播诚信道德。例如,宣传诚信名言警句、诚信案例分析微课等。

案例四:特殊生诚信教育培训班和换位实践纠察队

活动目的:诚信特殊生教育。

活动内容:由学工处牵头,各系辅导员负责,组织诚信问题比较严重的特殊生进行集中学习和个别思想教育,建立"换位实践纠察队",安排特殊生去检查纠正其他同学的不诚信行为,使他们有机会换位思考和见贤思齐。

(1)集中学习相关制度,通过多种教育方式帮助他们提高对诚信重要性的认识。特殊生对照制度的要求认清自己的错误,要求做到"四个写清楚":一是写清违纪事实,二是写清错在什么地方,三是写清改正的决心,四是写清改正措施。

(2)安排学员到"换位实践纠察队",戴上袖章,利用课余时间、节假日,跟随辅导员(也可以是其他能力较强的学生干部)一起去检查纠正其他同学的违纪(不诚信)行为,表现好的可结束纠察队工作。

（3）培训班结束后跟踪一段时间，填写跟踪卡。

经验总结：带有诚信问题的特殊生是高校教育管理的难题，其不诚信观念已先入为主，而且屡教不改。此类学生常伴有违纪行为，如作业抄袭、考试作弊、借钱高消费、不遵校规和课堂纪律等，甚至有坑蒙拐骗行为。对其进行集中学习和换位实践，能促进其反思错误和换位思考，从而纠正错误。此案例操作必须借助集体的力量，施教者要付出艰辛劳动，还要掌握相应的教育手段。

案例五：高校学生诚信状况问卷调查

调查时间：2013 年 12 月 15 日。

调查对象：某学院在校学生。

调查办法：随机发放问卷 200 份，无记名答题，问卷收回 194 份，回收率 97％。

调查主题：某学院校园是否有讲诚信的氛围，学生对诚信的态度，诚信失缺的主要现象，诚信教育的重点问题等。

调查结论（摘选）：

1. 学院校园是否有讲诚信的氛围

第一，经济生活环境。在成长过程中，诚信方面的影响程度最大的是社会，其次是家庭，然后才是学校。在此次调查对象中，18％的学生承认有过骗家里学校要交费但实际上钱是自己乱花掉的行为。

第二，学习环境。六成学生认为考试作弊可以理解，在调查对象中，25.4％的学生承认有过编个理由骗老师批假不去上课的行为，上课替答到现象偶尔发生。认为考试作弊与社会上的营私舞弊现象相比，是小巫见大巫，没有什么了不起，不看白不看，不看是傻瓜。

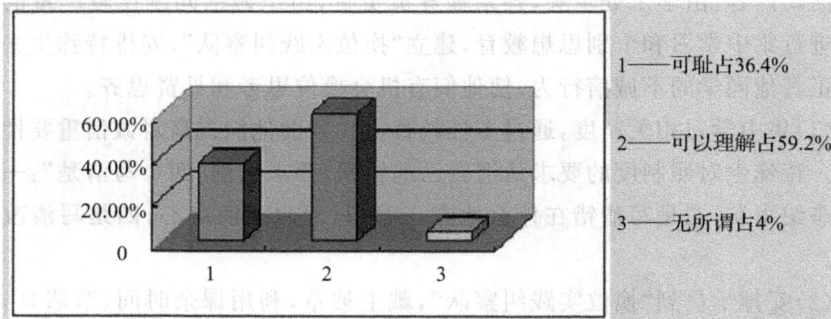

图 5-8　高校学生诚信状况问卷调查报告

第三,日常生活交往环境。问卷显示,42％的学生认为身边的同学不守信用不会受到指责,认为"虚伪现象越来越多"的学生占到 84.12％,有 68.26％的学生认为人人都嘴上讲诚实,而遇到事情时却很少有人诚实。

2. 学生对诚信的态度

主张抛弃诚信的仅占 3.9％;认为学院有必要开展诚信教育的占 87％,其中有 49％的学生认为迫在眉睫;认为在社会上立足讲信用是必备条件的学生占73.4％。他们对不诚信的社会现象也是深恶痛绝,比如,有近八成学生认为生意人出售假冒伪劣商品应受严厉打击,几乎所有学生都认为助学贷款一定要按时还。

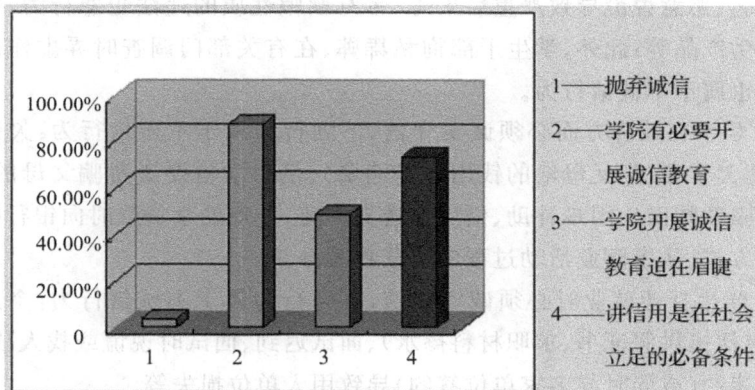

图 5-9　高校学生诚信状况问卷调查报告

经验总结:问卷调查是了解高校学生诚信状况的有效途径,问卷设计要切合高校学生的实际(参见附录 2　诚信调查问卷)。

第二节　高校学生诚信的监督教育

高校学生诚信的监督教育包括道德评价监督教育和纪律评价监督教育,主要针对失信学生的品质和行为。针对高校学生的实际情况,应细化诚信道德行为标准,重视群体诚信期待对学生的暗示和感染,建立校园诚信舆论,在此基础上对学生实施诚信监督教育。主要举措包括建立校园诚信道德评价标准、阶段测评、特殊生诚信跟踪、校园公示曝光公告监督、毕业生就业推荐材料的审查等。

一、高校学生行为诚信的道德评价标准

根据《公民道德建设实施纲要》等文件的精神,联系高校学生的实际情况,其行为诚信的道德评价标准细化如下：

1. 学生必须具有求实的学习态度，下列行为属于不诚信行为：编造借口请假、请人代答到、考试作弊、作业抄袭、论文抄袭、毕业设计抄袭、编造科学研究数据、教学实践中弄虚作假给实习单位造成不利影响、借书不还、在阅览室偷盗或损毁图书等。

2. 学生在日常生活中必须诚实守信，下列行为属于不诚信行为：在社会交往中不信守诺言，如欺骗他人钱物、买东西不付钱、乘车不买票、不守时导致严重后果等；带有欺骗性质的严重违纪行为，如冒充班主任或其他老师在请假条上签名、恶意说谎导致严重后果等；带有欺骗性质的违法犯罪行为，如制售假冒伪劣产品等；此外，学生干部徇私舞弊、在有关部门调查时弄虚作假或做伪证等也属于不诚信行为。

3. 学生在经济方面必须诚实守信，下列行为属于不诚信行为：欠钱恶意不还、拖欠学费（把父母给的钱用于高消费）、借口学校要缴费骗父母的钱、弄虚作假骗取特困生困难补助、信用卡透支不还、办理助学贷款时向银行提供虚假联系方式、从事商业活动过程中坑蒙拐骗等。

4. 学生择业就业时必须诚实守信，下列行为属于不诚信行为：个人履历造假（包括提供假证书、求职材料掺水）、面试迟到、面试时说谎或找人顶替、劳动合同违约（或同时与多家单位签约）导致用人单位损失等。

5. 学生使用互联网时必须诚实守信，下列行为属于不诚信行为：窃取他人密码等黑客行为、借用网恋欺骗感情、虚假电子商务骗取他人钱财、恶意散布虚假信息（造谣）、冒名进行不道德行为致使他人名誉受损等。

二、建立校园群体诚信舆论氛围

高校生活是以群体为单位的，群体对学生个体有约束和引导作用，要重视群体诚信期待对学生的暗示和感染，创建一个注重诚信内涵的大环境。群体诚信期待是一种道德期待，即在人际交往中，期待个体诚实守信、彼此信任，隐含着群体价值和得到社会认同的诚实守信的道德观念。群体对个体的诚信期待很大程度上是通过诚信暗示来实现的，群体诚信暗示充斥在道德生活的各个层面，从朋友、同学之间的关系到个人与学校、家庭的关系，对学生的诚信选择产生重要影响。群体的诚信感染是一种深层次的精神渗透，它通过情感暗示来影响诚信态度，进而深化诚信的价值观。诚信教育要从群体诚信入手，构建人人关心、个个支持诚信的舆论氛围，提升校园诚信文化的审美品位。

以下建立校园诚信舆论的方法供参考：

1. 利用各种宣传阵地宣传诚信价值观,充分运用广播、板报、校报、微博、微信、QQ群、网络论坛等载体,用诚实守信的正面舆论引导人,用诚实守信的榜样鼓舞人,用弄虚作假、欺骗欺诈等反面现象的批判警示人。鼓励学生努力塑造诚信人格,并在学习、生活和交友过程中身体力行,共同构建"诚信为荣、失信可耻"的求实校风。

2. 大会小会反复强调诚信,统一认识,共同维护诚信的威信,提高学生对诚信制度的敬畏意识。

3. 把诚信教育渗透到各教育环节。从入学教育到毕业教育,从德育课到专业课,都要强调诚信教育。同时,通过多种方式,用一些失信、败德现象及其造成的危害教育学生,使学生认识到,诚信是一种宝贵的资本,"信任透支"总是要偿还的。

4. 管理服务部门要坚持实事求是的工作作风,教学部门要创建严谨、求实的学风和考风。

5. 领导干部要带头讲诚信,教师要在诚信方面做出表率,他们的人格魅力作用是巨大的,在潜移默化中影响着学生。

6. 提升校园诚信文化的审美品位,要充分体现校园诚信文化的时代气息,又要体现其浓厚的文化底蕴,提升诚信文化的艺术性。举办诚信典故及名言警句书画展、图片展,在审美中接受诚信文化陶冶;实行优秀生公示、入党考察对象公示、学校收费公示等;建立无人监考的诚信考场、自觉爱护(不毁坏偷窃)书报的诚信阅览室。

7. 社会、家庭、学校互动,形成注重诚信道德的大环境。社会风气对高校学生有较大影响,家庭诚信道德环境建设也十分必要,任何人都离不开家庭道德环境的熏陶。要引导学生正确评价社会存在的不诚信现象。

三、阶段测评:给自己的诚信情况打分

每过一个阶段,组织学生对自己的诚信行为做点反思是十分必要的。对自己的诚信状况自评,对诚信状况良好的学生是一种鼓励,对有失信行为的学生来说是考验自己心理的经历,一方面他们对自己的行为公开将造成的后果很清楚,想隐瞒事实。另一方面,他知道不如实填写被复核出来,后果更严重。这种心理体验是一种鞭策,因为,给自己的诚信打分的同时,也感受到自己正处于群体的监督之中。

(一)诚信状况测评办法

期中对半学期进行总结检查,期末对整个学年情况进行总结检查。检查

以班级为单位,先由学生自评,然后辅导员组织班委、学生代表复评。班级建卡(见表 5-1),由辅导员或班主任负责保管。

表 5-1　高校学生诚信状况测评表

分类	班级: 姓名: 学号:	第一学年				第二学年				第三学年				第四学年			
		期中检查		期末检查		期中检查		期末检查		期中检查		期末检查		期中检查		期末检查	
		自评	复评	自评	复评	自评	复评	自评	复评	自评	复评	自评	复评	自评	复评	自评	复评
a1	诚信班级成员																
a2	诚信宿舍成员																
a3	诚信标兵																
	其他																
b1	带有欺骗性质的违法犯罪行为																
	考试作弊																
	毕业论文(设计)抄袭																
	夸大或伪造事实获得特困生困难补助																
	个人履历造假,包括提供假证书、求职材料掺水																
b2	找人顶替考试(或面试)																
	劳动合同违约(或同时与多家单位签约)导致用人单位损失																
	带有欺骗性质的严重违纪行为																
	有关部门调查时弄虚作假或做伪证																
	说谎导致严重后果																
	其他																

续表

分类	班级： 姓名： 学号：	第一学年				第二学年				第三学年				第四学年			
		期中检查		期末检查		期中检查		期末检查		期中检查		期末检查		期中检查		期末检查	
		自评	复评	自评	复评	自评	复评	自评	复评	自评	复评	自评	复评	自评	复评	自评	复评
b3	冒充班主任或其他老师在文件上（如请假条）签名																
	网络散布谣言																
	学生干部徇私舞弊																
	其他																
b4	作业抄袭																
	不守时导致不良后果																
	信用卡透支逾期不还																
	旷课并且找借口欺骗老师																
	图书馆借书不还或在阅览室损毁（盗窃）图书																
	欠同学钱恶意不还																
	拖欠学费，把父母给的钱用于高消费																
	上报材料时虚报或故意隐瞒不报																
	在社会交往中不信守诺言，导致纠纷																
	其他																

备注：有相关行为则填上"√"。

（二）检查结果汇总

班级把加扣分状况汇总（见表5-2），一学期一次汇总到"学生诚信量化评价系统"，在评价系统中，与其他渠道采集到的信息相互印证，形成诚信评价等级。

表 5-2　高校学生诚信行为计分表

班级：

学号	姓名	发生日期	诚信行为	类别
134562	欧阳××	20140621	期末考试作弊	B2

四、特殊生诚信跟踪教育

特殊生是学校教育管理的重点对象，主要指那些常有某一种或某几种特殊不诚信行为，经过教育未有明显改变的学生。根据学生各个方面表现出的突出特点可以有多种分类，如高分低能生、沉溺网络不能自拔学生、心理亚健康生等，我们平时讲的学习差生和纪律差生只是特殊生中的具体类别。纠正特殊生的思想行为靠一两次教育是不够的，必须长期跟踪教育。

从诚信角度看，特殊生包括以下类型：

1. 学习态度特殊生

常有下列行为：考试作弊、作业抄袭、论文抄袭、毕业设计抄袭、迟到早退、请人代答到、图书馆借书不还等。

2. 日常生活中的特殊生

常有下列行为：恶意说谎导致严重后果、在社会交往中不信守诺言（如欺骗他人钱物、买东西不付钱、乘车不买票等）、带有欺骗性质的严重违纪行为（如冒充班主任或老师在请假条上签名）、带有欺骗性质的违法犯罪行为、学生干部徇私舞弊、在有关部门调查时弄虚作假或做伪证等。

3. 经济生活方面特殊生

常有下列行为：恶意欠钱不还、拖欠学费（把父母给的钱用于高消费）、借口学校要缴费骗父母的钱、弄虚作假骗取特困生困难补助、信用卡透支不还等。

4. 求职就业的特殊生

常有下列行为：个人履历造假（包括提供假证书、求职材料掺水）、面试时说谎或找人顶替、劳动合同违约（或同时与多家单位签约）导致用人单位损失等。

5. 使用互联网时的特殊生

常有下列行为：窃取他人密码等黑客行为、借用网恋欺骗未成年人、虚假电子商务骗取他人钱财、恶意散布虚假信息、冒名进行不健康行为致使他人名誉受损等。

特殊生诚信跟踪根据学生的特点有针对地进行长期监督教育，由学工处牵头，各系辅导员负责，对违纪比较严重的特殊生进行集中学习以及个别思想教育。具体操作规程如下：首先，根据学生的表现圈定特殊生名单，并以班级为单位或以特殊生类型为单位进行分类，部署教育者分工负责。其次，集中学习和个别思想教育相结合。学工处牵头组织集中学习，各系生管干部逐个与特殊生交谈，使学生明确自身存在的问题，在学生具有相对正确认识的基础上，指导其填写承诺书。再次，教育者对其负责的特殊生的行为进行跟踪监督，定期给以评价、教育常与特殊生进行交流。可以动员特殊生周围的同学一起监督。

经验总结：坚持以人为本的原则，从促进学生健康成长出发，注意尊重特殊生的权利和人格尊严。学生写承诺书必须是对自身存在问题有相对正确的认识基础上自愿做的，不可强迫。坚持思想教育为主，在跟踪过程中教育者不仅要记录，还要经常进行帮助教育。

表 5-3　高校诚信特殊生跟踪卡

姓名		性别		身份证号		班级	
历史 记录						特殊生 类型	
承诺书							
					承诺人：　　　　　年　　月　　日		
跟踪 记录							
					记录人：　　　　　年　　月　　日		

五、校园舆论监督：公示、曝光、公告

创建校园诚信氛围，公开信息披露，提高信息透明度，加强校园舆论监督才能使"失信一时，终身难行；失信一处，到处难行"的观念真正内化。

校园信息公开披露主要有公示、曝光、公告三种形式，公示内容主要是学校管理建设决策前的公示和决定授予优秀学生荣誉前的公示，曝光内容主要是学生失信行为，公告则是管理部门公开告知，目的是吸引广大师生进行监督。

1. 各类优秀生公示、入党考察对象公示

此类学生在学校属于优秀生，也是众多学生羡慕的对象，在决定授予他们荣誉之前进行公示，吸引公众进行监督，有利于遏制一些学生弄虚作假及其带来的负面影响。

2. 学生失信行为曝光

严重违反学校的"学生诚信行为管理规定"或者屡教不改的学生，将他们曝光是一种惩罚，引起公众注意，希望其他学生引以为戒，并且继续监督他们的行为。

3. 欠费生高消费行为限制公告

在欠费学生中，大部分是学习勤奋而家境贫困交不起学费的困难生，但还有一部分学生拖欠学费，却把父母给的钱用于高消费，有的弄虚作假，骗取特困生补助。欠费生高消费行为限制公告的主要目的是呼吁公众监督他们的不诚信行为。

4. 学校收费公示、招生情况公示、项目招标公示

学校管理建设决策前的公示，从诚信教育的角度看，主要是教育者、管理者队伍建设和教育管理环境建设，体现学校以"诚信为本"的教育管理理念。

六、毕业生就业推荐材料审查

许多毕业生在求职过程中有不诚信的行为，如在个人自荐材料上造假（包括提供假证书、求职材料掺水）、面试时说谎或找人顶替、劳动合同违约（或同时与多家单位签约）导致用人单位损失等。此类失信行为严重影响学校毕业生的形象，使许多用人单位无所适从、怀疑毕业生的素质，因此，在就业指导过程中加强诚信监督是十分必要的。主要采取两个监督办法：一是毕业生就业推荐材料的审查，一是毕业生信息网上查询。

1. 毕业生就业推荐材料的诚信审查

推荐表是学校推荐毕业生就业的重要凭证,内容包括:姓名、性别、专业、学历、出生年月、政治面貌、学习成绩、家庭地址、在校奖惩情况、从事社会工作情况等。推荐表的内容是否真实直接关系到学校的诚信,因此要如实填写,严格审查。具体做法:学生填好自填部分内容后,辅导员(班主任)严格审查,毕业生的学习成绩证明由教务部门从成绩库中打印并且加盖教务处公章,学生主管部门结合有关部门提供的记录(如违纪、欠费记录、诚信记录)出具推荐意见,以上各方面都校对无误后方可加盖学校公章(代表学校正式推荐)。

2. 毕业生信息上网查询

建立毕业生信息库,与人才网链接。首先对毕业生材料进行审查汇总,形成电子化信息库,然后在毕业生自愿(签名同意)的基础上,人才信息库与网络挂接。任何单位或个人都可以通过密码查询毕业生的真实信息:如姓名、性别、专业、学历、出生年月、政治面貌、家庭地址、身高、体重、视力、计算机水平、外语水平、第二学历、在校奖惩情况、从事社会工作情况等等(见图 5-10)。

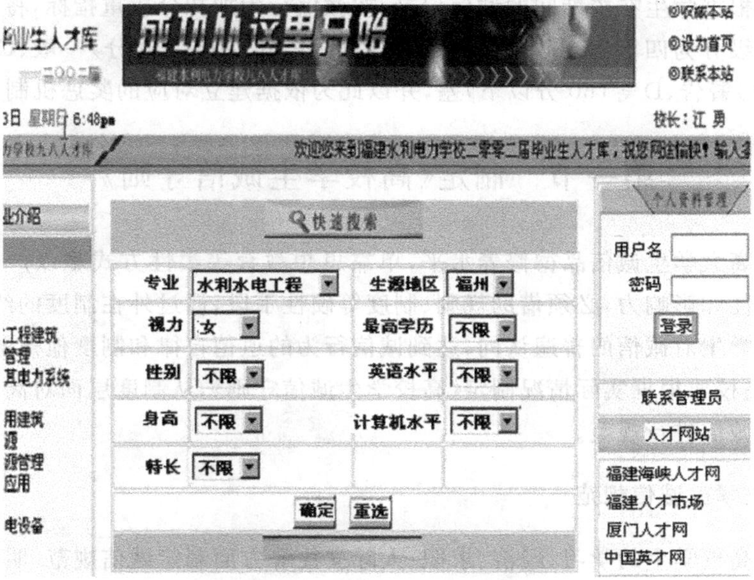

图 5-10　毕业生信息上网查询

第六章　高校学生的诚信档案

　　制定《高校学生诚信守则》是建立诚信档案的前提,从制度层面建立高校学生行为诚信的标准,明确什么属于不诚信行为。学生诚信档案主要用于记录学生在校期间个人诚信信息内容,本章总结介绍了多种学生个人诚信信息采集办法。学生诚信档案对不诚信学生有评价教育作用和威慑作用。

　　《学生诚信量化评价系统》作为学生诚信档案的一个分支,主要功能是依据《高校学生诚信守则》对学生在校期间的诚信状况做量化评价。其内容包括学习、生活、经济、求职创业四个方面,描述学生的经济信誉、守法信誉和道德信誉。根据学生在校期间的诚信记录,按诚信行为加扣分权重指标,将学生的信用等级分为四等:A 等(100 分以上)良好、B 等(80～100 分)一般、C 等(60～79 分)警告、D 等(60 分以下)差,并以此为依据建立对应的奖惩机制。

第一节　制定《高校学生诚信守则》

　　提高大学生诚信品德修养水平,单靠思想教育等柔性方式难以产生持久的有效性和影响力,必须借助规则、制度等硬性手段,通过外在制度的约束,强化高校学生对诚信的普遍认同,达到诚信行为的道德自律和制度他律的统一。因此,高校要根据实际情况制定《高校学生诚信守则》,从制度层面对高校学生的行为诚信进行规范。

一、高校学生诚信规范

　　从高校学生的学习、经济、求职、人际交往等方面制定诚信规范,明确界定诚信行为和不诚信行为。

　　1. 学习生活诚信守则

　　(1)课堂学习诚信。要求认真听课,诚实维护课堂纪律,不得请人代答到、作业不抄袭或不请人代做。

　　(2)考试诚信。不得以各种虚假理由申请缓考或免考,不得探听考试内容,考试不作弊,也不为他人作弊提供条件和帮助,充当"枪手"。

(3)科学研究诚信。不伪造科学研究数据,不剽窃他人研究成果,毕业设计(论文)不得抄袭。

(4)教学实践诚信。自我介绍不欺骗实践单位,参与教学实践不弄虚作假,实践成果汇报不吹嘘夸大。

2.经济活动诚信守则

(1)校内经济活动诚信。按期缴纳学费,不得欺骗父母和学校,将缴学费的钱用于高消费;禁止欠钱赖账、借多还少等行为;禁止在图书馆借书不还、在阅览室偷盗或损毁图书等行为。符合助学贷款申领的高校学生,应据实开出家庭收入证明,毕业离校前,要将个人最新电话号码、电子邮箱等联系方式,准确无误地告知学校和贷款银行。

(2)家庭经济活动诚信。禁止编造任何借口骗取家长的钱用于高消费,以参加培训、学校缴费为名欺骗家长的行为要从重处分。

(3)社会经济活动诚信。禁止欺骗他人钱物、买东西不付钱、乘车不买票等不诚信行为;禁止信用卡透支不还、恶意套现等金融失信行为;参加厂家产品代理、销售、代售时禁止坑骗消费者;网络经济活动中,禁止在网上实施诈骗、盗窃行为;在专利转让、成果拍卖、技术参股等经济行为中,禁止技术含量掺水行为。

3.人际交往诚信守则

(1)日常交往诚信。弘扬诚信做事、诚信待人、诚信往来的良好风尚,坦诚交往,师生、同学之间建立纯洁的友谊关系。禁止带有欺骗性质的严重违纪行为,如冒充班主任或其他老师在请假条上签名、恶意说谎等;禁止带有欺骗性质的违法犯罪行为等;杜绝学生干部徇私舞弊、在有关部门调查时弄虚作假或做伪证等。

(2)恋爱交往诚信。坚守各自承诺,对感情诚信负责。

(3)网络交往诚信。在网络聊天中不得将身边老师、同学的相关信息告知并不了解的聊天对象;杜绝以交友为名骗取他人信息、钱财(如窃取他人密码等黑客行为、虚假电子商务骗取他人钱财等);禁止借网恋欺骗他人感情;禁止恶意散布虚假信息、冒用他人名义进行不道德行为。

(4)社会交往诚信。在与社会人士交往中,要坚守诚实守信的优良品德,信守诺言、守时;不得行骗,不做损人利己的事情。

4.就业创业诚信守则

(1)求职材料诚信。诚实填写个人评价、德才表现、专业学习和特长爱好等信息,杜绝求职材料弄虚作假;杜绝求职简历造假、伪造获奖证书及"荣誉"身份等不诚信现象。

（2）面试诚信。参加面试要守时,面试时不得说谎,禁止找人顶替面试。

（3）签订合同诚信。规定高校毕业生要严格遵守相关法律和学校有关就业政策,不得有意隐瞒相关协议和已经签订的合约,欺骗用人单位;定向生、国防生、单位委培生等应按照有关协议或合约确定就业去向;严格按照用工合同履行自己的责任和义务,杜绝签约后随意毁约、随意离职、私自带走公司信息等不诚信行为。

（4）创业筹备诚信。在寻找创业伙伴、招租车间厂房等环节,要实实在在,不搞虚假宣传;创业申报材料(如创业筹备情况、运营模式、办公地点、创业人员组成等)要真实。

（5）创业资金筹措诚信。不得用欺骗手段吸引他人注入创业资金,不以欺骗手段骗取他人入伙、入股。

（6）生产经营诚信。坚决不生产销售假冒伪劣产品,合法经营,依法纳税,诚信致富。

二、高校学生诚信行为奖惩办法

（1）总则。针对学生在校期间的守信行为和失信行为制定奖惩办法,目的是让诚实守信学生得到表彰,让失信学生受到相应的批评、教育和惩处。

（2）诚信行为奖励办法。根据学生诚信量化评价系统的评价结果,对诚信等级为 A（良好）的学生进行奖励,包括评选学生诚信标兵、诚信奖学金等。在评选"三好生"、评优入党、保送升学、发放贷款、推荐就业等对象评选中,诚信等级为 A（良好）的学生享受优先待遇权。学生诚信标兵记入诚信档案。

（3）诚信行为惩罚办法。诚信等级不是 A（良好）的学生不能参加评选"三好生"、评优、入党。诚信等级为 D（差）等的学生不能申请助学贷款。严重失信行为必须记入个人诚信档案。

第二节　高校学生的诚信档案

学生诚信档案主要用于记录学生在校期间影响较大的诚信行为信息,由于档案记录可能跟随个人一生,从而产生"一时不信,终身难行"的结果,它对不诚信学生有评价教育和威慑作用。

学生个人诚信信息内容包括学生基本信息和学生在校期间诚信记录两个

部分。学生基本信息主要有姓名、性别、身份证号、最高学历、助学贷款情况、毕业去向等。学生在校期间诚信记录包括：(1)获得"学生诚信标兵"等荣誉记录。(2)严重的失信行为记录，如考试作弊、小偷小摸等带有欺骗性质的违法行为、带有欺骗性质的犯罪行为等(如图 6-1 所示)。

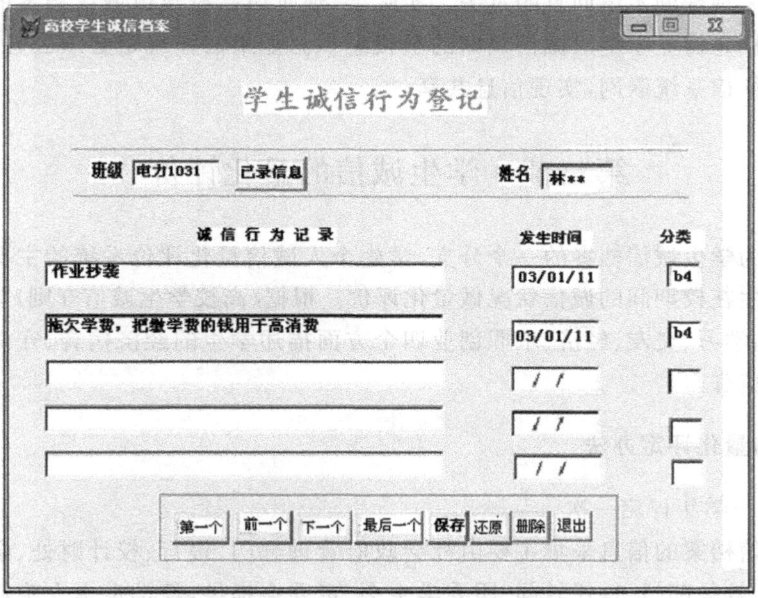

图 6-1　高校学生的诚信档案

学生个人诚信信息采集办法很多，以下办法仅供参考：(1)银行提供的学生助贷及偿还记录、信用卡使用信息记录。(2)学校有关行政部门提供的信息，如计财处提供的学生欠款情况等。(3)学生管理部门提供的学生带有欺骗性质的严重违纪行为记录。(4)政府有关部门提供的学生违法犯罪记录。(5)教务部门或科任教师提供的学生考试作弊、毕业设计(论文)抄袭等记录。(6)团委学生会、班委会等学生组织提供的日常生活、课内外活动中的严重不诚信记录。

学生诚信档案对学生行为有评价教育作用，被记入学生诚信档案的行为都是评价典型。学生诚信标兵是正面典型，失信学生是负面典型，都是学生诚信的评价参照。

学生诚信档案对学生行为有威慑作用，但对失信学生的人生有负面影响。由于学生是不成熟的受教育者，学校对失信学生应以教育为主，先本着"治病救人"的态度，做好思想教育和行为评价监督。只有经证明是屡教不改或有严重失信行为的学生才进行记录,记录前要通知学生本人。

电子化的学生诚信档案建立后,如果非法律规定必须向社会发布,应本着教育为主的原则,留给学生自由选择的权利。学生可以选择利用一贯良好的诚信记录,向社会(用人单位)彰显自己的诚信人格,也可以选择暂时保密,以更好的表现洗刷不堪回首的过去。实际上,现阶段高校建设诚信档案的最重要的目标是树立学生对诚信规则的敬畏意识。如果法律规定必须公开,可以与社会征信系统联网,实现信息共享。

第三节 学生诚信的量化评价

作为学生诚信档案的一个分支,学生个人诚信量化评价系统的主要功能是对学生在校期间的诚信状况做量化评价。根据《高校学生诚信守则》规定的标准,从学习、交友、经济、求职创业四个方面描述学生的经济信誉、守法信誉和道德信誉。

一、诚信量化评定办法

1. 一学年评定一次

诚信档案的信息采集主要由社会政府管理部门、银行、校计财处、学生管理部门、教务部门、科任教师、团委学生会、班委会提供,经学生本人确认后记录。每学年每人原始分 100 分,根据诚信行为权重及累加次数指标加扣分,由计算机自动算出最后累加得分。

2. 诚信行为加扣分权重指标(如表 6-1)

(1)按权重分 4 类加扣分,学生诚信行为是无限多的,不局限于列表之中,可以根据其性质归到相应类别。

(2)在学期间多次受到表彰和重复犯同一种错误(累犯从重)加扣分乘以重复系数,计算公式:x=加扣分×[1+(次数-1)×重复系数]。例如:第一次考试作弊扣 50 分,第二次考试作弊扣分:(1+0.2×1)×50=60 分,第三次考试作弊扣分:(1+0.2×2)×50=70 分,次数越多,每次扣分越重。同理,受到表彰次数越多,每次加分越多。

表 6-1　学生诚信行为计分标准

分类	行为	计分	重复系数
a1	诚信宿舍成员	+10	0.2
a2	诚信班级成员	+10	0.2
a3	诚信标兵	+20	0.2
b1	带有欺骗性质的违法犯罪行为	−100	1
b2	考试作弊	−50	0.2
	毕业论文(设计)抄袭	−50	0.2
	夸大或伪造事实获得特困生困难补助	−50	0.2
	个人履历造假,包括提供假证书、求职材料掺水	−50	0.2
	找人顶替考试(或面试)	−50	0.2
	劳动合同违约(或同时与多家单位签约)导致用人单位损失	−50	0.2
	带有欺骗性质的严重违纪行为	−50	0.2
	有关部门调查时弄虚作假或做伪证	−50	0.2
	说谎导致严重后果	−50	0.2
b3	冒充班主任或其他老师在文件(如请假条)签名	−30	0.5
	网络上散布谣言	−30	0.5
	学生干部徇私舞弊	−30	0.5
b4	作业抄袭	−10	0.2
	面试不守时	−10	0.2
	信用卡透支逾期不还	−10	0.5
	旷课并且找借口欺骗老师	−10	0.2
	图书馆借书不还或在阅览室损毁(盗窃)图书	−10	0.2
	欠同学钱恶意不还	−10	0.2
	拖欠学费,把父母给的钱用于高消费	−10	0.2
	上报材料时虚报或故意隐瞒不报	−10	0.2
	在社会交往中不信守诺言,导致纠纷	−10	0.2

3. 根据最后得分将学生的信用等级分为四等

A 良好(100 分以上),B 一般(80～99 分),C 警告(60～79 分),D 差(60

分以下）。

二、学生个人诚信评价信息的发布和使用举例

1. 对严重失信行为（如违法犯罪等）记入学生诚信档案。

2. 把信用等级良好（A 等）作为评定奖学金、培养入党积极分子、评选各类优秀生和积极分子的参考条件，并作为推荐就业时的参考资料。

3. 对诚信等级差的班集体和个人给予处分，如 C（警告）等和 D（差）等的学生不能申请助学贷款，诚信等级为 D 的学生人数比例达到或超过 10％的班不能参加当年度评优等。

4. 作为评定诚信班级、诚信宿舍、诚信标兵的根据。

5. 学生申请助学贷款时，必须持有银行提供的《个人信用评估报告》，其内容可以参考诚信信息系统。

6. 学生就业择业时，可以向学院和人才服务中心申请提供《职前信用评估报告》，以作为个人在校期间的信用证明，《职前信用评估报告》的制定可以参考诚信信息系统。

7. 学校可以根据诚信信息系统提供的数据给每个毕业生做一份《学生在校期间诚信总评报告》。

8. 定期对的诚信现状做定量研究，根据测评结果，针对多发的失信现象及其特点制定教育措施。

三、诚信先进集体和先进个人评定办法

1. 诚信班级。一学年评定一次，全班学生的诚信等级都是"A 良好"就可以认定为诚信班级。班级上报材料时如虚报或故意隐瞒不报，取消参评资格，并且有关人员必须按规定扣诚信分。

2. 诚信宿舍。一学年评定一次，宿舍所有成员该学年诚信等级都是"A 良好"就可以认定为诚信宿舍。申报程序：宿舍提出申请，班级核对后上报，由学生主管部门认定。上报材料时如虚报或故意隐瞒不报，取消参评资格并给予处分，并且有关人员必须按规定扣个人诚信分。

3. 诚信标兵。一学年评定一次，根据全校学生诚信学年总分排名选优确定，诚信标兵人数不超过全校学生总数的千分之三。诚信标兵必须无不诚信记录，确定前必须全校公示。评上诚信标兵后，毕业前如果有不诚信记录必须取消荣誉。

四、学生诚信行为的奖惩办法

（一）奖励

1. 总评诚信等级为 A（良好）的学生毕业时在同等条件下学校优先推荐就业。

2. 诚信等级 A（良好）的学生在评定综合素质积分时可以加分。

3. 学生诚信标兵记入诚信档案。

（二）处分

1. 诚信等级 C（警告）等和 D（差）等的学生不得享受奖学金、不能参加评选各类优秀生和积极分子、不能列为入党的培养对象。

2. 诚信等级 C（警告）等和 D（差）等的学生不能申请助学贷款。

3. 诚信等级为 D 的学生人数比例达到 6% 的班级不能参加当年度的评优。

4. 学生有严重失信行为必须记入个人诚信档案。

第四节　学生诚信等级量化评价系统的使用说明

本系统用 VFOXPRO 编写，在 WINDOWS 环境中运行。作为学生诚信档案的一个分支，主要功能是对学生在校期间的诚信状况做量化评价。根据学生在校期间的行为诚信记录，按诚信行为加扣分权重指标，将学生的信用等级分为四等：A 等（100 分以上）良好、B 等（80～100 分）一般、C 等（60～79 分）警告、D 等（60 分以下）差。此外，系统还提供学年班级、个人诚信分综合排名，可作为评比年度诚信班级、诚信标兵的依据，提供在校生、历届毕业生总评诚信等级查询、比较分析功能，为学校了解诚信动态提供依据。

一、系统启动

打开文件包"学生诚信等级量化评价系统.zip"，解压到任意目录，然后双击目录中的文件"评价系统.exe"。

图 6-2　系统启动

二、数据录入

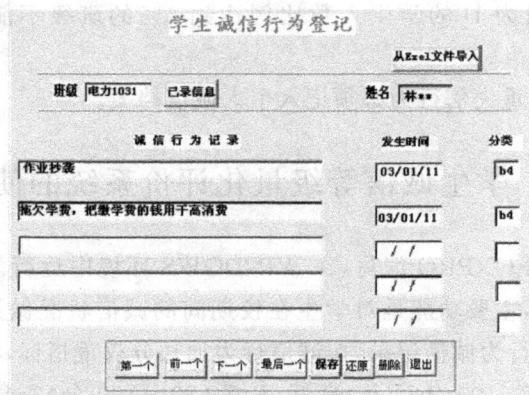
图 6-3　直接编辑录入

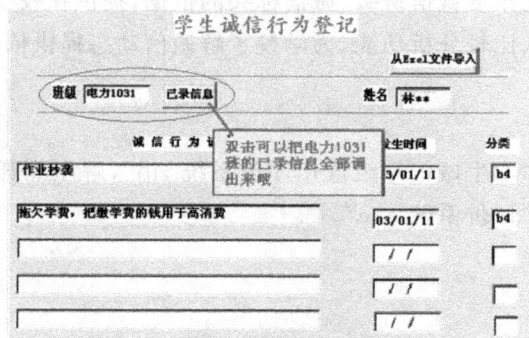
图 6-4　已录信息查找

已登记信息预览　提交数据　退出

班级	学号	姓名	性别	诚信分	等级	记录时间	诚信记录	1b	加扣
电力1031	1111300	王*	女	120	A良好	03/01/11	诚信标兵	a3	20
电力1031	11301	许*	女	40	D差	03/01/11	冒充班主任	b2	-50
电力1031	113.02	詹**	女	70	C警告	03/01/11	上报材料B	b3	-30
电力1031	11303	王**	男	80	B一般	03/01/11	考试作弊	b4	-10
电力1031	11304	林**	男	80	B一般	03/01/11	作业抄袭	b4	-10
电力1031	11305	黄**	男	80	B一般	03/01/11	作业抄袭	b4	-10
电力1031	11306	李**	女	80	B一般	03/01/11	作业抄袭	b4	-10
电力1031	11307	魏**	男	80	B一般	03/01/11	作业抄袭	b4	-10
电力1031	11308	周**	男	80	B一般	03/01/11	作业抄袭	b4	-10
电力1031	11309	罗**	女	120	A良好	03/01/11	诚信标兵	a3	20
电力1031	11310	许**	女	40	D差	03/01/11	考试作弊	b2	-50
电力1031	11311	詹**	女	90	B一般	03/01/11	作业抄袭	b4	-10
电力1031	11312	吴**	男	80	B一般	03/01/11	作业抄袭	b4	-10
电力1031	11313	李**	男	80	B一般	03/01/11	作业抄袭	b4	-10

图 6-5　已录信息修改

学生诚信行为登记

从Excel文件导入

班级 电力1031　已录信息　姓名 林**

双击此键之前完成三步：
1. 打开Excel文件"学生名册"。
2. 学生的基本信息按"班级、学号、姓名、性别、入学时间"格式编辑。
3. 关闭文件"学生名册.xls"。

	发生时间	分类
作业抄袭	03/01/11	b4
拖欠学费，把	03/01/11	b4
	/ /	
	/ /	
	/ /	

图 6-6　启动批量导入数据

图 6-7　EXCEL 文件"学生名册"格式

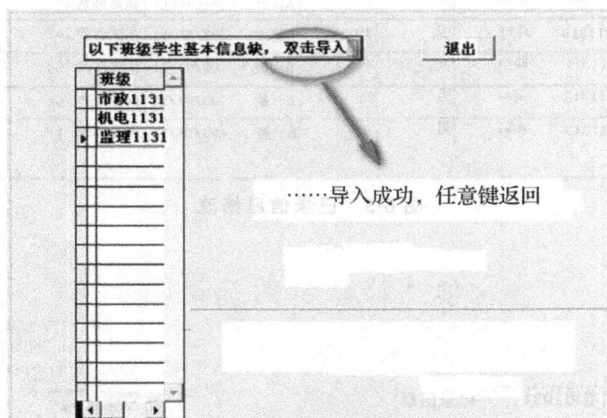

图 6-8　数据导入

三、诚信等级分布情况统计

功能:统计某学年在校生诚信评级分布情况。

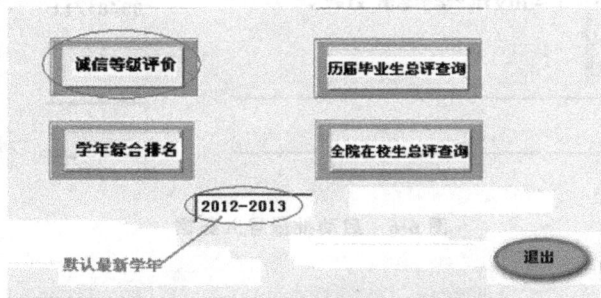

图 6-9　启动诚信等级分布情况统计

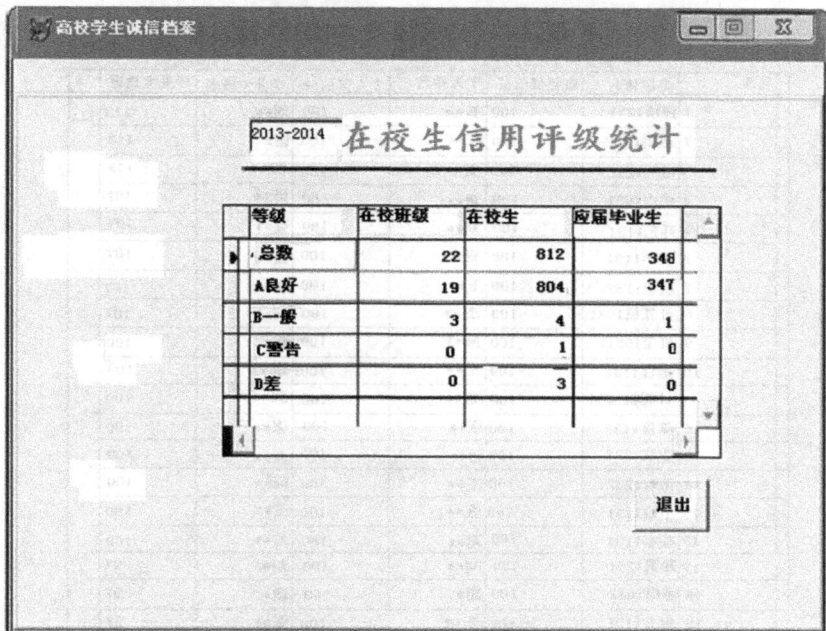

图 6-10　诚信等级分布情况统计

四、学年综合排名

功能：某学年班级、个人诚信分综合排名，可作为评比年度诚信班级、诚信标兵的依据。

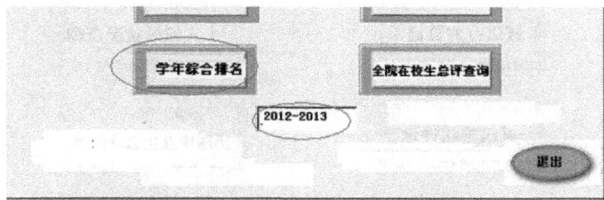

图 6-11　启动学年综合排名

名次	班级排名	班级诚信分	个人排名	个人诚信分	毕业生排名	毕业生总评
1	道桥1231	100	李**	100	刘**	113
2	道桥1232	100	陈**	100	谢*	113
3	电气1232	100	张**	100	李**	113
4	电力1031	100	谢**	100	陈**	107
5	环艺1131	100	刘**	100	张**	107
6	机电1131	100	谢*	100	谢**	107
7	机电1132	100	王**	100	王**	107
8	计算机1031	100	李**	100	刘**	107
9	机电1031|	100	陈**	100	谢*	100
10	维保1131	100	王**	100	李**	100
11	计算机1032	100	詹**	100	陈**	100
12	维保1132	100	张**	100	张**	100
13	建筑1232	100	谢**	100	谢**	100
14	市政1232	100	王**	100	陈**	100
15	市政1131	100	张**	100	王**	100
16	楼宇1131	100	谢**	100	詹**	100
17	建筑1231	100	刘**	100	刘**	97
18	水电1032	100	谢*	100	谢*	97
19	电力1131	100	李**	100	张**	97
20			陈**	100	谢**	93

图 6-12　学年综合排名

五、个人诚信状况查询

功能：查询学生个人诚信记录及加扣分情况。

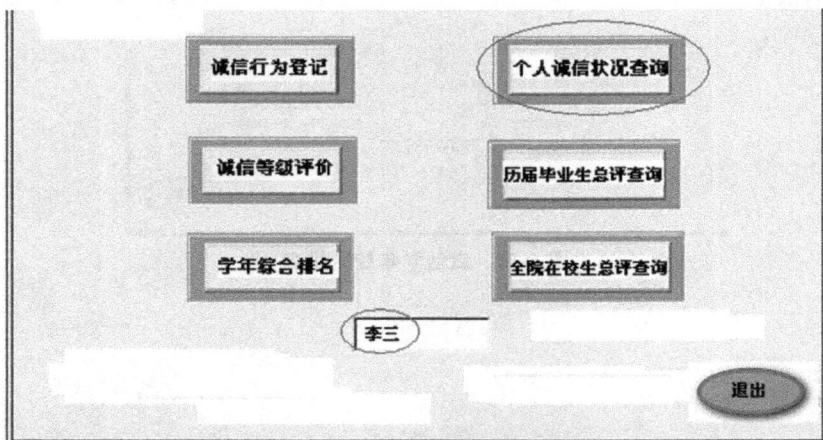

图 6-13　启动个人诚信状况查询

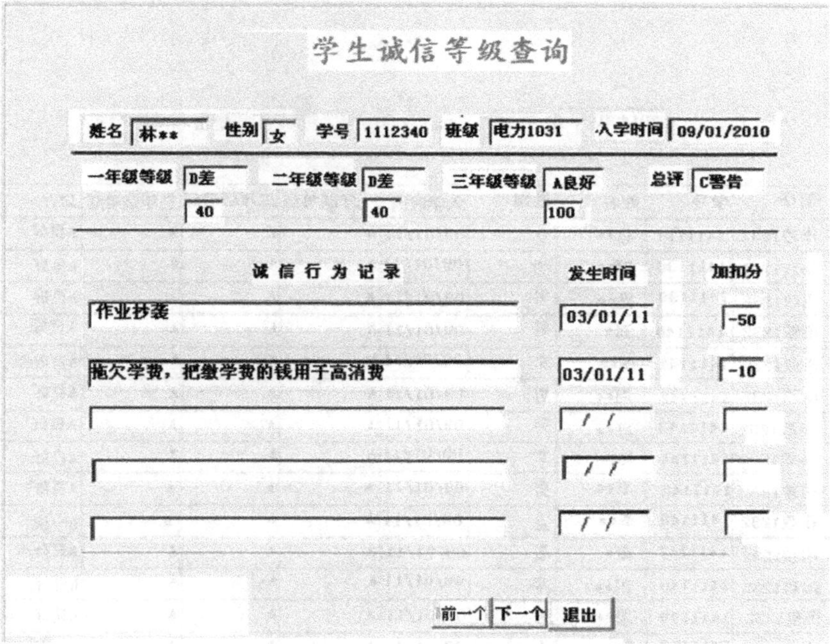

图 6-14　个人诚信状况查询

六、历届毕业生诚信状况总评查询

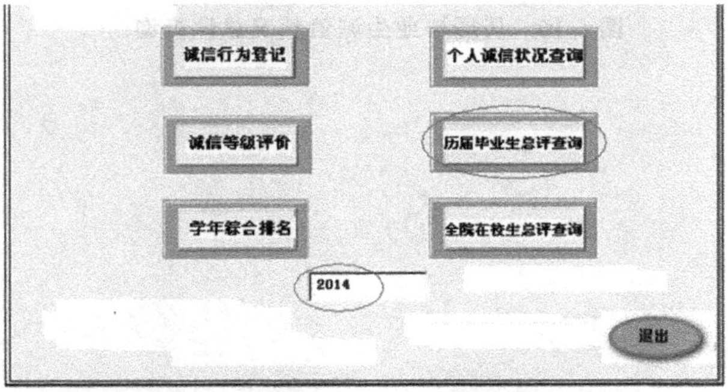

图 6-15　启动历届毕业生诚信状况总评查询

班级	学号	姓名	性别	入学时间	一年级等级	二年级等级	三年级等级	总评
市政1232	1411137	林**	女	09/01/11	A	A	A	A良好
市政1232	1411138	周**	男	09/01/11	A	A	A	A良好
市政1232	1411139	冯**	男	09/01/11	A	A	A	A良好
市政1232	1411140	谢*	男	09/01/11	A	A	A	A良好
市政1232	1411141	李**	女	09/01/11	A	A	A	A良好
市政1232	1411142	周**	男	09/01/11	A	A	A	A良好
市政1232	1411143	冯**	男	09/01/11	A	A	A	A良好
市政1232	1411144	林**	女	09/01/11	A	A	A	A良好
市政1232	1411145	李**	男	09/01/11	A	A	A	A良好
市政1232	1411146	李**	女	09/01/11	A	A	B	B一般
市政1232	1411147	谢*	男	09/01/11	A	A	A	A良好
市政1232	1411148	冯**	女	09/01/11	A	A	A	A良好
市政1232	1411149	周**	男	09/01/11	A	A	A	A良好
市政1232	1411150	谢*	女	09/01/11	A	A	B	B一般
机电1131	1611801	林**	男	09/01/11	A	A	A	A良好
机电1131	1611802	李**	男	09/01/11	A	A	A	A良好
机电1131	1611803	谢*	女	09/01/11	A	A	A	A良好
机电1131	1611804	周**	男	09/01/11	A	A	A	A良好
机电1131	1611806	冯**	女	09/01/11	A	A	A	A良好
机电1131	1611807	林**	男	09/01/11	A	A	A	A良好

图 6-16　历届毕业生诚信状况总评查询

七、全院在校生总评查询

班级	学号	姓名	性别	入学时间	一年级等级	二年级等级	三年级等级
道桥1231	1137121	谢*	男	09/01/12	A	A	
道桥1231	1137122	冯**	男	09/01/12	A	A	
道桥1231	1137123	谢*	男	09/01/12	A	A	
道桥1231	1137124	林**	女	09/01/12	A	A	
道桥1231	1137125	周**	男	09/01/12	A	A	
道桥1231	1137126	谢*	男	09/01/12	A	A	
道桥1231	1137127	冯**	男	09/01/12	A	A	
道桥1231	1137128	周**	女	09/01/12	A	A	
道桥1231	1137129	谢*	男	09/01/12	A	A	
道桥1231	1137130	林**	男	09/01/12	A	A	
道桥1231	1137131	李**	男	09/01/12	A	A	
道桥1231	1137132	李**	女	09/01/12	A	A	
道桥1231	1137133	周**	男	09/01/12	A	A	
道桥1231	1137134	谢*	男	09/01/12	A	A	
道桥1231	1137135	林**	男	09/01/12	A	A	
道桥1231	1137136	李**	女	09/01/12	A	A	
道桥1232	1137137	周**	男	09/01/12	A	A	
道桥1232	1137138	李**	男	09/01/12	A	A	
道桥1232	1137139	陈**	男	09/01/12	A	A	
道桥1232	1137140	谢*	女	09/01/12	A	A	
道桥1232	1137141	林**	男	09/01/12	A	A	
道桥1232	1137142	周**	男	09/01/12	A	A	
道桥1232	1137143	谢*	男	09/01/12	A	A	
道桥1232	1137144	冯**	女	09/01/12	A	A	
道桥1232	1137145	周**	女	09/01/12	A	A	

图 6-17　全院在校生总评查询

第七章 高校诚信教育对接社会诚信建设

　　当前社会环境与高校诚信教育的要求陷于一种"二律背反",传统的诚信伦理、社会生活环境、市场经济环境、家庭环境、中小学教育状况与高校诚信教育的要求处于相悖状态。为改变此现状,高校诚信教育必须从诚信道德教育和信用制度建设两个层面与社会诚信建设对接。

　　高校对接社会诚信道德教育的层面,面对功利主义、拜金主义、极端个人主义等不诚信价值观导致的诸多"负能量",需要社会主义核心价值体系"正能量"的引领。以学习社会主义荣辱观为抓手,开展覆盖全社会的诚信教育,综合引领高校学生的诚信价值观,坚持批判与引领相结合,思想引领与心理引领相结合,诚信观引领与学生需要相结合。大力加强公民诚信道德建设,开展家庭诚信教育和中小学诚信教育,整合社会、学校、家庭的教育资源,共同构筑"三位一体"诚信道德教育平台。诚信教育仅凭高校单方面力量是不可能完成的,需要社会各方的力量予以配合,高校诚信教育要与公民诚信道德建设、家庭诚信教育、中小学诚信教育平台对接起来,形成合力。

　　高校对接社会信用制度建设的层面,要建立健全社会信用制度体系,强化法律在社会信用制度建设中的作用,建立和完善政府政务信用制度、个人信用制度,建立信用信息的社会共享机制,形成信用监督网络。高校诚信制度与社会信用制度对接,一是将相关法律法规细化为可以在高校操作的诚信制度细则(如《高校学生诚信守则》),从制度层面对高校学生的行为诚信进行规范。并且按相关法律法规的要求,联系大学生实际建立高校学生诚信档案。二是高校诚信制度与社会信用制度对接,高校学生诚信档案对接社会个人信用信息库,毕业生信息上网对接有关部门和用人单位。三是高校诚信教育对接社会需要,以社会信用制度体系为依托,以社会对人才的诚信要求为标准教育学生,组织学习信用制度,了解相关案例,感悟信用法制,从中获得教育。

第一节　社会环境与高校诚信教育陷于"二律背反"

高校教育要求学诚实守信,社会环境的方方面面诸如市场环境、网络媒体、家庭、社会人际关系等却不同程度地强化着学生们离经叛道的行为,弱化教育所灌输给他们的诚信意识,社会氛围与高校诚信教育要求陷于一种"二律背反"①,大学生诚信缺失行为与社会大环境的诚信缺失有着莫大的关联。

一、传统的诚信伦理与高校诚信教育要求相悖

中华民族在漫长的发展历程中创造了灿烂的文明,形成了丰富的道德传统,直到今天仍然浸润着国人的心灵,影响着国人的素质,潜移默化地影响着大学生的人格品质。同时也应看到传统道德的局限性。

1. 传统诚信伦理知行分离

我国传统道德只是在理论上推崇诚信,并不意味着在实践中广泛地遵行诚信。在民间,我们历来就有"老实人吃亏""见什么人说什么话""逢人只说三分话,未可全抛一片心"等俗语古训,这种知行分离的不诚信思想已经渗透到国人的骨子里。清末一位久居中国的美国传教士卜航济曾在回忆录中写道:"抽象地说,中国人都主张诚实,但同时那些劳工阶层却要靠小聪明改善他们的经济状况。如果一个人被称为好人,那就意味此人非常老实,但同时也有点傻,不够精明。"②

2. 传统等级诚信伦理奉行双重标准

传统的道德伦理关系以家国统治为本位,忠君是至高无上的诚信,诚信主要是位卑者对位尊者的诚信,有统治者可以对百姓进行欺哄之意。权力高于诚信,有个成语故事——"指鹿为马"充分体现这一道德伦理关系。普通百姓只有义务而无权利,其人格的主体性遭到无形的消解,思想受到严重的压抑,只得"当面奉迎"。

---

① 二律背反(antinomies)是18世纪德国古典哲学家康德提出的哲学基本概念。指双方各自依据普遍承认的原则建立起来的、公认的两个命题之间的矛盾冲突。康德认为,由于人类理性认识的辩证性力图超越自己的经验界限去认识物自体,误把宇宙理念当作认识对象,用说明现象的东西去说明它,这就必然产生二律背反。

② 丁日初主编:《近代中国(第六辑)》,立信会计出版社1996年版,第248页。

3. 传统伦理诚信局限于熟人圈子

传统的道德伦理关系局限于以血缘、地缘、人情为纽带的熟人圈子,而对"五伦"之外的社会成员则无须承担道德义务。在圈子里面,大多是自己的朋友亲人,大家也都很相信彼此,出了圈子则充满信任危机。这种仅适用于特定社会关系的诚信伦理只能是个别主义的诚信,并未形成普遍诚信伦理,它将诚信囿于个别人或小团体中,从而使整个社会缺乏信任。美国传教士明恩溥写了一部讨论中国人性格特征的书——《中国人的素质》,在讨论中国人"言而无信"的问题时写道:"真相在中国是最难获得的","中国不缺人才,但缺乏相互信任。"①在 21 世纪的今天,人们的交往早已超越"五伦"空间的限制,但这种道德伦理关系在官场、商场甚至普通人际关系中仍有巨大的影响。

二、当前社会生活环境与高校诚信教育要求相悖

社会环境会潜移默化地影响其中成员的性格和行为,社会大环境中的"伪诚信"使人们面临诚信危机。当代大学生在接受高校正面诚信教育的同时,也深受来自现实社会负面现象的影响,价值观常常在困惑中煎熬。

1. 社会大环境中的"伪诚信"现象十分普遍

目前,社会上许多不诚信现象在不断上演:在经济领域,生产销售假冒伪劣产品、贷款赖账、工程偷工减料、商业欺诈、偷税漏税、商标侵权、虚假广告、骗贷骗汇、信用卡非法套现、财务信息严重失真等现象十分常见。在政治领域,有的地方政府及其部门政策朝令夕改,搞数据游戏忽悠百姓,在公共资源交易中官商勾结、贪污腐败、欺下瞒上、以权谋私、暗箱操作等。在文化领域,学术剽窃、论文代理、科研造假、买卖假文凭等现象常见诸报端。在社会生活领域,人际交往过程中言而无信,网络推手造谣,短信、电话、QQ、微信诈骗,慈善事业诈捐、虚捐等。由诚信缺失引发的各类社会问题,不仅损害消费者权益、破坏市场环境秩序和市场经济规则、增加企业和个人的风险成本,而且瓦解社会的信任心理、败坏社会风气、损害党和政府的公信力与声誉。社会上的不诚信行为容易使大学生误认为不诚信是谋生手段,严重影响大学生的价值观定位,动摇大学生心目中正确价值观的地位,给高校诚信教育带来严峻的挑战。

2. 转型期社会普遍的浮躁心理和价值观扭曲

我国正处于社会转型期,贫富差距拉大,不同阶层的生活方式存在较大差

---

① 明恩溥著,秦悦译:《中国人的素质》,学林出版社 2001 年版,第 237、248 页。

异,不少人浮躁起来,做着一夜暴富的发财梦,不愿脚踏实地,急功近利。富裕和金钱成为追逐的中心,诚信道德观念急剧淡化。人们在追求价值目标时,致力于采用最低廉的成本、最"有效"的手段去争取最大的收益。为原始积累"第一桶金",不讲诚信,不择手段,不考虑对他人、对社会以及对自己长远利益的危害。这种带有明显转型期社会特点的功利取向,动摇了人的道德底线,扭曲了传统的价值观念,驱使人们无视道德廉耻,无视制度规则,见利忘义,唯利是图。

大学生们也显得浮躁,有些大学生往往平时虚度时光,到了考试的时候便作弊,还认为作弊是理所应当的。许多学生平时在谈恋爱、玩游戏,考试时通过作弊来蒙混过关,而且往往考试作弊还能得到好成绩,甚至有的同学还得到了学校的奖学金。于是作弊现象就会蔓延,一部分大学生平时学习成绩挺好,但是看到大家都在作弊,也加入该行列,如果不作弊会落后,而作弊能取得更好的成绩。还有社会上很多用人单位往往要求很高,但是真正优秀的大学生较少,所以许多学生为了谋得好工作开始了一系列造假,假文凭、假履历表满天飞,有的毕业生"广撒网",即使已经签了就业协议,看到有更好的工作机会时也会毁约,使用人单位被骗,学校也因为他们蒙羞。

许多高校学生对各种不诚信行为深恶痛绝,但要面对由于扩招带来的毕业生数量逐年猛增和就业压力增大的社会现实,面对社会上各种不正当行为得利的诱惑,面对艰苦的学习生活,有些学生还要面对贫困的压力,面对经济、政治、学业、情感上的利益诱惑,或者是为了入党、评选优秀学生,或者是为了获得学位证书、毕业证书,或者是为了得到奖学金、助学贷款、学费减免等,或者是为了面子、名利的诱惑,他们做出了见利忘义、毁诚弃信的行为。

三、现阶段的市场环境与高校诚信教育要求相悖

市场经济导致价值观日趋多元化,因而分化、弱化了诚信道德规范的价值,驱使人们从自己信奉的价值观出发选择自己的行为。那些崇尚个人主义、利己主义和实用主义的人,更是找到了损人利己的理论依据和支撑,把追求自我利益最大化作为一切行为的目标,把社会一切关系都统统沉浸在冷冰冰的金钱关系中。在利益的诱导下,诚信有时变得脆弱不堪,许多自私自利的人为了赚钱不择手段。在这样的氛围下,其负面影响必然会造成大学生只想着自己,又何谈诚信呢?

当市场发展不完善时,追求自利的动机必然诱发损人利己的背信行为。目前,我国市场机制还不健全,还难以形成对市场经济有效的约束机制。一些

信奉"一锤子买卖"的市场主体,在利益的驱使下,只关注眼前利益不考虑长远发展,只注重自身利益的最大化忽视社会效益,只重目的不重手段,必然会出现大量违背诚信的短视行为。"入鲍鱼之肆,久而不闻其臭",大量的社会失信现象,使一些大学生在认知中产生一种错觉,认为不诚信是获得利益的途径,甚至是一种生存的手段,这种观念不断地侵蚀着大学生的灵魂,使一些大学生在道德取向上表现出不诚信,如考试作弊、篡改成绩、伪造证件、合同违约、贷款不还等,为大学生形成良好的道德品质带来了不利影响。

四、家庭环境与高校诚信教育要求相悖

一些家庭"重智轻德",家长认为孩子只要学习好,其他的都不重要。有些家长本身就是不诚信的榜样,并且通过言传身教误导孩子。

1. 功利主义主导

受应试教育大环境的影响,许多家长只重视孩子的学习成绩,忽视孩子的诚信品德修养,认为孩子只要能考上大学就行,对孩子如何做人、是否诚信缺乏最起码的关注。中国父母大多有"望子成龙,望女成凤"的情结,因此,部分家庭教育出现两个极端:一是过分溺爱孩子。由于受应试教育的影响,一些父母只对孩子的学习成绩感兴趣,认为孩子只要成绩好就行,其他无所谓,忽视对子女日常行为的规范和矫正,以至为了好成绩而无原则地满足孩子的不正当要求,甚至偏袒孩子的过错,造成孩子不顾他人的利益和感受而我行我素,唯我独尊。结果,让孩子缺少社会责任感,毫无诚信而言。二是对孩子过于苛刻。目前,仍有部分父母认为孩子是"不打不成才",只要成绩没考好或有其他过失,父母则"恨铁不成钢"地非打即骂。孩子为了不挨打,就会采取自我保护措施,说谎往往是避免被粗暴体罚的选择。孩子考上大学后,不少家长认为培养教育孩子就全是学校的事情,对孩子的在校表现不闻不问,任其发展,对失信行为放任不管,助长了孩子的不良习惯。

2. 家长不诚信价值观的误导

家长对子女的世界观、价值观、人生观的影响是不容忽视的,家庭中所有成员的语言和行为直接影响着孩子的思想意识以及对待诚信的态度。由于我国处于社会转型时期,部分家长的思想观念发生了很大变化,大多带有实用主义、功利主义色彩。传统道德中的一些积极因素被市场经济浪潮中的不良影响所淡化,一些家长在现实生活中面对道德两难问题时,常常为了自身的利益放弃了诚信原则。在现实生活中,有相当一部分父母认为做老实人吃亏,是无能的表现,而会作假的人却被看作脑子活络、会办事;有的父母在日常生活和

工作中就表现出不诚信的行为;有的父母在为人处事、待人接物方面往往口是心非,只占便宜吃不得亏;有的家长教育孩子要诚实守信,自己却做一些弄虚作假之事;有的家长对孩子不诚信行为不但不批评,反而予以默许和鼓励。于是,学校的理想、道德教育也就被家庭的实用主义教育无情地冲击、消解了。

3. 家长不诚信行为的"言传身教"

一些父母不注意约束自己的言行,给孩子树立了"不诚信的榜样"。家长的"言传身教",是学生诚信缺失的重要原因之一。在日常生活中,部分家长没有给子女做出诚信的榜样,比如说为孩子求学就业请客送礼走后门,在工作中讲大话、不守约、不诚信,为自己升职阿谀奉承,为进职称用金钱买各种证件、发文章等;有的父母甚至专门从事制假售假、坑蒙拐骗等损人的生意;有的父母贪污行贿、以权谋私;有的父母在孩子求学、就业等敏感问题上拉关系、跑门路……父母的种种不诚信行为成了孩子模仿的对象。家长的诚信缺失行为误导了子女的观念,对子女的行为也产生了不良影响。

五、中小学教育状况与高校诚信教育要求相悖

普及诚信教育应从小抓起,中小学教育是关键阶段。然而,我国现阶段中小学教育功利主义色彩浓厚,许多学校重智育轻德育,表面上搞素质教育,实际还是应试教育,甚至以智代德,过分追求"升学率"导致整个教育状况与高校诚信教育的要求相悖。

1. 功利主义主导下的"重智轻德"

中小学教育理念上功利主义色彩浓厚,导致了教育的扭曲和异化,严重削弱了教育的育人功能。只要学生成绩好就是教学效果好,有的教师为了提高自己的"政绩",暗示学生在大考中可以作弊,甚至传授作弊手段。学校为了片面追求升学率而弄虚作假,其本身就是不诚信行为,它不是帮了学生,而恰恰是害学生,近年来个别地区发生高考集体作弊的案例就是失信典型。我国绝大部分中小学一直把提高升学率作为学校教育的核心、方向和目的,忽视学生德、智、体、美、劳的全面发展,过分注重知识的灌输,轻视学生品德和人文素养的培育,使教育畸形发展。德育实施过程中,又是以政治思想的灌输为核心,脱离现实生活的实际,忽视中小学生身心发展的规律,忽视做人品德的培养和个性心理品质的形成。我国现行教育体制在评价教师和学生的过程中,过分强调分数,奉行"学生成绩一票制","升学率"成了评价教育教学的唯一标准。不仅背离了全面发展的教育方针,而且在相当程度上刺激了教师和学生的投机心理,使教育过程出现大量非诚信现象,也是当前考试作弊这一顽症难以根

治的根源所在。

2. 日常管理过程中的不诚信

中小学在日常管理中的不诚信现象比比皆是,如平时不注意卫生工作,检查团到来之前,强令全校停课大扫除。平时不注重校园文化建设,上级领导到来之前突击搞面子工程。又如目前许多学校都在申报"重点""示范"之类的称谓,在接受检查和评估过程中,不少学校存在弄虚作假现象,少数学校为掩盖自身违法违规行为,还公开教唆、强迫学生撒谎。社会上弄虚作假的风气在某些学校中有过之而无不及,某教育局举行了一次家长评学校活动,目的是检查、督促学校办学,可是这件本来很严肃的事,在许多学校演变成了集体大作弊。有的事先召开家长会,要求家长当面填写投票单,有的班主任在学生中强调谁的家长填反对票就批评谁。在迎接上级的检查时,某校的一位班主任根据学校的统一安排,要求学生以学校大局为重,并保持"政治敏感性",做到不该说的坚决不说。学校领导、教师只知道让学校在检查者头脑中留下好形象,为自己的政绩增添光彩,却不知在欺骗检查者的同时误导了学生的诚信观。

3. 有偿补习中的师德失范

部分教师受经济利益驱动,肆无忌惮地搞有偿家教。本应是课堂上的教学内容,偏偏少讲或不讲,有意放到家教中讲;有的教师招揽"生意",硬把学生往家里拉;有的教师上班时间应付,下班时间拼命,以牺牲教学质量为代价,全力以赴搞家教;还有教师以帮助学生补习为名,向家长要这要那。师德失范行为,学生看在眼里,记在心里。教师如此这般,学生又怎会有什么诚信可言?

中小学教育状况与诚信教育要求相悖,导致中小学生诚信缺失行为大量出现,大致可以归为四大类:(1)日常生活中的不诚信行为。许多学生言而无信、言行不一致、不遵守公共场所规范等。(2)学习中的不诚信行为。这是发生频率比较高的一种不诚信行为,主要表现为迟到、旷课、缺课并且总是寻找各种各样的借口,还表现为考试作弊、抄袭他人作业等。(3)人际交往中的不诚信行为。主要表现为同学或同伴之间互不信任、互相猜忌、不愿意说真话等。(4)经济中的不诚信行为。几乎大部分学生的零用钱都来自于父母,有时候为了获得更多的零用钱,有些学生不惜欺骗父母,甚至还会欺骗自己的老师或同学,有些学生还会借钱不还或借多还少。这些行为习惯会持续到大学阶段,从而给高校诚信教育带来难题。

第二节　对接社会诚信道德建设

在西方国家,能够贯穿家庭、学校、社会的教育理念通常是宗教,它使人的精神能够在三种不同的语境中得到同一种精神教化,最终在人的心里构筑起一系列文化禁忌,达到约束个人行为和规范社会秩序的作用。当前中国的家庭教育、社会教育、学校教育并没有形成"三位一体"的教育体系,一个人在三种不同的环境中成长,没有一种贯穿始终的价值理念。而且三方人生价值导向都与诚信教育原则不完全一致:家庭灌输给孩子的基本上是功利主义的思想观念,中小学教育奉行以升学率为衡量准绳的教育功利主义,社会教育则是多元价值观互相交织。因此,高校诚信教育迫切需要社会主义核心价值观体系引领,对接公民道德建设、家庭教育、中小学教育,共同构建诚信教育平台。

一、社会主义核心价值体系引领诚信价值观

社会主义核心价值体系包括马克思主义指导思想、中国特色社会主义共同理想、以爱国主义为核心的民族精神和以改革创新为核心的时代精神、以"八荣八耻"为主要内容的社会主义荣辱观等四个方面的基本内容。四个方面相互联系、相互贯通,共同构成辩证统一的有机整体。"诚信"作为社会主义荣辱观的内容,是社会主义核心价值体系的重要组成部分。在发展社会主义市场经济、构建社会主义和谐社会的进程中,"社会主义核心价值体系建设是抵御大学生不良价值观泛滥的有力武器"①。当前我国高校学生的价值观中存在多元倾向,功利主义、拜金主义、极端个人主义等不诚信价值观乱象丛生,如果不加以引导,他们的价值观势必会偏离正确方向,高等院校最终会沦为失去灵魂的"知识工厂"②。面对诸多乱象产生的"负能量",需要社会主义核心价值体系"正能量"的引领。我国从中央到地方汇集了巨大的社会力量宣传和普及社会主义核心价值体系,高校诚信教育对接社会主义核心价值体系建设,就等于引进了这一强大力量。

---

①　源泉:《把社会主义核心价值体系融入思想政治教育全过程》,《思想政治教育课教学》2006 年第 1 期。

②　斯坦利·阿罗诺维兹著,周敬敏、郑跃平译:《知识工厂:废除企业型大学并创建真正的高等教育》,高等教育出版社 2012 年版,第 22~30 页。

（一）我国现阶段非诚信价值观的"负能量"

1. 极端个人主义价值观

极端个人主义是主张个人利益高于一切的自私自利价值观，把个人的特殊利益凌驾于社会公共利益和他人利益之上，为达到个人目的，甚至不惜损害和牺牲社会公共利益和他人利益。主张从个体由自身出发的主观评判行为道德，从而使"荣"和"耻"失去了客观的评价标准，主要表现是损人利己、损公肥私、贪污腐化、尔虞我诈、唯利是图，也表现为小团体主义、本位主义、宗派主义、风头主义等，极端个人主义与集体主义道德原则是根本对立的。当代大学生由于过分强调自我，导致在处理个人与他人、个人与集体之间关系时出现迷茫，社会责任淡薄，诚信道德缺失，为人处事利己色彩严重。北京大学钱理群教授在《理想大学》专题研讨会上说："我们的一些大学，包括北京大学，正在培养一些'精致的利己主义者'，他们高智商，世俗，老道，善于表演，懂得配合，更善于利用体制达到自己的目的。这种人一旦掌握权力，比一般的贪官污吏危害更大。"①这段话通过微博迅速被转发了 3.5 万次。

2. 功利主义价值观

功利主义是一种以实际功效或利益作为道德标准的伦理观点，认为行为和实践的对错只取决于它对当事人所产生的结果，能够满足个人需求的就是道德，否则就是不道德。功利主义的本质是利己主义，通常是以个人得失、利害作为行为的基本价值取向，它的根本诉求指向与物质利益相关的所有领域，例如个人的名誉、地位、金钱、权力等。过分强调功利势必造成学生缺乏道德感，空虚无望，缺乏值得信赖和为之奉献的东西，为了追逐所谓的个人"幸福""满足""功成名就"，不择手段。部分大学生在生活上片面追求享受，讲排场、比吃穿，物质攀比现象严重；在工作上虚荣心强，好表现，热衷于夸夸其谈，却没有真才实学，不能够脚踏实地做事；在社会责任方面，缺乏应有的责任心和使命感。功利主义价值观使部分学生人格残缺，缺乏正确的荣辱观，比如某些高校经常发生这种现象：考场外高挂着"诚信应考"之类的横幅，考场内的学生却想尽一切办法作弊。当前高校学生职业价值标准功利化十分突出，多数学生的价值标准已由"社会价值主导型"转向"经济价值主导型"，衡量标准的商品化，利益关系的直接化都让他们更加现实，个别学生为了能找到好工作，制作假的学历和荣誉证书，严重丧失了诚信品质。价值观的功利主义倾向导致

---

① 　钱理群：《北大等大学正培养利己主义者》，《中国青年报》2012 年 5 月 3 日第3 版。

高校学生对诚信道德产生怀疑,也就是说,我国现阶段倡导的主流价值观正受到挑战。

3. 拜金主义价值观

拜金主义是一种把获取金钱视为最高原则的人生价值观,主张用金钱来衡量人的价值,把人的价值归结为金钱,表现为"金钱至上"和"一切向钱看"的思想和行为。在该价值观主导下,许多人疯狂地追求金钱,为了追求金钱践踏道德出卖人格,甚至敢于以身试法;为了钱,理想、道德、良知、真善美被抛弃;为了钱,不择手段,坑蒙拐骗,贪赃枉法以至谋财害命;为了钱,无情无义,六亲不认甚至伤天害理;为了钱,可以不顾国格人格,鲜廉寡耻乃至出卖自己的灵肉。在高校,不诚信的拜金主义价值观已经渗透到学生的学习、日常生活、人际交往和职业选择等行为之中,部分学生现实而且庸俗,追求高消费,为了金钱不择手段,甚至做出偷盗、诈骗等违法犯罪行为。高校学生要自觉抵御拜金主义,加强改造世界观,树立正确的人生价值观和金钱观。

(二)用社会主义核心价值体系引领高校学生诚信价值观的可能性

社会主义核心价值体系作为我国现阶段的主流价值观,与社会流行的思潮相比具有先天的高势位优势,具有凝聚共识的引领功能。高校诚信教育的目标与其基本要求是一致的,因此,用社会主义核心价值体系引领高校学生的诚信价值观不仅可能而且有效。

1. 社会主义核心价值与草根价值观相比具有先天的高势位优势

思想文化扩散遵循势位差规律,即高势位的思想文化能够不断地冲击低势位思想文化,逐渐成为一个思想文化系统的核心,从而有效地吸引低势位的思想文化向中心汇聚,不断影响和改变低势位的思想文化。党的十八大报告强调指出:"社会主义核心价值体系是兴国之魂,决定着中国特色社会主义发展方向,推动中国特色社会主义理论体系进教材,进课堂,进头脑。广泛开展理想信念教育,牢牢掌握意识形态的领导权和主导权,坚持正确导向,提高引导能力,壮大主流思想舆论。"这段话确立了社会主义核心价值体系在我国思想文化体系中的高势位。思想文化具有很强的流动性,"思想文化一旦产生,立即向外扩散"①,高校借社会主义核心价值体系的高势位优势弘扬诚信价值观,就等于引进了强大"正能量",能有效抵御功利主义、拜金主义、享乐主义、极端个人主义等不诚信价值观的挑战。

---

① 季羡林:《东方文化集成》,经济日报出版社 1999 年版,第 5 页。

2. 社会主义核心价值体系建设和高校诚信教育具有内在一致性

首先,宣传和普及社会主义核心价值体系是高校诚信教育的内在要求。社会主义核心价值体系作为上位范畴,指明了高校教育"培养什么样的人",为高校诚信教育提供了明确的价值和政治导向。在我国进入全面建成小康社会、加快推进社会主义现代化建设的关键时期,社会主义核心价值观、荣辱观使我国加强社会主义思想道德建设有了明确的指导方针。高校学生是社会文明道德风尚的重要践行者和传承者,要准确把握社会主义荣辱观的深刻内涵与重大意义,促进价值观的形成和培育,以此作为道德标杆来规范与约束自身的日常思想和具体行动。

其次,诚信教育是建设社会主义核心价值体系的重要组成部分。诚信是社会主义核心价值体系的重要内容,"八荣八耻"以简单朴素的语言提出了褒"诚实守信"、贬"见利忘义"的价值取向和行为准则。我国当今社会上存在着种种不正之风,都与诚信道德的缺失有关。只有加强社会主义诚信建设,创造良好的道德环境,人人守信,人人诚实,使诚实守信成为我们每个人的通行证,才能使人们自觉遵守社会行为规范,才能实现社会风气根本好转。所以,诚信教育对建设社会主义核心价值体系具有深刻的理论价值和现实意义。

再次,高校诚信教育是建设社会主义核心价值体系的重要途径。高校服务社会的任务之一就是将人类社会的价值追求和行为规则传授给学生,帮助他们实现社会化,促进人类文明的进步,以此推动人类社会的发展。因此,高校诚信作为教育和培养高校学生的主阵地,应当成为建设和普及社会主义核心价值体系的前沿阵地,诚信教育则是实现这一功能的重要表现。

(三)以核心价值"正能量"引领学生的诚信价值观

社会主义核心价值体系引领高校学生的诚信价值观,旨在以"正能量"帮助学生树立良好的道德风尚和正确的价值观,提高学生辨别是非的能力,让他们心中有一把衡量善恶的尺子,自觉抵制拜金主义、享乐主义、功利主义、个人主义的侵蚀。

1. 以学习社会主义荣辱观为抓手,开展覆盖全社会的诚信教育

首先,全社会开展"诚实守信为荣,见利忘义为耻"的荣辱观教育实践活动。政府带头开展文明创建活动,营造高效廉洁的政务环境。进一步深化行政体制改革,转变政府职能,建立透明的、廉洁的公共行政部门,为全体公民提供高效的服务,实现社会主义政治文明。推动党政机关和国家公职人员争创文明机关,争做人民满意公务员,以诚信办事、诚信服务的实际行动取信于民。

全社会开展"共铸诚信，和谐创业"活动，营造诚信公平的市场环境。牢固树立诚信为本、守信光荣、失信可耻的信用意识和道德观念，在市场经济规范建设中严格执法，认真解决制假售假、虚假宣传、偷逃骗税、欺诈经营、账目造假等突出问题。

其次，高校思想政治理论课宣传"诚实守信为荣，见利忘义为耻"的荣辱观。思想政治理论课是高校诚信教育的主要途径，要充分重视思想政治理论课对核心价值观教育的主渠道作用，利用好"三尺讲台"，将社会主义核心价值体系教育贯彻到课堂教学的全过程，坚定不移地以马克思主义中国化的最新理论成果武装学生，逐步夯实他们的政治理论基础。把"八荣八耻"引入教材、引入课堂，宣传社会主义的道德评价标准。树立"大思政"理念，将"八荣八耻"贯穿于学校思想道德教育的各个环节，渗透到学生的学习生活中，使"诚实守信为荣，见利忘义为耻"化为学生的基本信念。

再次，以社会主义核心价值体系引领高校校园诚信文化建设。校园文化是当代大学生价值观教育的重要载体，对当代大学生的价值观教育起着"润物细无声"的作用，必须高度重视高校校园文化对学生诚信价值观的隐性教育作用。努力构建以社会主义核心价值体系为指引的价值观教育制度体系，将高校的价值观教育及相关的校园文化建设上升到制度层面。以学校的党团组织、学生组织为主力，以高校校园文化建设为抓手，逐步建立一套系统全面的评价体系、激励体系。将"诚实守信为荣，见利忘义为耻"的观念贯彻到高校学风建设中，大力开展校风、学风、班风主题建设实践活动。要以社会主义核心价值体系引领高校的品牌校园文化活动建设，特别是要开展形式多样、生动活泼的"八荣八耻"学习活动，注重扩大诚信价值观的影响力，营造浓厚的诚信教育氛围。

2. 综合引领高校学生的非诚信价值观[①]

首先，对非诚信价值观要采取批判与引领相结合。社会主义核心价值观对功利主义、拜金主义、极端个人主义等不诚信价值观的批判不是全盘否定，而是有批判有继承。这些不诚信的价值观体现人性丑恶和不道德，同时又是个人奋斗欲望的体现，是社会进步的动力。因此，必须以社会主义荣辱观加以引导，对其不诚信予以鞭挞，对其奋斗追求的积极面加以继承。"扬弃"是引领高校学生价值观的常用方式，要避免全盘否定的批判倾向，必须坚持批判与引

---

① 李亚员，杨晓慧：《社会主义核心价值体系引领高校学生思潮的规律及其应用》，《思想政治教育》2013 年第 4 期。

领相结合,以社会主义荣辱观为指导,在批判不诚信价值观时,也吸收它的有益成分,丰富和发展社会主义核心价值体系。

其次,思想引领与心理引领相结合。对高校学生的诚信价值观进行引领,不能局限在思想层面,必须建立和完善对高校学生的人文关怀和心理疏导机制。一要加强对高校学生价值观得以形成的社会心理特征的研究。既要研究高校学生具体的价值观得以形成的社会心理基础,更要通过历史的、纵向的研究,深入把握高校学生的价值观得以形成的一般心理特征,比如认真研究高校学生的逆反心理、浮躁心理、不满心理、失落心理等与高校学生价值观形成的关系问题等。二要加强对高校学生社会心理的动态监测。要建立健全高校学生社会心理测评和反应机制,加强对高校学生社会心理的监测、评估和预警,重视高校学生的心理感受,切实全面地了解和体察民情,这是实现心理、思想并行引领的基本前提。三要完善高校学生社会心理的疏导机制。结合高校学生价值观的社会心理状况和特点,及时对高校学生不良社会心理进行干预和矫正。四要完善高校学生对社会主义核心价值体系的接受和认同机制。努力把社会主义荣辱观的理论、思想和观念等转化为学生社会心理,即把抽象的思想理论切实转化为学生的需要、动机和心理状态,使诚信道德真正成为高校学生自主自觉的追求。

再次,诚信观引领与学生需要相结合。学生会根据自身需要对社会主义核心价值体系与不诚信价值观进行比较和选择,内在需要的满足程度是学生能否接受社会主义核心价值体系引领的主要依据,当社会主义核心价值体系比不诚信价值观更有助于满足学生自身需要时,学生就会认同和接受社会主义核心价值体系。引领高校学生价值观的目的在于促进学生自由全面发展,在引领过程中,必须牢固树立“一切从学生需要出发”的观念,并将此作为引领活动的基本出发点,因此要求在引领过程中充分结合学生的特点和兴趣,设计实施引领活动,全力调动学生的积极性和主动性,切实变“要我接受引领”为“我要引领”,使学生由被动接受引领转变为积极主动地寻求引领。当然,高校学生发展需要是多层次、多维度的,要处理好高校学生表面物质需要与深层发展需要、短期需要与长远发展需要的关系。在引领过程中要统筹兼顾,既要着眼长远,更要立足眼前,努力贴近学生思想、贴近学生生活、贴近学生实际,在满足学生眼前需要的基础上逐步引导学生坚定对社会主义核心价值体系的认同度。

综上所述,高校必须高度重视社会主义核心价值体系对诚信观的引领作用,以高校思想政治教育为主阵地,扩大社会主义核心价值体系的影响,增强高校学生明辨善恶是非的能力，自觉抵御不诚信价值观的侵蚀。

二、建设"三位一体"社会诚信道德教育平台

高校学生的价值观的形成不仅受学校的影响，同时也受家庭和社会的影响。因此，要充分整合社会、学校、家庭的教育资源，形成合力，共同构筑"三位一体"的诚信道德教育平台，通过诚信家庭的熏陶、学校的正面教育、社会"正能量"的耳濡目染，对学生的道德素质持续产生影响。

（一）构建公民诚信道德建设平台

公民思想道德建设是社会主义思想道德建设的基本任务。公民的思想道德素质不仅体现一个民族的文化素质，而且反映一个社会的文明程度，彰显出一个国家的民族精神和时代精神。公民思想道德建设包括思想政治、职业道德、家庭美德、社会公德、网络道德、个人品德等方面建设，其范围覆盖高校思想道德建设。高校诚信道德教育不能离开社会需要自说自话，只有与公民思想道德建设相互对接，才能超越与社会氛围"二律背反"的困境。

1. 全社会弘扬传统诚信美德

诚实守信是中华民族的传统美德，有着深厚的文化积淀基础和普遍的民众心理认可度。孔子认为"人无信不立"，墨子认为"言不信者，行不果"，周敦颐把"诚"提到"五常之本，百行之源"的高度。自古以来，华夏文明中都根植着诚信的思想，先贤以诚信为做人之道、以诚信为治国之理，使诚信在中国传统道德中占着重要的地位。不仅如此，古代先贤还有众多诚信典故，商鞅"立木为信"在百姓心中建立威信，为其变法在秦国的推广打下了群众基础，季布"一诺千金"使其免受祸殃，取信于朋友自然得道多助。诸如此类的守信故事流传至今，受到人们的推崇，为诚信道德思想在当今社会的普及埋下了广泛的民众心理基础和认可度，特别是在校学生，他们在学习过程中不断接触到这些文学典故，自然能够耳濡目染，这对高校学生诚信教育是一个重要的积极推动因素。书报刊物、互联网络、广播电视、音像出版等大众传媒在弘扬传统诚信美德方面要发挥积极作用，要多做正面宣传。

2. 开展全民诚信素质教育实践活动

加强公民诚信道德建设，应以活动为载体，吸引群众普遍参与。例如，每年的"315"活动都引起社会广泛的关注，全社会都希望通过打假活动来揭露不法商贩不守诚信、唯利是图的本性，大众一起批判非法奸商危害公众的不诚信行为，可以达到美化社会道德风气的目的。高校也应组织学生观看"315"晚

会,让学生写观后感和心得体会,这些活动都有助于诚信道德教育在学校的开展。全民诚信素质不断提高,民众对诚信形成共识,必将促进全社会诚信教育的发展。有效开展全民诚信素质教育实践活动,一要深入开展群众性精神文明创建活动,如文明社区、文明行业、文明村镇、文明单位、文明家庭创建活动,使人们在自觉参与中思想感情得到熏陶,精神生活得到充实,道德境界得到升华。二要积极开展群众性道德评议活动,通过采取民主讨论、平等交流等方式,解决职场纷争、邻里纠纷、家庭矛盾,缓和紧张的人际关系。三要大力开展各种类型的社会公益活动,使人们在参与中熏陶思想感情,充实精神生活,升华道德境界。伴随全民教育的发展和国民素质不断提高,民众将认同和接受社会诚信理念和行为,鄙视和批判失信现象。

3. 建设弘扬诚信道德的社会舆论氛围

社会舆论对社会公共道德的选择有着重要的引导作用。当前我国正处于战略机遇期,面对激烈的社会变革和社会转型,经济成分、生产方式、社会组织形式等出现多样化趋势,在一定程度上引起人们意识形态领域的一些变化,如人们的思维方式、价值取向、道德标准等方面,形成了复杂多元的局面,势必影响着诚信品质的形成。因此,在全社会建立"守信光荣、失信可耻"的良好舆论氛围,弘扬真善美,贬斥假恶丑,引导人们自觉履行法定义务、社会责任、家庭责任。

社会舆论是以书报刊物、互联网络、广播电视、音像出版等大众传媒为主要载体,公开表达并广泛传播的观点和看法,具有群体性和倾向性等特征。舆论环境对个体道德发展和整个社会道德发展有重要影响。一是充分利用媒体宣传科学理论、传播先进文化、塑造美好心灵、弘扬社会正气,激励人们积极向上,追求真、善、美。二是对不道德行为和认识进行抨击,帮助人们辨别是非、抵制丑恶。三是建立健全监督机制,新闻媒体适时对各种不文明行为进行曝光,鼓励群众对不文明行为进行举报,形成由群众监督、社会监督、舆论监督组成的全方位监督体系,通过监督使公民形成文明的行为习惯。

正确的舆论需要正确的舆论导向,舆论是否正确,关键在于大众传媒的舆论导向是否正确。利用社会舆论褒奖诚信,谴责虚假,要加大传媒的公开曝光力度,逐渐在全社会形成一种追求"真、善、美",针砭"假、丑、恶"的良好风尚。大众传媒对高校学生的成长有着难以估量的影响,要让他们尽量多地感受和接触社会中真善美的一面。例如,通过在广播、电视、报刊等媒体,开设诚信道德宣传和社会信用体系建设专题、专栏、专版,利用电视公益广告、知识竞赛、文艺晚会等形式,积极开展新闻宣传、舆论监督和诚信教育及法律法规知识普及。充分利用"315 消费者权益保护日"、"614 信用记录关爱日"等活动,积极开展诚信宣传教育活动,为推进诚信建设营造良好的社会舆论氛围。此外,对非诚信现象要及时地、有力地揭露和批判,在人们心中形成"人无诚信不立"的意识。

4. 诚信道德模范的榜样示范

注重树立诚信典型模范的榜样作用,能有效促进诚信道德的推广。通过树典型来带动越来越多的公民以主人翁的身份投身到社会道德建设中来,自觉维护社会诚信的发展。"双百人物""全国道德模范""感动中国人物"等活动,旨在全民中评选出模范典型,起到带动作用。其中"全国道德模范"是新中国成立以来规模最大、规格最高、选拔范围最广的道德模范评选活动,有着深厚的群众基础,"诚实守信"是五大类型道德模范之一,评选出诸如曹道云、徐丽珍、武秀君等诚实守信模范,他们信守承诺,将人性大爱播撒社会。以中宣部、中央文明办等部门联合举办的感动中国道德模范评选活动,每次评选出的道德模范都感动着每一位公民,为我国公民思想道德建设树立了榜样。

树立社会道德模范,必须坚持实事求是,坚持贴近实际、贴近生活、贴近群众的原则。扎实宣传道德模范以及他们的先进事迹,使每个社会成员发自内心地真正地尊重和认可他们的诚信品质,学习他们先进的事迹。发掘具有时代特色的人和事物,使得大众更容易接受,因为这些人和事物也许就发生在大家的身边,所以大家看到他们就更容易产生共鸣。他们诚实守信的优秀品质,深深感动着大家,在全国人民心中产生了巨大的示范效应。大力宣传富有时代特色的人,是群众易于接受的教育方式之一,因为人们就生活在这个时代,对这个时代的先进人物有所了解,也就更加容易向先进人物学习,向先进人物靠拢。实践证明,联系实际,挖掘身边的模范,了解发生在他们身上的事情,对于大学生是非常有教育意义的,对大学生培养诚信情感发挥着不可忽视的作用。

5. 党和政府要大力支持公民诚信道德建设

政府诚信是党和政府支持公民诚信道德建设的前提,政府要注意提高自身诚信度,要注意避免制定和执行政策规章的随意性和盲目性,保持规章政策的稳定性和持久性。诚信品质的养成需要有相对稳定的政策来支持,政策环境如果不确定,一部分人为了追求短期的利益就会做出一些诚信缺失的行为。政府领导和党员干部的诚信状况代表着政府的形象,他们的诚信品质对大学生以及广大民众都有着重要的导向作用。

　　党委政府要把公民诚信道德建设作为重要内容列入议事日程,纳入社会发展的总体规划。党委和政府部门要按职能切实负起组织协调、督促检查、加强指导的责任。各级群团组织要在党委统一领导下,各尽其责、各展所长、相互配合、形成合力。要紧紧依靠群众参与公民诚信道德建设的积极性、主动性和创造性,大力弘扬并及时总结推广公民诚信道德建设中的好经验、好做法,不断开创公民诚信道德建设的新局面。

　　社区基层党组织要把诚信道德建设作为社区建设的一项重要任务,统筹安排,具体规划,努力创建诚信示范社区。要加大社区投入力度,依托社区的各种活动阵地,发挥社区内各种资源优势,组织开展富有吸引力的诚信道德宣传活动,使诚信道德教育在社区得到拓展和延伸。其次,社区党工委、共青团组织和少先队要以社区为平台,以体验教育为基本途径,积极组织开展内容鲜活、形式新颖、吸引力强的诚信道德实践活动。充分发挥和利用社区内的资源优势,主动争取社会各方面的大力支持,形成社会化、开放性的诚信道德建设新格局。再次,各街道、乡(镇)和社区居委会、村民委员会以及其他一切基层组织要承担道德建设的社会责任,整合利用好辖区内各种教育资源和活动场所,为社会提供思想教育和文化服务,共同创造弘扬诚信道德的良好环境。

　　6. 与公民参与社会管理实践活动相结合

　　社会管理是一项系统工程,不仅涉及社会管理制度、社会管理体制和管理方式等硬环境,而且包括社会管理理念、社会管理的思想道德基础以及公民思想道德素质等软环境。社会管理实践活动是向公民灌输正确的思想观念,有目的、有计划地设计并实施能够提高公民道德素质的活动。社会管理实践有利于公民在参与的过程中培养自身的合作意识、团队意识和集体主义精神,塑造自信开朗的品质,养成积极乐观的生活态度和健康文明的生活方式,从而使公民的思想道德素质在轻松、愉悦、和谐的活动氛围中得以提升。

　　将公民诚信道德教育内容寓于社会管理实践活动中,有意识、有目的地组织形式多样、内容丰富的社会管理实践活动,能使公民在参加社会管理和实践的过程中受到诚信教育。社会管理实践活动作为公民诚信道德素质提升的载体,具有以下明显优势:一是潜隐性强。形式自由、内容丰富,是公民乐于参与的形式,能使公民在潜移默化中受到教育,提升公民诚信道德素质的效果较好。二是统一性强。能很好地实现公民管理与教育的统一。三是主动性强。公民积极主动参与,有利于诚信道德教育客体的主体化,使活动载体能充分发挥其诚信道德教育功能。

(二)建设家庭诚信教育平台

家庭是人们接受诚信教育最早的地方,是诚信教育的重要阵地。家庭是高校学生诚信情感培育的地方,对他们的道德品质特别是诚信品质的培育有着不可低估的作用。家庭的诚信教育主要是指家长对子女的教育,父母是孩子的第一任教师,也是孩子的终身教师,高校学生诚信品质的培育始终都直接间接地受到家庭的影响。家长应当有意识地引导孩子诚信做人、诚信做事,以适应现代社会对人才的要求。高校要与家庭教育保持良性互动,和家长一道改进教育方法,建立诚信的家庭环境。

1. 提高家庭教育者的诚信素质和教育能力

父母的一言一行和自然流露的人生观和价值取向,都会影响孩子的成长。目前许多家庭对孩子的教育方法不正确,如父母对孩子过分溺爱或心灵施暴等,扼杀孩子的独立人格,成为培养孩子正确道德观念的绊脚石。父母的素质会对孩子的人生产生深远的影响,因此要注重自我发展和终身学习,不断提高自身素质。

首先,家长要树立正确的家教观,掌握科学的方法,以良好的思想道德修养为子女做出表率,培养孩子诚信品质和明辨是非的能力。在家庭诚信教育中,家长的态度一定要长期一致,朝令夕改会使孩子无所适从,达不到教育的效果。其次,教育部门要统筹社会教育资源,通过家长学校、母亲学堂、家庭教育指导站、教育网和家教志愿者咨询辅导等方式,面向社会广泛开展家庭教育宣传,普及家庭诚信教育知识,推广家庭诚信教育的成功经验。再次,要加强调查研究,深入研究新形势下家庭结构、功能、环境的变化给子女教育带来的新问题,研究当前家庭教育中存在的主要误区和薄弱环节,积极探索和研究单亲子女、特困子女、流动人口子女的教育管理问题,形成一批有实际成效的研究成果,用以指导家庭诚信教育实践,提升家庭诚信教育的整体水平。

2. 改进家庭诚信教育的理念和方法

首先,家庭诚信教育要从幼儿抓起。从小树立诚信信念,有助于一生中保持诚信品格。在德国,孩子四五岁就开始接受来自家庭的诚信教育,有科学研究表明,孩子在四五岁的时候是培养其价值观的重要时期,而家长又是孩子最早接触到的教育启蒙者。我国许多高校学生接受诚信教育十分困难,这与他们成长的家庭环境有关,因为当前高校学生的诚信教育是对已经先入为主价值观加以纠错,过程痛苦且效果有限。

其次,孩子诚信教育要从家庭生活中一点一滴地实行。对于家庭的诚信教育来说,教育寓于日常生活的细节之中,家长不能老是说教,也不能想起来就注意,想不起来就不注意,而要在日常生活的细节中潜移默化地渗透。家长只有以身作则,言行一致,教育才会有效果。由于各种原因,家长可能偶尔也会有不诚信的言行,但孩子不一定有明确的是非善恶荣辱观念,一般大人怎么言行,他们就怎么言行,而且孩子会从内心深处认为这样是对的,久而久之,就会形成错误的观念。家庭诚信教育中,教育者长期保持一致的诚信态度很关键,家庭环境长期保持诚信,必将成为孩子在漫长的人生旅途中保持诚信的精神支撑。

再次,家长与孩子保持良性互动,逐步提高孩子的主动性。在家庭关系中,父母处于主动位置,许多家长们动辄就说:"我走过的桥比你走过的路还长,我吃过的盐比你吃过的饭还要多。"对子女更多的是采取命令或说教的口吻,甚至训斥或打骂,子女自然处于被动位置。这种居高临下地告诉孩子"应该这样,不应该那样"的教育方法只适合于幼儿启蒙时期,青春期的孩子则容易引起逆反心理,产生所谓的"代沟"。因此,孩子教育应该是爱的教育,从培养爱和信任开始,伴随孩子长大应逐步提高孩子的主体地位,对青年子女进行诚信教育,父母要考虑到子女的身心特点以及实际情况,和他们进行有效沟通,引导他们去发现和认识自己的不足,并能让他们心悦诚服地改善自己。例如通过示范、赞赏等自然流露的情感,不露痕迹地将自身的诚信道德传递给孩子,将父母的"你应该""你必须"转变成孩子的"我愿意""我认为"。

最后,注重青春期孩子交往群体的诚信教育。家庭教育在现代社会发展过程中存在一个重要的问题:家长教育子女的时间和精力有限,或对子女教育持应付态度,或只关心孩子生活和学习方面出现的问题。对孩子学习方面的过度强调导致了学生对学习成绩的功利心理增强,也促使孩子不惜一切手段来实现家长对自己的期望,以实现自己的满足感。当这种满足感无法实现的时候,朋友的出现弥补了学生在成长过程中缺失认同、缺乏交流的问题。朋友成为青春期孩子成长过程中不可或缺的因素,同时也是帮助他们形成一定的思维习惯和行为习惯的重要因素,青春期孩子价值观受同伴的影响普遍大于父母教养的影响。青春期孩子处于成长的叛逆期,在人际交往当中,与父母和成人的人际交往减少,表达自我的出口主要是在与朋友的交往方面,于是对朋友之间的信任感、诚信度要求很高,朋友之间的诚信也受到青春期孩子的重视。因此,家长对青春期孩子的交友群适当介入引导和教育具有重要意义。

（三）建设中小学诚信教育平台

2004 年 5 月颁发的《教育部办公厅关于进一步加强中小学诚信教育的通知》中规定了诚信教育的主要内容：(1)在诚实教育方面：培养学生诚实待人，以真诚的言行对待他人、关心他人，对他人富有同情心，乐于助人。严格要求自己，言行一致，不说谎话，作业和考试求真实，不抄袭、不作弊。(2)在守信教育方面：培养学生守时、守信、有责任心，承诺的事情一定要做到，言必信、行必果。遇到失误，勇于承担应有的责任，知错就改。(3)在诚实守信教育的同时，还要加强遵守法律法规、校规校纪和社会公德的教育，培养学生的法律意识和规则意识，具备良好的道德品质。中小学阶段是培养诚信意识的最好时机，然而，由于应试教育主导，功利主义占上风，在升学的压力下，学校往往重智轻德，开设的德育课程很少，德育课程的内容也往往以爱国主义、集体主义等比较宏观的思想道德教育为主，本应在中小学阶段树立的诚信意识往往缺失或没有受到应有的重视。

1. 注重让学生牢固树立诚信信念

从小树立诚信信念是一生保持诚信的精神动力，中小学教育应鼓励学生学习诚信美德，学习诚信榜样，把诚信当作做人、立业的基本准则。学生越理解诚信意义，就越能按诚信规则做事，中小学诚信教育要把让学生牢固树立诚信信念放在第一位。

中小学课本应多加些有关诚信道德教育的内容，让孩子从成长开始就受到诚信意识的熏陶，从而树立讲实话、守信用的道德观念。教师在教学中要善于结合教学内容，将诚信教育渗透到教学活动之中。德育课教学要结合实例，丰富诚信教育内容，寓诚信人物、事迹于教学之中，并在讲求实事求是、严谨学风的基础上，融入诚信精神。除了采用传统的课堂教学之外，还可以通过课外实践、班会、演讲等各种各样的手段来促进学生和教师的互动，引导学生参与到诚信教育之中。

诚信信念是诚信道德认知、情感和意志的融合，学生形成诚信信念不是一朝一夕就能做到的。诚信品质的培养必须从生活中一件件小事做起，持之以恒，逐渐形成的良好的行为习惯，因此中小学生的诚信教育不能凑一阵热闹，要坚持不懈。

2. 注重教师行为示范

教师是学生的模仿对象，他们的行为和诚信程度影响着中小学生诚信行为的发生和发展。与家长相比，中小学教师对于学生诚信观念和行为发展的作用更大,因为父母是家庭成员中的一员,而教师是社会主流文化的象征。

首先,教师作为"传道授业解惑"的人,在学生心目中有着非常高的地位,也是学生学习和效仿的对象,教师是否诚信会对学生产生巨大的影响。因此,教师在课内和课外都要注意自己的言行,提高自己的道德修养和诚信水平,要能够真正起到"表率"的作用。要求学生诚信,教师自己要先做到诚信。北京市一位教师有一次因特殊原因迟到了几分钟,就罚自己在凛冽的寒风中站了一个小时,给学生做诚信榜样。

其次,教师在学生心目中往往是知识和道德的双重权威。如果教师的行为具有欺骗性,那么一些学生会认为整个社会是遍地欺诈的不公正社会,日后他们会把相应的欺诈行为"回报"给社会。因此要在学校建立诚信氛围,教师应当以身作则,忠于职守,决不能敷衍塞责,不能有任何不诚信的言行。例如班主任老师宣布不准迟到,可是对迟到现象没有处理,要求学生遵守考试规则,但对考试作弊的学生没有相应的处理方法,下次将会有更多的学生作弊,因为老师言而无信,老师的诚信出了问题,学生将无诚信可言。

中小学生没有既定的观念,交往活动也比较单纯,所以中小学教师对学生的影响力比高校教师会大很多,也就是说,中小学阶段教师实施诚信教育会比高校阶段更好操作,效果也会更好。

3. 营造良好的校园诚信氛围

中小学生较少参加社会活动,除了在家,学生大部分时间在校园中度过,校园文化氛围对学生诚信道德教育具有特别重要的意义。学校对学生产生影响的不仅仅是显性的课程和教学,学校的校园文化、教师的言行、班集体的氛围等"隐性课程"同样对学生诚信道德品质的养成具有重要作用。

班级是学生最经常、最主要的生活学习环境,班级诚信环境的创设很重要,张贴宣传诚信的名人名言、诚信美德的故事,培养弘扬诚信、贬责失信(如考试作弊)的班风,有利于培养学生的诚信道德情感。

校园文化是诚信教育的重要载体,开展丰富多彩的"诚信"文化宣传,营造良好的校园诚信文化氛围,让学生始终浸润在立德树人的良性环境中,时刻吸收到诚信做人做事的正能量。开展生动活泼的诚信教育活动,引导学生积极参与,使学生思想上受到启迪、诚信品质得到升华。

教育学生诚信上网,引导他们尽量不要去接触那些不健康的网络内容,不要沉溺于虚幻的网络游戏之中。对学生参加的 QQ 群、微信群等要适当介入、正确引导,发挥网络积极作用,控制和减少其消极作用,共同努力为中小学生营造一个诚信上网的空间。政府要制定和完善与网吧、网络相关的各种法规制度。完善管理和监督体制,加强对网吧、网络的规范管理和监督,加大治理力度。学校应增加相关网络课程,不仅要传授电脑、网络应用技术,还要学习电脑、网络使用法规,对网络诈骗现象及其危害要加强教育。学校可以加强学校诚信网站建设,给学生提供一个具有正能量引领的信息交流平台。

4. 针对中小学生的身心特点开展诚信教育

中小学生敏感好奇,求知欲强、识别力差,极易受外界的影响,结交的朋友对其人生观有巨大的影响。尤其是到了中学阶段,与父母交流少,与朋友却无话不谈,平常沉默的学生在 QQ 群、微信群中非常活跃。交友群体的诚信教育十分重要,群体的诚信会感染、暗示个体,通过影响情感来影响诚信态度。中小学生会对朋友的行为进行主动模仿,或是在群体的压力下被动模仿。

中小学生的学习、活动和生活都离不开集体组织,通过集体组织,教育者可以更好地对学生进行教育。集体不仅是教育客体,也是教育主体,例如一个好的班集体是学校中的重要教育力量,能有形无形地对学生起潜移默化的教育作用。

中小学生处于世界观初步形成阶段,智力和心理品质成长很快但是易变。一两次诚信教育是不可能有明显效果的,所以,一方面教师要有耐心,坚持开展长期的诚信教育活动,另一方面要促使学生自律,自觉地养成诚信品质。

三、高校对接社会诚信道德建设平台

高校学生深受社会大环境的影响,诚信教育仅凭高校单方面力量是不可能完成的,需要社会各方的力量予以配合,形成合力,才能收到预期的效果。高校向社会提供人才,人才诚信有利于推动政府诚信、企业诚信、个人诚信乃至整个社会的诚信建设,而人才诚信建设需要全社会的共同努力,需要社会诚信建设、家庭诚信教育和学校诚信教育协调一致。高校诚信教育与社会道德建设是相辅相成的,二者有效对接起来。

1. 对接公民诚信道德建设

公民诚信道德建设的主体是全社会,党和政府、社区机构、社会组织和个人拥有大量的道德教育资源,高校对接公民诚信建设平台,充分引入社会资源参与高校学生诚信体系的建设,并向社会输送高校教育资源,参与社会诚信建设。一方面,社会资源进校园,即所谓的"引进来"。如邀请社会的知名人群进校宣传诚信、推广诚信,直面、生动而富有号召力的社会引导对加强高校学生诚信建设具有重要作用。另一方面,高校也要"走出去",如派辅导员、学生去参与社会诚信宣传、诚信互助等各类社会诚信建设活动等,在社会实践活动过程中,不断提高诚信修养锤炼能力。

首先,全社会加强诚信道德宣传,在高校学生的周围形成以诚实守信为荣的社会氛围,让他们感受到诚信是社会的基本准则,是高尚的人生追求、永恒的行为品质、立身处世的基本准则。社会各个方面应该积极运用多种手段和多种形式大规模大范围宣传诚信道德规范和知识。随着各种现代传媒的产生和发展,宣传在社会道德建设中发挥着越来越大的作用。道德宣传是联系社会道德规范体系和个人道德行为的桥梁,是实现社会道德价值导向的主要途径。道德宣传会有一种极其强大的影响力,在社会上营造出一种良好的氛围,大家会在这样的大环境中积极地改造自己,诚实守信,反对欺骗欺诈。高校学生是社会中最普通的一员,他们也会在其中不断提高自己,养成诚实守信的习惯。

其次,高校积极倡导大学生参加社会实践,在实践中运用诚信教育原则体验社会,在社会大熔炉中锤炼诚信意志,培养诚信品质。社会实践是外在理论向内在信念转变的桥梁,要想使诚信理论切实为学生所接受,将诚信思想转化为自身的素质,就必须依赖社会实践。因此要大力开展丰富多彩的诚信教育社会实践活动,实践内容要贴近生活、贴近学生、贴近群众,避免形式主义,注重社会调查与实际操作,让学生通过亲身体验并认同诚信道德,树立正确的诚信观。

2. 对接家庭诚信教育

家庭是学生思想道德素质的发源地,父母及家庭成员是孩子诚信意识的启蒙老师。父母及家庭成员首先必须以诚实守信作为自己的衡量标准,让孩子从小生活在诚实守信的家庭环境中。家长要给予孩子诚信思想教育,鼓励孩子做一个诚实守信的好公民,并能及时表扬孩子的诚信行为。总之,诚信教育要从幼儿成长的家庭环境抓起,让孩子从小养成诚信品质,而不是与诚信道德相悖,这样做对高校学生诚信教育是有力的支持。高校应发挥育人和研究方面的优势,在提高家长的诚信素质和教育能力、改进家庭诚信教育的理念和方法等方面提供服务和帮助。

高校诚信教育与家庭教育对接,学校与家庭应经常沟通,定期把学生在校的学习及道德品行情况向家长通报,使家长了解孩子的表现,通过家长反馈学生的诚信心理状况,也可以有针对性地对高校学生进行诚信教育,实现高校和家庭培养学生诚信品德的双向互动。

3. 对接中小学诚信教育

人的思维是从具体向抽象、感性到理性发展的,少年的记忆模仿能力比成年人好,伴随年龄增长,人的抽象思维能力逐步提高。按人的这一身心发展规律,少年对行为道德规范是能感知理解的,但是真正理解爱国主义、集体主义等抽象的思想道德规范是比较困难的,只能是肤浅的表面模仿,因此,正确的道德教育顺序应该是少年以行为道德规范教育为主,成年以思想道德规范教育为主。然而,我国当前德育教育顺序却颠倒了,中小学以思想道德教育为主,诚信道德等行为规范教育缺位,许多家庭和社会的非诚信道德观乘虚而入,导致部分中小学生诚信认知偏差,诚信信念缺失,诚信情感淡泊、肤浅甚至扭曲。到了高等教育阶段,本应以思想道德教育为主,却发现许多学生的行为道德标准是错误的,而在行为道德标准形成后再加以纠正是有很大难度的。

总之,中小学阶段是培养诚信意识的最好时机,应让学生从小牢固树立诚信信念。中小学诚信教育的责任不能推迟给高校或社会,高校诚信教育应当是中小学生诚信品质的巩固和提升,而不是纠错。

第三节　对接社会信用制度建设

在社会转型和市场经济条件下,人与人之间形成了极其复杂且十分广泛的信用联系,要有效地控制并调节这种联系,形成一种普遍与稳定的社会信用秩序,就必须建立普遍的、严格的、规范的信用制度和法律体系来维系。

一、建立健全社会信用制度体系

伴随市场经济的发展,信用制度成为维持市场有序运行的基本机制。当前一些领域存在的诚信缺失,既有个人素质不高、道德失范的原因,又有信用资料不全、监管不力的原因,更多的是与相关制度的滞后及不当、不能适应社会发展的需要有关。从现实来看,为了应对社会诚信缺失及其危害,迫切需要加强社会信用制度体系建设。

建立健全社会信用制度体系已经引起党和政府的高度重视。2003年,中共十六届三中全会提出"建立健全社会信用体系"的目标,指出:"形成以道德为支撑、产权为基础、法律为保障的社会信用制度。"2011年中共十七届六中全会强调:"把诚信建设摆在突出位置,抓紧建立健全覆盖全社会的征信系统,加大对失信行为惩戒力度,在全社会广泛形成守信光荣、失信可耻的氛围。"[①]

---

① 《中共中央关于深化文化体制改革　推动社会主义文化大发展大繁荣若干重大问题的决定》,《人民日报》2011年10月26日第1版。

2012 年,党的十八大报告提出要"加强政务诚信、商务诚信、社会诚信和司法公信建设"①。2014 年 1 月,国务院常务会议指出:信用缺失已成为制约我国发展的突出"软肋",全面推进社会信用体系建设,任务艰巨,迫在眉睫。要求构建信息共享机制,在保护涉及公共安全、商业秘密、个人隐私等信用信息的基础上,依法使各类社会主体的信用状况透明、可核查,让失信行为无处藏身。② 会议通过了《社会信用体系建设规划纲要(2014—2020 年)》。

那么,如何建立符合市场经济发展需要的信用制度体系呢?

1. 强化法律在社会信用制度建设中的作用和功能

社会信用体系建设不能依赖道德,应由法律和制度保证实施。诚信原则在我国现行的《民法通则》《刑法》《合同法》《担保法》《保险法》《商业银行法》《贷款通则》等法律及其实施过程中都有所体现。因此,维护社会信用秩序必须充分发挥法律的作用。

首先,完善信用立法。2013 年 1 月,我国颁布《征信业管理条例》,标志着我国开始有了专门信用法律制度。完善信用立法,一是应尽早出台单行配套法律,制定全国统一的《企业信用管理法》《个人信用管理法》《公平使用信息法》等规范信用的专门法,将企业信用体系和个人信用体系纳入法制化轨道,明确对涉及个人隐私、商业秘密和国家安全等特殊信息的保护措施,保证征信企业能够合理采集和使用信息。二是应着手修改与建立社会信用体系有冲突的部分现行法律和法规,如《合同法》《企业破产法》《担保法》《民法通则》《公司法》《刑法》《反不正当竞争法》《消费者权益保护法》等法律的部分条款与建立信用体系有冲突,应对其进行必要的修改或重新解释。

其次,完善惩罚失信的执法机制,提高失信成本。司法部门要提高司法公信力,大力加强信用执法力度,维护法律的权威。目前,我国对失信者没有惩罚或惩处不力,失信风险小,不足以抵消对利益的巨大诱惑,不能阻止有些人为了利益铤而走险。因此,要重视和加强执法,坚定不移地贯彻依法行政的原则,反对以权代法。要坚持抓好执法队伍的建设,提高执法人员素质,坚决消除各种司法腐败,这样才能避免出现"有法不依、执法不严"的现象。只有严刑峻法,使不讲信用的行为受到法律的严厉制裁,使失信者付出的代价超过他所

① 胡锦涛:《坚定不移沿着中国特色社会主义道路前进　为全面建成小康社会而奋斗》,人民出版社 2012 年版,第 29~30 页。
② 王悦威,张爽:《李克强:让失信行为无处藏身》,http://news.xinhuanet.com/fortune/2014-01/15/c_126011088.htm,访问日期:2014 年 1 月 15 日。

得到的实际利益和好处,才能使法律在防范和化解信用危机中占据至高无上的权威,从而使公民树立起对信用规则的敬畏意识,使各种诚信行为获得有效的保护。

2. 建立和完善政府政务信用制度

从我国国情出发,政府信用是社会信用制度体系的核心,政府信用主要体现在政务信用上。政务信用主要以招标投标、公共项目建设、土地交易、产权交易、政府采购、医药购销、资金监管等作为重点,要加强公共权力行使环节的信用制度建设。

首先,政府部门要提高政务透明度和公信力,完善政务公开制度。推行服务承诺制度,建立完善政府守信践诺机制,探索建立和推行政府信用评估制度。"要发展和完善权力监督制度,把人大监督、司法监督、舆论监督和公民监督等外部监督和政府自身的内部监督结合起来。"①

其次,从法律上建立起清晰的行政过错追究制度,严格监督,让所有失信于民的政府行为,都置于国家法律法规的监控之下,无论数字造假还是地方保护,无论政策执行扭曲、欺上瞒下还是搞土政策,都能依法追究当事人的责任,从根本上防范政府失信于民。政府有关部门要建立政府信用查究制度,对相关部门实行"倒逼问责",通过责任追究和相应处罚机制,约束政府及公务人员的行为。

再次,完善政府失信的救济制度,保障行政诉讼制度和国家补偿制度的落实,使政府失信行为给公民、法人或者其他组织造成损害时,受害人能够得到相应的救助,确保受害人的损失得到弥补。

3. 建立和完善个人信用制度

从中国的国情出发,社会个人信用体系应由政府主导,由国家建立征信数据库,政府通过建立公共的征信机构,强制性要求相关部门向征信机构提供征信数据,并立法保证数据的真实性和查询制度的公开、公正、公平。

首先,建立个人综合信用登记和评价制度。一是整合有关部门掌握的个人信息,建立个人信用信息库,信息库的内容应囊括个人的基本信息,如个人的基本情况及其家庭社会背景等;二是个人的信用存量,即个人资产状况、负债状况;三是个人的信用历史,包括个人的信用记录、已形成的社会信誉以及品质评价等。借鉴发达国家的经验,个人信用制度建设可建立个人综合信用评价档案,建立个人信用评分管理办法,出台个人信用评分管理实施细则。

---

① 韩志明:《社会诚信体系的制度建构》,《光明日报》2012 年 7 月 28 日第 11 版。

其次,建立个人信用风险预警和管理制度。个人资信归集应以重点领域和重点群体为切入点,着重做好从业经历、税费缴纳、信贷消费、违约记录和违法违纪等个人信用信息的征集,进行信用风险管理。在此基础上出台相关信用监管、预警、公示等制度,完善信用体系。

再次,建立失信行为曝光和惩罚制度。对尚未达到刑事犯罪程度的失信行为也要予以相应惩罚,如行政处罚、媒体曝光、记入信用档案等;给失信违法者以物质和精神上的惩处,使其在经济上大受损失,甚至倾家荡产,在政治上、精神上付出沉重代价,以至身败名裂。只有让失信者因失信付出巨大代价才能对他们形成强有力的社会压力,从而使守信者享受到守信带来的经济实惠和良好的社会评价。

4. 建立信用信息的社会共享机制,形成监督网络

政府系统掌握着大量信息资源,银行、通信等服务机构有客户信息资源,这些资源如果相互分割,就不能综合利用和充分共享。互联网的广泛应用,为信息的及时、有效传播提供了便利的平台。因此,要积极探索社会信用信息共享机制,通过联网加强部门间信用信息的交流和互换,使人们的信用公开透明,使失信者在阳光下无处遁形。

首先,把政府各部门、银行征信系统所掌握的企业、中介机构和个人的信用信息资源进行整合,互联共享。目前,北京、天津、浙江等地都建立了汇集多个政府部门信息的统一信用信息共享平台,实现了本区域范围内跨部门的信息共享。浙江省建立了包括工商、国税、地税、质监、海关、公安等 42 个部门共享的信用信息平台。公安部建立了"全国人口基本信息资源库"等八大基础性共享信息资源库,按身份证号记录公民的姓名、性别、民族、年龄、住址、职业、家庭成员、社会关系等基本信息;最高人民法院建立全国法院执行案件信息管理系统,已经向社会开通全国法院失信被执行人员名单信息公布与查询平台;①最高人民检察院建立了贪污受贿的"黑名单"公示系统;全国"整规办"建立"中国反商业欺诈网",归集和公开市场主体的负面信息,为社会公众提供反商业欺诈服务。在政府采购、招标投标、行政审批、政府扶持、融资信贷、市场准入、资质认定等方面,可以对失信企业和个人予以惩戒。

---

① 登录平台(http://shixin.court.gov.cn),就可以查询到全国各级人民法院录入的失信被执行人员名单信息。只要输入被执行人员的姓名,就能查询其各类信息,包括被执行人员的身份证号码、执行法院以及生效法律文书确定的义务和失信被执行人员行为具体情形等。

其次,建立完善个人社会信用代码制度,形成统一信用代码的信息平台。建立和实施以公民身份证号码为基础的公民统一社会信用代码制度是信用国家的标志,"建立完善社会信用代码制度是加强社会诚信体系建设的前提和基础。推动建立公民信用代码和组织机构信用代码,具有填补我国社会信用代码制度空白的创新意义。"①个人社会信用代码制度有益于公民信用信息的采集、查询和比对,实现信用信息的互联互通和共享。

总之,完善社会信用制度,必须让信用资料成为整个社会的共享资源,形成一张巨大的监督网络,让失信者在全社会的监督之下寸步难行,使诚实信用者获得实利。

二、高校诚信制度与社会信用制度体系对接

政府及相关部门在推进社会诚信体系建设过程中的很多的措施和丰富的资源,都是高校学生诚信体系建设过程中可以加以利用的。高校与社会诚信建设机构长期对接合作,是促进高校诚信建设的一个重要机制。

1. 高校诚信制度与相关法律法规对接

首先,高校将相关法律法规细化为可以操作的诚信制度细则,从制度层面对高校学生的行为诚信进行规范。2002 年 2 月,教育部发布《关于加强学术道德建设的若干意见》,将学术诚信整治提上议事日程。2004 年 3 月,劳动和社会保障部办公厅印发《诚信教育大纲(试行)》,成为全国再就业培训的必修课程。同年 5 月,《国家教育考试违规处理办法》(教育部令第 33 号)出台,加大了打击考试违纪作弊的力度,促进了高校学生考试诚信建设。2005 年,教育部颁布《高校学生行为准则》,将"诚实守信,履约践诺,知行统一,不作弊,不盗窃"作为八项基本准则之一。同年出台《普通高等学校学生管理规定》(教育部令第 21 号),增加了考试作弊或盗窃、抄袭他人研究成果等可予以开除学籍等规定,并细化了作弊开除学籍的种类。此外,教育部还颁布了许多文件,从不同方面规范高校学生的行为诚信,如《普通高等教育学历证书管理暂行规定》《国家教育考试违规处理办法》《全国学生体育竞赛管理规定》《普通高等学校毕业生就业工作暂行规定》《研究生学籍管理规定》等。当然,此类文件只是指导性的政策,高校要在相关政策的指导下,联系学生的实际情况制定《高校学生诚信守则》,规定高校学生诚信规范和行为奖惩办法(详见本书第六章第

---

① 孟焕良:《探索建立社会信用代码制度,推进社会诚信体系建设》,《人民法院报》2014 年 3 月 9 日第 4 版。

一节)。

其次,高校按照相关法律法规的要求,联系大学生的思想和行为,建立高校学生诚信档案(详见本书第六章第二节)。

2. 高校学生诚信档案对接社会个人信用信息库

高校学生诚信档案与社会个人信用信息库对接起来,高校可以查询到学生被公安、司法、银行等相关部门记录的信用信息,政府相关部门和用人单位也可以查询到学生在校期间的诚信表现,从而对大学生的诚信状况形成一张巨大的监督网。此类制度建设在一些国家和地区已相当成熟,值得借鉴。在美国,每位公民从幼儿时起就拥有"社会保障号",个人信用表现被详细记载在个人信用信息库,任何公司、银行和业务需求者都可以通过"社会保障号"进行查询。

高校学生诚信档案与社会个人信用信息库对接,延续到学生今后的工作单位,从而架起衔接学校诚信体系与社会诚信体系的桥梁。这样不仅拓宽了高校对学生了解的范围,对学生诚信也是一个促进。学生如果诚信记录等级是 A(良好)或评上诚信标兵,在社会个人信用信息库就很容易被查询到。一旦有严重的诚信不良记录,对其将来求职发展、银行贷款等都将产生不良影响,因此能对学生产生强大的压力,促使他们维护自己在校期间的诚信。

从长期发展看,诚信档案对接社会个人信用信息库是必然的,但现阶段二者是否对接,必须从实际情况出发,充分考虑我国就业市场的不完善和信息不对称的情况,实行不完全的有条件的信息共享。对法律规定要提供的信息,高校必须依法办事,如果在法律规定之外,高校应本着教育为主的原则,留给学生自由选择的权利。条件成熟的时候,通过立法将诚信档案并入社会征信系统,政府有关部门和用人单位就可以根据身份证号和密码授权对个人信息进行查询与跟踪。

3. 毕业生信息与有关部门和用人单位对接

许多高校毕业生在求职材料上弄虚作假,如虚构学习成绩、社会活动经历、荣誉证书等,连累一些真正表现良好、有能力的毕业生受到怀疑,也给高校的声誉带来负面影响。为预防此类现象发生,高校应将毕业生信息与有关部门和用人单位进行对接。首先,就业推荐表、各种奖励证书实施电子登记备案,在一定范围内提供公开查询。其次,建立毕业生信息库,在毕业生自愿(签名同意)的基础上,实现信息库与人才网挂接,有关部门和用人单位个人可以通过密码查询毕业生的真实信息,如姓名、性别、出生年月、政治面貌、家庭地址、身高、体重、视力、计算机水平、外语水平、专业、学历(包括第二学历)、主修课程成绩、在校奖惩情况、从事社会工作情况等等。信息库与人才网挂接,用人单位可以以此为依据,避免在求职材料真假难辨时无所适从,招聘有真才实学和诚信品质的优秀人才。学校也会因此得到用人单位的认可,使毕业生的就业信誉度提升,推进就业工作更好地开展。

学生终究是要走上社会的,高校诚信教育必须对接社会需要,以社会信用制度体系为依托、以社会对人才的诚信要求为标准教育学生。组织学习信用制度,引导学生访问相关网站,了解相关知识和案例,感悟信用法制,树立对信用规则的敬畏意识。

附录1 诚信名言警句

一言既出,驷马难追。

事非宜,勿轻诺;苟轻诺,进退错。

人之所助者,信也。

诚信者,天下之结也。

言不信者,行不果。

民无信不立。

人而无信,不知其可也。

诚者,天之道也;思诚者,人之道也。

你必须以诚待人,别人才会以诚相报。

诚信,为人之本。

生命不可能从谎言中开出灿烂的鲜花。

让我们把不名誉作为刑罚最重的部分吧!

失去了诚信,就等同于敌人毁灭了自己。

老老实实最能打动人心。

没有一处遗产像诚实那样丰富的了。

对自己真实,才不会对别人欺诈。

如果要别人诚信,首先自己要诚信。

诚实比一切智谋更好,而且它是智谋的基本条件。

诚实和勤勉,应该成为你永久的伴侣。

诚实是一个人得以保持的最高尚的东西。

诚实是人生永远最美好的品格。

走正直诚实的生活道路,必定会有一个问心无愧的归宿。

人类最不道德处,是不诚实与怯懦。

没有诚实何来尊严。

当信用消失的时候,肉体就没有生命。

真诚是一种心灵的开放。

遵守诺言就像保卫你的荣誉一样。

信用既是无形的力量,也是无形的财富。

不要说谎,不要害怕真理。

坦白是诚实和勇敢的产物。

一个人严守诺言,比守卫他的财产更重要。

守约为正义之源,有约而背约即为不义。

信用难得易失,费十年工夫积累的信用往往会由于一时的言行而失掉。

装饰对于德行也同样是格格不入的,因为德行是灵魂的力量和生气。

我深信只有有道德的公民才能向自己的祖国致以可被接受的敬礼。

言无常信,行无常贞,惟利所在,无所不倾,若是则可谓小人矣。

诚实显示着一个人的高度自重和内心的安全感与尊严感。

对人以诚信,人不欺我;对事以诚信,事无不成。

失足,你可以马上恢复站立;失信,你也许永难挽回。

哪一个民族如果不崇尚和奉行忠诚、诚实和公正的美德,它就失去了生存的理由。

我宁愿以诚挚获得一百名敌人的攻击,也不愿以伪善获得十个朋友的赞扬。

附录2 诚信调查问卷

您好,感谢您参与本次问卷调查,给您带来诸多不便还请您谅解。本次调查的目的是了解大学生的诚信道德状况,调查问卷采用匿名的形式,对个人隐私绝对保密,希望您如实填写。回答问卷请您凭第一直觉判断,在括号内填写答案,谢谢您的配合!

1. 您的性别是( )

A.男生 B.女生

2. 您的年级是( )

A.大一 B.大二 C.大三 D.大四

3. 您觉得在成长过程中,家庭对您诚信方面的影响程度( )

A.很大 B.一般 C.基本没有

4. 您觉得在成长过程中,学校对您诚信方面的影响程度( )

A.很大 B.一般 C.基本没有

5. 您觉得在成长过程中,社会对您诚信方面的影响程度( )

A.很大 B.一般 C.基本没有

6. 您是否有过被人欠钱不还的经历?( )

A.有 B.没有

7. 您认为学生干部是否诚信可靠?( )

A.是 B.否

8. 您认为班主任是否诚信可靠?( )

A.是 B.否

9. 您认为老师是否诚信可靠?( )

A.是 B.否

10. 您是否有过这样的行为:骗家里学校要缴费,但实际上钱是自己乱花掉了?( )

A.有 B.没有

11. 您是否有过这样的行为:编个理由请假不去上课?( )

A.有　　　　　　　　　　　　B.没有

12. 您是否有过这样的行为:答应了别人但没有实践诺言?(　　　)

A.有　　　　　　　　　　　　B.没有

13. 您认为抄袭作业是否属于不诚信行为?(　　　)

A.是　　　　　　　　　　　　B.否

14. 您有没有抄袭过他人作业?(　　　)

A.总是　　　　B.经常　　　　C.偶尔　　　　D. 从来不

15. 您考试作弊吗?(　　　)

A.偶尔　　　　B 经常　　　　C.从没有过

16. 您觉得目前社会的诚信状况如何?(　　　)

A.很好　　　　B.一般　　　　C. 差

17. 您认为您周围同学的诚信状况如何?(　　　)

A.好　　　　　B.较好　　　　C.一般　　　　D.差

E.没感觉

18. 您最信任的人是谁?(　　　)

A.家长　　　　B.老师　　　　C.朋友　　　　D.自己

E.其他人

19. 您认为当前大学生的总体诚信情况(　　　)

A.很好　　　　B.一般　　　　C.较差　　　　D.很差

20. 您班上有人考试作弊吗?(　　　)

A.常见　　　　B.偶尔　　　　C.从来没有

21. 您相信网络上的信息吗?(　　　)

A.相信　　　　B.不相信　　　　C.半信半疑

22. 您对诚信问题(　　　)

A.很重视　　　B.一般关心　　　C.觉得无所谓

23. 您是否因被同学欺骗而失望过?(　　　)

A.很多次　　　B.没有　　　　C.有,但不多

24. 您认为当前是否有必要在全社会加强诚信教育?(　　　)

A.没必要　　B.有必要　　　C.无所谓,反正也改变不了现实

25. 如果说谎话就可以得到很大的利益,您说真话还是说假话?(　　　)

A.说真话　　　B.说假话　　　C.看情况,如果不违法就说谎话

26. 如果您要申请助学金或特困补助,您会对您的家境情况(　　　)

A.如实说　　　B.虚报夸张　　　C.基本上照实说,稍微有点渲染

27. 您认为生意人出售假冒伪劣商品是（　　　）

A.求生之道,可以理解　　　　　　　B.应受严厉打击

28. 在社会上立足,讲信用是（　　　）

A.必备条件　　　B.可有可无　　　C.骗人的把戏

29. 上了大学之后,您的诚信状况（　　　）

A.比以前好　　　B.没有变化　　　C.比以前差

30. 您父母对您说的话是（　　　）

A.完全信任　　　B.有时相信,有时不信　　　　　C.不相信

31. 您认为考试作弊是（　　　）

A.可耻的　　　B.可以理解　　　C.无所谓的

32. 看到别人作弊,您会（　　　）

A.制止　　　　　　　　　　　B.不赞成他们,但不管

C.跟着作弊　　　　　　　　　D.向监考老师汇报

33. 上课时老师点名时,有没有替过同学答到（　　　）

A.从来没有　　　B.偶尔有　　　C.经常有

34. 您是否会说谎（　　　）

A.偶尔　　　　　　　　　　　B.经常说谎

C.需要说时会说　　　　　　　D.从来没说过谎

35. 您认为当前我们的诚信教育有效吗?（　　　）

A.很有效　　　　　　　　　　B.比较有效

C.效果一般　　　　　　　　　D.几乎没有什么效果

36. 学院开展诚信建设活动您会积极参加吗?（　　　）

A.会积极参加　　　　　　　　B.不会,觉得没意思

37. 您的好友坐您后面,要抄您答案,您会（　　　）

A.很乐意给他看

B.不太愿意,但碍于朋友面子,只好给他看

C.只会给他看一次,下不为例

D.为了教育帮助他,不给他看

38. 某大学一教授因剽窃论文被开除,您如何看待此事件?（　　　）

A.做法合理,有助于纠正学术风气

B.惩罚过分,一篇论文作假并不代表其学术水平

C.没有必要,不少人都学术作假

39. 您怎样看待上课替答到现象?（　　　）

A.没什么,同学之间互相帮助

B.虽然不想这样做,但是出于朋友关系也得做

C.这是在纵容朋友旷课,不利于他

40. 如果您申请了助学贷款,您(　　)

A.一定会按时还款

B.有钱就还,没有就不还

C.能拖就拖

41. 您对朋友"诚信"要求的底线是(　　)

A.凡事言必信,行必果

B.对别人如何无所谓,但对自己要讲信用

C.允许其在特殊情况时有失信行为

D.无所谓要求,大不了尔虞我诈

42. 毕业择业作简历时,您(　　)

A.会把自己写得非常好,完全不符合自己的实际情况

B.会实事求是地写自己的真实情况

C.会把自己的情况写好一点,但还是以自己的实际能力为主

43. 将来毕业择业时,假设您已经找到了一份工作,并且与用人单位签订了就业协议,但是后来您又找到了一份比原来好的工作,您(　　)

A.会毁约,不和用人单位打招呼

B.会付违约金,选择好的工作

C.不会毁约,按照协议履行

44. 您会不会在准备考研的同时与用人单位签约,考上之后又毁约(　　)

A.会　　　　　B.不会　　　　　C.到时候视情况而定

45. 您如何看待大学生就业中的不诚信问题(　　)

A.形势所迫

B.学校和家长急功近利

C.用人单位条件苛刻

D.政策缺失(法律不完善,监管缺位)

46. 您写论文时(　　)

A.整个论文都自己写

B.大部分自己写,引用少量资料中的语段

C.大量引用摘抄资料中的语段

D.直接抄一篇

182 高校**诚信**教育研究

E.请人代写

47.您学校有没有进行大学生诚信教育?（　　）

A.一直进行,效果很好

B.就考试前宣传一下,效果不大,形式主义

C.从没有过

D.其他

48.您认为加强对大学生的诚信教育下列哪项更重要?（　　）

A.加强教师诚信教育,身教重于言教

B.应重视学术道德教育,营造良好的诚信环境

C.加强制度建设,体现制度的教育

49.您认为大学校园中的诚信应包括哪些方面的内容?（　　）（多选）

A.在学习上实事求是

B.工作认真负责

C.在生活中待人真诚,恪守信诺

D.说老实话,办老实事,做老实人

E.答应别人的事,即使力不能及或违反规定也要设法做到

F.其他

50.您认为高校开展诚信建设的有效途径是（　　）（多选）

A.学院加大宣传力度

B.开展形式多样的诚信教育活动

C.制定规范条例加以限制

D.表彰先进,整改问题

E.学习思想政治理论课

F.加强平时个人修养,提高思想素质

G.其他方式

51.您认为在高校开展诚信工作的"瓶颈"何在?（　　）（多选）

A.社会负面环境的影响

B.个人素质水平良莠不齐

C.工作容易流于形式化

D.其他

52.您学校对考试作弊有什么措施?（　　）（多选）

A.一经发现严肃处理,给予处分

B.加强了监考

C.加强考前诚信教育

D.没有什么实质性的措施

53. 您认为学生贷款不还该如何处理？（　　）（多选）

A.克扣其毕业证书，直到其还贷

B.联系其工作单位，以工资抵贷

C.尽量减少甚至取消助学贷款

D.对于有作弊等行为的学生不予贷款

54. 您认为如何加强大学生的就业诚信意识和约束大学生的不诚信行为？（　　）（多选）

A.开设职业生涯规划课

B.建立个人诚信档案

C.开设诚信教育必修课

D.加强不诚信行为的惩戒

E.学校将每个毕业生的真实情况公布于网上

F.奖励诚信行为

G.其他

55. 您对加强大学生的诚信教育有何意见和建议？

_____

_____

_____

参考文献

[1]朱熹:《四书章句集注》,中华书局 1983 年版。

[2]孔丘:《论语》,文汇出版社 2012 年版。

[3]陈成国:《四书五经》(上册),岳麓书社 2003 年版。

[4]邹建平:《诚信论》,天津人民出版社 2005 年版。

[5]徐国栋:《诚实信用原则研究》,中国人民大学出版社 2001 年版。

[6]袁华音:《西方社会思想史》,南开大学出版社 1988 年版。

[7]王先谦:《荀子集解》(上),中华书局 1988 年版。

[8]柏拉图:《理想国》,商务印书馆 2002 年版。

[9]章延杰:《政府信用论》,上海人民出版社 2007 年版。

[10]黑格尔:《法哲学原理》,商务印书馆 1961 年版。

[11]休谟:《人性论》(下卷),商务印书馆 1980 年版。

[12]赵爱玲:《当代中国政府诚信建设》,山东人民出版社 2007 年版。

[13]《马克思恩格斯全集》第 25 卷,人民出版社 1995 年版。

[14]郑也夫:《信任论》,中国广播电视出版社 2006 年版。

[15]古谢伊诺夫,伊尔利特茨著,刘献洲等译:《西方伦理学简史》,中国人民大学出版社 1992 年版。

[16]周辅成:《西方伦理学名著选辑》(上),商务印书馆 1964 年版。

[17]麦金太尔:《德性之后》,中国社会科学出版社 1995 年版。

[18]彼得·科斯洛夫斯基著,孙瑜译:《伦理经济学原理》,中国社会科学出版社 1997 年版。

[19]《列宁选集》第四卷,人民出版社 1998 年版。

[20]榕汀:《诚信——未来社会的通行证》,海峡文艺出版社 2003 年版。

[21]唐凯麟:《伦理学》,高等教育出版社 2001 年版。

[22]魏昕:《诚信危机——透视中国一个严重的社会问题》,中国社会科学出版社 2003 年版。

[23]丁日初主编:《近代中国》(第六辑),立信会计出版社 1996 年版。

[24]明恩溥著,秦悦译:《中国人的素质》,学林出版社 2001 年版。

[25]斯坦利·阿罗诺维兹著,周敬敬、郑跃平译:《知识工厂:废除企业型大学并创建真正的高等教育》,高等教育出版社 2012 年版。

[26]季羡林:《东方文化集成》,经济日报出版社 1999 年版。

[27]胡锦涛:《坚定不移沿着中国特色社会主义道路前进 为全面建成小康社会而奋斗》,人民出版社 2012 年版。

[28]李春秋:《高等学校教师职业道德修养》,北京师范大学出版社 1999 年版。

[29]应若葵:《大学生诚信教育的反思与对策》,浙江师范大学硕士学位论文,2005 年。

[30]邓冬峰:《"网络行为诚信"初探》,首都师范大学硕士学位论文,2008 年。

[31]周振彦:《当代大学生诚信制度建设研究》,西南大学硕士学位论文,2008 年。

[32]田丽苗:《大学生网络行为诚信问题与对策研究》,山西大学硕士学位论文,2013 年。

[33]蒋璟萍:《"两课"教学中加强诚信教育初探》,《思想理论教育导刊》2004 年第 1 期。

[34]邹银凤:《论青少年网络行为诚信的多元价值》,《中国青年研究》2011 年第 3 期。

[35]舒远招:《当代中国社会信任危机的征候及其主体根源》,《湖湘论坛》2012 年第 2 期。

[36]刘芳向,玥悦:《网络社会中诚信问题的本质及其治理》,《学理论》2011 年第 11 期。

[37]王晨:《网媒发展迫切需要加强网络行为诚信建设》,《信息网络安全》2009 年第 1 期。

[38]王洁,马柱,沈钰琳:《网络行为诚信缺失与卖方治理机制》,《现代情报》2011 年第 7 期。

[39]沈玲:《略论大学诚信教育的构建》,《理论月刊》2005 年第 1 期。

[40]储德峰:《高校"大思政"教育模式的特征及理念》,《中国高等教育》2012 年第 20 期。

[41]刘亚:《论网络诚信缺失的根源、危害及治理》,《网络财富》2010 年第 10 期。

[42]马博虎:《大学生人格现代化研究》,《西北农林科技大学学报(社会科学版)》2005 年第 5 期。

[43]韦志兆:《论大学生诚信人格养成教育模式》,《思想教育研究》2007年第 2 期。

[44]徐锋,安祥仁:《近年来师德研高校究述评》,《山东省青年管理干部学院学报》2010 年第 5 期。

[45]巩建华,赵少英:《治理高校师德失范的系统构建与机制设计》,《复旦教育论坛》2008 年第 3 期。

[46]李焱,叶淑玲:《高校青年教师师德现状与对策研究》,《理论导刊》2011 年第 8 期。

[47]何祥林:《教师为本师德为魂——关于当前我国高校师德建设现状的调研报告》(上),《学校党建与思想教育》2010 年第 8 期。

[48]常建勇:《美国大学生诚信管理体系运行机制及对我国的启示》,《中国青年研究》2008 年第 3 期。

[49]曹桂山,钱璟:《美国个人信用制度及其对我国的借鉴》,《海南金融》2006 年第 3 期。

[50]刘艺,熊智:《 当前我国地方政府信任危机的成因及应对》,《湖湘论坛》2014 年第 3 期。

[51]源泉:《把社会主义核心价值体系融入思想政治教育全过程》,《思想政治教育课教学》2006 年第 1 期。

[52]李亚员,杨晓慧:《社会主义核心价值体系引领高校学生思潮的规律及其应用》,《思想政治教育》2013 年第 4 期。

[53]李英峰:《如何让"诚信吃香,失信吃亏"》,《人民日报》2010 年 7 月 16日第 4 版。

[54]谢苗枫:《助学贷款违约率 6 年飙升 13 倍,大学生怎么了?》,《南方日报》2010 年 1 月 12 日第 5 版。

[55]胡成勇,李寅:《大学生网络道德喜忧参半》,《人民日报》2004 年 2 月12 日第 4 版。

[56]成彪:《必须加大失信"成本"》,《新民晚报》2005 年 6 月 30 日第11 版。

[57]黄庆畅,张洋:《网络谣言害人害已社会公众勿信勿传》,《人民日报》2012 年 4 月 16 日第 1 版。

[58]钱理群:《北大等大学正培养利己主义者》,《中国青年报》2012 年 5

月 3 日第 3 版。

[59]《中共中央关于深化文化体制改革　推动社会主义文化大发展大繁荣若干重大问题的决定》,《人民日报》2011 年 10 月 26 日第 1 版。

[60]韩志明:《社会诚信体系的制度建构》,《光明日报》2012 年 7 月 28 日第 11 版。

[61]孟焕良:《探索建立社会信用代码制度,推进社会诚信体系建设》,《人民法院报》2014 年 3 月 9 日第 4 版。

[62]王悦威,张爽:《李克强:让失信行为无处藏身》,http://news. xin-huanet.com/fortune/2014-01/15/c_126011088. htm,下载日期:2014 年 1 月 15 日。

图书在版编目(CIP)数据

高校诚信教育研究/陈承财著. —厦门:厦门大学出版社,2014.12
ISBN 978-7-5615-5321-3

Ⅰ.①高…　Ⅱ.①陈…　Ⅲ.①高等学校-社会公德教育-研究-中国　Ⅳ.①G641.7

中国版本图书馆 CIP 数据核字(2014)第 272960 号

官方合作网络销售商:

厦门大学出版社出版发行

(地址:厦门市软件园二期望海路 39 号　邮编:361008)
总 编 办 电 话:0592-2182177　传真:0592-2181253
营销中心电话:0592-2184458　传真:0592-2181365
网址:http://www.xmupress.com
邮箱:xmup @ xmupress.com
虎彩印艺股份有限公司印刷
2014 年 12 月第 1 版　2014 年 12 月第 1 次印刷
开本:720×970　1/16　印张:12.25
字数:220 千字
定价:35.00 元
本书如有印装质量问题请直接寄承印厂调换